司法部项目“生态公共产品供给保障的政府责任机制研究”
（项目编号：13SFB5011）最终成果

西南政法大学
统筹城乡法治研究丛书
刘俊 主编

4

Research on the Mechanism of Government Responsibility for the Supply Security of Ecological Public Goods

生态公共产品供给保障的政府责任机制研究

郭冬梅 著

法律出版社
LAW PRESS·CHINA

总　序

全面建成小康社会是我国民族伟大复兴的重大战略任务，而统筹城乡发展、健全城乡发展一体化体制机制则是实现这一宏伟目标的必由之路。城乡二元结构是制约城乡发展一体化的主要障碍，因此，必须破除城乡二元结构，形成以工促农、以城带乡、工农互惠、城乡一体的新型工农城乡关系，让广大农民平等参与现代化进程、共同分享现代化成果。

在全面深化改革与依法治国背景下，加快建立健全符合改革发展需要的法律治理体系，加快完善现代市场体系，使市场在资源配置中起决定性作用，是新时期中国改革发展的一项核心任务。在所有法律治理体系的建立健全中，统筹城乡发展法律治理体系更复杂。从大的方面来看，中国市场经济法律体系尽管已基本建立，但社会管理领域同时也存在市场经济体制机制不足与过度的问题，一些本来应由政府承担公共产品供给责任的领域，也常在市场化的呼声中推向了社会。因此，在我国公有制经济基础上建立市场经济模式，调整市场经济关系的法律制度及其理论，面临许多前所未有的新课题，理论与制度创新将更加重要。

2007 年重庆市成为全国统筹城乡综合配套改革试验区，率先在全国探索大城市带动大农村的有效路径。为此，西南政法大学以重庆市法学会统筹城乡发展法制研究会为基础，依托西南政法大学经济法国家重点学科和民商法市级重点学科，聚合理论与实务界相关领域的专家学者，成立统筹城乡发展制度创新研究中心（以下简称“中心”）。“中心”致力于统筹城乡发展及其制度创新的科学研究、人才培养、学术交流和咨询服务，并最终实现建成统筹城乡发展“国家智库”的发展目标。

“中心”以社会改革需求为导向，以体制机制改革为重点，通过理论和制度创新，推动重庆市统筹城乡发展综合改革社会实践。为此，“中心”将在“十三五”期间完成“五个一”具体任务：一个统筹城乡信息资源平台和数据库、一项统筹城乡发展评价指标体系、一套统筹城乡法治研究丛书、一个制度改革创新与实践基地、一个政策法律咨询平台。

“中心”目前正致力于“五个一”任务中一套统筹城乡法治研究丛书建设。本丛书的主要目的是以国家相关顶层设计为建设方向，通过丛书建设带动科学研究和人才培养，着力研究统筹城乡发展的若干理论与制度创新，为依法推进统筹城乡发展提供必要的理论支撑与制度保障。

我们也衷心希望和诚挚地欢迎对本领域研究有兴趣的社会各界力量汇聚到我们的研究平台，共同破解我国统筹城乡发展制度难题。

刘　俊*

2016年1月

---

* 西南政法大学党委副书记、教授、博士研究生导师，西南政法大学统筹城乡发展制度创新研究中心主任，法学博士。

Contents

目　录

导　论 …………………………………………………………………………… 1

第一章　生态公共产品有效供给的政府责任机制的必要性 …………… 14
　第一节　生态公共产品的界定 ……………………………………………… 15
　　一、生态产品和公共产品…………………………………………………… 16
　　二、生态公共产品…………………………………………………………… 21
　　三、生态公共产品的分类…………………………………………………… 23
　第二节　生态公共产品有效供给的政府责任机制法律调整的必要性 …… 24
　　一、生态公共产品的供给…………………………………………………… 24
　　二、生态形势的演变及目前的新需求……………………………………… 31
　　三、发达国家的经验总结…………………………………………………… 34
　　四、可持续发展的需求……………………………………………………… 38

第二章　生态公共产品有效供给的政府责任机制构建的理论基础 …… 44
　第一节　国外机制构建的分类概述 ………………………………………… 44
　　一、国外生态公共产品供给机制所处法律语境概述……………………… 44
　　二、国外生态公共产品供给机制的实施主体……………………………… 46
　第二节　可持续发展思潮 …………………………………………………… 47

一、可持续发展观提出的背景…… 47
二、可持续发展观的产生过程…… 50
三、可持续发展观的中国化…… 52
四、可持续发展观对生态公共产品政府责任机制构建的影响…… 53
第三节 法经济学 …… 55
一、法经济学的发展历史…… 55
二、法经济学的基本理论…… 56
三、法经济学与生态公共产品政府责任机制构建的关系…… 59
第四节 公地悲剧 …… 61
一、公地悲剧的提出…… 61
二、对公地悲剧的反思…… 63
三、公地悲剧理论与生态公共产品政府责任机制构建的关系…… 65
第五节 政府环境有效供给理论 …… 67
一、政府环境责任有效供给理论概述…… 67
二、政府环境责任有效供给理论与生态公共产品政府责任机制构建的关系…… 69

第三章 国外生态公共产品有效供给的政府责任机制的比较 …… 71
第一节 美国 …… 71
一、法律法规…… 71
二、政府职能与职责…… 72
三、职权运作方式…… 74
第二节 欧盟 …… 77
一、法律法规…… 77
二、政府职能与职责…… 79
三、职权运作方式…… 80
第三节 日本 …… 82
一、法律法规…… 83
二、政府职能与职责…… 84
三、职权运作方式…… 85
第四节 澳大利亚 …… 87
一、生态公共产品的制度背景…… 87

二、环境保护的主要措施 …… 89
三、存在的问题 …… 91

第四章 反思下的中国发展路径选择 …… 97
第一节 我国相关制度变革机制的价值目标 …… 97
一、构建服务型政府 …… 97
二、体现公权性 …… 100
三、两大价值目标在现行框架内的可行性 …… 104
四、两大价值目标在现行框架内的合法性 …… 107
第二节 生态危机背景下主要发达国家的针对性法律制度 …… 110
一、生态危机与国外环境法制改革 …… 110
二、制度变革对生态公共产品有效供给的导向性绩效 …… 115
第三节 建立符合政治经济运行规律的政府责任机制 …… 119
一、政治经济运行规律的界定与辨析 …… 119
二、政府责任机制的界定与辨析 …… 121
三、生态公共产品有效供给的政府责任机制 …… 124
四、符合政治经济运行规律的政府责任机制特征与意义 …… 128
第四节 生态公共产品有效供给的政府责任机制建构的优化路径 …… 130
一、以保护公共利益为价值目标 …… 130
二、坚持政府公权理论的指导 …… 133
三、构建适合中国国情的法律责任体系 …… 136

第五章 中国生态公共产品有效供给的政府责任机制设计 …… 143
第一节 我国生态公共产品有效供给的政府责任机制的理念、原则设计 …… 144
一、生态公共产品理论 …… 145
二、区别于行政性垄断 …… 147
三、衔接低碳生态城市 …… 150
四、加强政府调控 …… 152
五、兼顾环境保护和经济发展平衡 …… 156
六、加强政府监管 …… 161
第二节 生态公共产品有效供给的政府责任法律保障机制 …… 163

一、政府责任理论对政府责任法律保障机制的支撑作用 …………… 163
二、政府责任法律保障机制的构建 …………………………………… 163
第三节 构建科学的生态公共产品有效供给的政府责任机制………… 165
一、成立高层议事协调机构 ……………………………………………… 165
二、高层议事协调机构的任务 ………………………………………… 166
三、高层议事机构的自我管理 ………………………………………… 168
四、成立回收与修复检测机构 ………………………………………… 169
第四节 构建具体的生态公共产品有效供给的政府责任机制………… 171
一、环境保护和资源开采的所有权制度和许可制度 ………………… 171
二、资源的战略储备制度 ………………………………………………… 173
三、行政执法和领导责任问责制度 …………………………………… 175
四、生态公共产品有效供给的法律追责机制 ………………………… 178

第六章 尾论 ……………………………………………………………… 186

主要参考文献 …………………………………………………………… 188

导　论

环境问题关乎人类的基本生存和生活质量问题，已经从一个完全意义上的自然问题，转变成一个社会问题，从而与社会中的其他因素，如经济发展、生命健康、个人环境权等相互联系和作用，共同影响着个人乃至社会的发展。

从世界范围来看，环境问题较为普遍地受到人们的重视，是从第三次科技革命开始的。第三次科技革命，开始于20世纪四五十年代，涵盖了原子能技术、航天技术、电子计算机技术、人工合成材料、分子生物学、遗传工程等科学领域。其中，多为人熟知的成果有人造卫星、航天飞机、原子能技术的利用和发展、电子计算机技术的利用和发展等。这些发明创造，极大地促进了社会生产力的发展和科技的进步，但同时也带来了一系列环境污染问题，它们既包括科技革命中科技活动本身所带来的问题，也包括科技革命的成果在后续的广泛运用中所带来的环境污染问题。当时受到环境污染问题影响较严重的国家多是当时经济发展较迅速的资本主义国家，如英国、美国、加拿大等。如果在20世纪四五十年代，日益严重的环境问题普遍性地凸显为人们重视环境问题作了铺垫，那么1952年12月5日发生在英国伦敦的雾霾事件便是整个铺垫的高潮。1952年12月5日英国恰值冬季，当时的伦敦依赖煤炭取暖，在市区设有多座火力发电厂，每天都会产生大量粉尘、二氧化硫、一氧化碳、二氧化碳等气体和污染物，连续几天无风，加上云层堆积，使这些废气和污染物无法消散，继而引发了连续数日的雾霾天气。在那几天里，伦敦的交通由于路上能见度低而几乎陷入瘫痪，近8000人因为呼吸道疾病而失去生命。直到12月9日天气变化，大风进入伦敦市区，雾霾才渐渐消散。事后，英国人为避免类似伦敦雾霾的事件再次发生，纷纷开始反思环境污染问题，并在之后的十几年间，相继出台了多部保护环境、遏制环境污染的法律法规。不仅如此，全世界范围内的人们都开始重视环境问题，最具证明力的，便是当时破天荒出版的一些关于环境问题的文学作品，譬如《寂静的春天》等，而这些都是以前在文学领域内没有过的内容。《我们的共同未来》是工作在环境与发展委员会的布伦特莱著成的，1987年这份与人类未来有关的报告被发表了，它正式将环境问题置于世界政治、经济、文化发展的谈判桌上，提醒着人们，在生产力不断进步的同时，必须要平衡好社会发展与环境保护之间的关系，否则将可能因为环境污染问题而减缓社会发展的速度，甚至使社会本身已有的发展成果受到破坏。

我们国家直到21世纪，才在真正意义上开始重视环境问题。一个国家是否重视环境问题，不能光以一部分人、一部分文学作品、一部分公益活动或者一部分政治措施和法律措施为考证依据，而要从宏观的角度去看这个国家在大政方针中有没有为生态环境留下利益空间，有没有为了环境保护在经济发展速度上让步。1995年《中国21世纪议程》中第一次系统性地对中国在21世纪的环境问题进行了总结；直到2006年，才发布了《中国的环境保护》白皮书，并在文中提到环境污染问题已经给国内GDP带来了不可忽略的损失；2014年，我国第一次将20世纪制定的《环境保护法》提上修改议程，并于2015年1月1日使这部更加重视环境利益的新环保法及时得以实施。从新中国成立起提出的“以经济发展为中心”的发展观念，转变为如今的“可持续发展观”，经历了很长的一段时间。在长期“以经济发展为中心”的思想影响下，我国的环境利益一直让位于经济利益，环境污染与生态资源破坏问题日益积累，它们在今日已成为社会持续发展绕不开的障碍，这些问题得不到解决，将会给人们的生命健康带来不可恢复的损害。所幸如今我国已经将环境保护问题纳入国家发展纲要，在“可持续发展观”的引导下，国家与社会中已有来自不同领域的环境保护力量，共同推动着我国环境保护事业的发展。

第一，城市环境污染是我国环境污染的一大领域。水污染是城市环境污染的一个方面。总的来讲，环境水污染、垃圾污染、大气污染、噪声污染等都是城市环境污染的表现形式。在城市水污染问题上,城市中的废水既包括人们生活产生的废水,也包括在商业、工业、交通业等领域中产生的废水。从应然上来讲,这些废水的排放量应当与城市水体自净能力相匹配,当城市水体自净能力跟不上城市废水排放量时,就应当加强城市水体自净能力建设或控制废水排放量(提高废水排放成本,加强生产环节科技投入,促进城市净水机构和设施建设等),否则,这些无法被城市水体自净系统处理的废水,就会被无限制地排放到城市环境圈中去,从而影响城市内用水以及与城市有较密切联系的自然生态圈中的水体,继而带来污染问题。我国重点城市中,有30%饮用水水源地水质达不到Ⅲ类标准。2016年7月,南方因台风发生洪涝,大部分城市的排水系统崩溃,城市淹没在"海里"的情形,使我们对于中国的排水系统可见一斑。

大气污染是城市污染的问题之一。城市中大量的交通尾气、工业废气的排放,使城市中的空气污染问题成为所有城市污染问题中最为突出的问题。《国家环境保护"十一五"规划》显示,许多中型和大型城市的雾霾已经相当严重;在全国所有的城市中,接近46%的城市空气质量低于空气质量二级标准。《2010年中国环境状况公报》也指出,在全国所有的城市中,有1.7%的城市空气质量低于空气质量三级标准,达到空气质量三级标准的城市占所有城市的15.5%,同时,达到二级空气质量的城市占79.2%,而只有3.6%的城市空气质量达到了空气质量一级标准。不仅是检测数据显示出了城市的空气污染问题,在城市中生活的人们也明显能够感觉到雾霾对自己生活的影响。近年来,尤其是在经济比较发达的城市,雾霾天气出现的频率越来越高,人们往往凭借视觉就能直观地观察到空气中存在大量黑色颗粒,或者在戴了一段时间的白色口罩上也能够发现堆积得厚厚的灰尘等。同时,越来越多的媒体也将镜头聚焦到城市中的雾霾问题,为人们提供出行上的引导,同时也促进形成了讨论雾霾问题、解决雾霾问题的舆论。因为雾霾不仅仅是天气问题,更多地关乎我们的健康问题。

垃圾污染是城市污染的问题之二。城市的垃圾处理问题一直困扰着人们,甚至还出现了"垃圾围城"的情况。由于城市中的生活、生产活动类型丰富且规模极大,因此,会产生大量的不可降解的垃圾。这些垃圾由于不能通过自然降解的方式得到消除,就只能采取深层掩埋、焚烧这两种方式的处理。但土地资源从总量上来看毕竟是有限的,有限的土地不可能容纳每天都会产生的源源不断的垃圾,因而就会出现大量垃圾浅层掩埋或者露天堆放的情况;火力焚烧的方式会产生大量的有毒气体，这些有毒气体按目前的处理水平来看，只有极少一部分能得到妥善处理，因此，火力焚烧垃圾的方式虽然能大量地减少固体垃圾，但由于其焚烧过程中大量的有毒气体不能得到很好的处理，所以，实际上不能得到广泛使用。据一组数据显示，每年城市生活垃圾清运总量都在15000万吨至16000万吨，而截至2013年，我国所有城市的垃圾堆存量达到了66亿吨，接近40亿平方公里的土地被用来填埋这66亿吨的城市垃圾。在未来很长一段时间内，我国"城市围城"的情况会一直持续下去。

噪声污染是城市污染的问题之三。城市中最常见的噪声污染，是交通噪声污染。在"要致富，先修路"的思想引导下，完善的交通道路遍布于城市的各个角落，在其中川流不息的车辆也把噪声带到了城市的各个地方，尤其是出行的人们、在道路周边定居的人们、在道路周围的办公楼里办公的人们会比较明显地受到交通噪声的影响。此外，城市当中的施工工地、餐饮场所、歌舞娱乐场所，也会给周围的人们带来不小的困扰。由于噪声问题而引起的纷争，每天都有发生。从短时间来看，噪声会影响人们的工作、学习、休息，会影响人们的情绪；从长时间来看，噪声会对人们的性格、生活体验、身体健康产生不小的危害。因此，治理噪声问题，是治理城市污染问题中不可缺少的一环。很多城市最开始建造在一条铁路边，而随着城市的发展，铁路被包围在城市的中心区域，也不能轻易废弃，无论是住在铁道旁边的居民还是去中心地带购物的人们，都会受到很大影响。

第二，农村污染问题是我国污染问题的另一领域。乡镇企业不规范排污是农村环境污染问题的一个源头。自20世纪实行改革开放、推动集体经济发展政策以来，我国的乡镇企业得到了相当迅速的发展，但同时，乡镇企业为环境带来的污染问题也日益凸显。在乡镇地方，贫困问题是第一性的问题，因此，政府会选择把经济发展放在绝对性的、首要的位置，继而推动地方教育、基础设施建设、社会保障等其他方面的发展，政府本身对于经济和环境的平衡性问题就不重视，在经济发展与环境保护之间，明显地偏向于经济发展；乡镇企业虽然能够带动地方经济的发展、提高人们的生活水平，但其自身存在的生产技术落后、生产设备落后、生产意义落后、工厂布局极度混乱、资源消耗高、企业布局没有规划等问题，在放任的情况下越发严重，乡镇企业自身营利是企业的直接目的和根本目的，在回报社会、造福人民的思想普遍传播以前，企业家很难会主动舍弃部分经济利益而追求其他方面的发展。因而，乡镇企业的不规范生产、不规范资源消耗和不规范排污问题，由于经济因素、政治因素、社会因素的纠结，成为了农村环境问题中的一大顽疾。

化肥、农药等农用化学品污染是农村污染的问题之一。由于我国是一个人口大国，对资源的需求量巨大，因此，土地所要承受的压力相比起其他国家来说，也要大很多，这就要求我国的农业土地的单位生产效率必须要达到相当高的水平，而要提高单位面积农用土地的生产效率，农药和化肥等农用化学品自然就成为了提高农作物产量的不二选择。农民们能够在一段时间内和一定程度上通过农药、化肥的使用，提高农作物产量，继而提高自己的经济收入，自然就很乐意使用农药和化肥。与此同时，在很长一段时间内，我国的农药、化肥等农用化学品的制造没有得到有力的监督，这使大量的农药、化肥等农用化学品尽管在短时间内能够在农作物产量的提升上达到立竿见影的效果，但经过一段时间的沉淀后，其对于土地和作物的危害便会逐渐显现出来。同时，农民自身往往也不能很好地掌握化肥、农药等农用化学品的使用，在实践中往往出现不规范使用或过量使用甚至随意丢弃农用化学品。以上种种原因结合起来，导致化肥、农药等农用化学品污染成为农村污染中的一大问题。而农用化学品污染的特点在于，其对土地质量的破坏往往具有不可恢复性，或者至少在很长一段时间内，受到污染的土地都没有办法恢复到不影响人们身体健康或者适宜耕种农作物的程度。

养殖业污染是农村环境污染的问题之二。在农村经济发展以前，实行的是家庭联产承包责任制，每户都是自主经营、自负盈亏，农村的牲畜养殖大多都是分散的。但在政策重视农村经济发展以后，许多人回到农村开展规模化的牲畜养殖。这些规模化的牲畜养殖，虽然经过实践的积累，逐渐在保证牲畜存活率和养殖收益率上得到了提高，但是在环境保护方面却几乎没有进步。牲畜养殖之所以会产生环境污染问题，是因为在牲畜养殖过程中的牲畜粪便、污水等没有得到合理的处理，养殖户在缺乏监管和环保意识的情况下，往往随意倾倒牲畜养殖过程中的垃圾，而这些垃圾一旦超过了环境自净能力，便会造成环境污染，从而对周围的空气、水质造成极大污染，甚至还会带来具有地域传播性和跨种族传播性的疾病。

城市企业污染物向农村地区转移是农村环境污染问题中的问题之三。对企业所有者而言，最重要的是对经济利益的追求，如果全部使用规范化的设备进行工业生产，或者使用城市中的废物净化机构所提供的净化服务，那么生产的成本会急剧上升，很长一段时间内，这种工业上的环境投资都将得不到回报，继而影响企业的发展和经济效率。因此，许多企业便会将一部分生产中产生的污染物偷运至郊区或者农村进行倾倒，在监管懒散的情况下，甚至会出现区域内的企业集团式地向郊区或者农村倾倒生产垃圾的情况。这种集中式倾倒的生产垃圾，根本不可能被环境所吸收，会直接造成当地环境的恶化，甚至激起尖锐的社会矛盾，带来不可挽回的悲剧。有数据显示，已有大约 550 万公顷的农用地受到了城市企业废弃物的污染，其中的废弃物是以固定废弃物为主的污水和废气。除此之外，我国处于季风区，城市的废气污染会通过季风或城乡之间的对流空气传播到农村，从而加剧农村的污染。

我国环境保护事业的发展，应该说，是受到了"自下而上"的力量的推动。也就是说，在环境污染问题上，最先意识到环境污染问题并站出来实际地实施环境保护行为的，并不是政府，而是社会。在社会的作为示范以及舆论压力下，政府才逐渐意识到环境污染问题的严重性，并开始正视环境污染问题。提到环境的社会保护，便不得不提中国环境 NOG 组织的作为。可以说，中国环境 NGO 组织，是中国环境保护事业的先锋军。

NGO 即在志愿精神的引导下由民间团体组成的非政府组织，英文全称为 Non-Governmental Organization，具有以下几个特征：一是非政府性，即 NGO 不是政府机关或者政府部门，它独立于政府，这使 NGO 的行动带有民主的色彩，从这个角度来讲，推动 NGO 组织的发展，也是推动社会民主的发展；二是公益性，即 NGO 所追求的价值目标往往是公共利益或者说是社会利益，它并非为了政府利益或者个人利益而存在，对公共利益或者社会利益的追求，是 NGO 最主要的内部凝聚力，同时，NGO 的这种公益性也与其非政府性是分不开的；三是志愿性，NGO 的志愿性是指它的成员的精神凝聚力主要来自于志愿精神，其所组织的活动往往也都是带有非营利的志愿特征的，但对 NGO 的志愿性又不能作绝对的理解，即一个组织尽管是在志愿精神下追求公共利益而集中起来的，但它的存续绝不可能仅仅依靠志愿性；四是组织性，NGO 要想作为一个组织健康地存续下去，其在内部，就必须要制定相关的规章制度来指导和规范组织成员的行为，使其能够以一个组织的名义顺利开展活动。

总体而言，环保 NGO 组织能在以下几个方面体现出自身的社会作用：一是传播环保思想。环保 NGO 本身就是为了保护环境而建立的，其内部的文化之一便是环境保护；环保 NGO 为了壮大自身的队伍，在自我宣传的同时，也必然会有对于环境保护思想的宣传；由于环保 NGO 是非营利性的，因此，从资金来源的角度来讲，该组织在没有健全的体制保障的情况下，不可能有庞大的专职人员，那么环保 NGO 组织在开展活动的时候，往往是发动非专职人员志愿者的积极性，以非专职人员的志愿者作为活动的绝大部分主体，而环境保护的思想也得以在这些志愿者中传播；不仅作为活动参与主体的志愿者会受到环境保护思想的熏陶，活动的对象人群也会由于各种原因受到活动的影响，继而受到其中环境保护思想的影响。二是能够形成监督企业的社会力量。企业是社会中参与经济活动最活跃的主体，也是污染物的主要排放者之一、资源的主要消耗者之一。由于市场中企业以营利为第一目的，因此，企业的污染问题是环境保护中一个非常重要但又难以解决的问题。要监督企业的污染物排放行为，不仅需要企业的内部监督，更需要法律的监督、政府的监督和社会的监督，而环保 NGO 的监督就是社会监督中非常重要的一个方面。在实践中，环保 NGO 在自身环境保护宗旨的指导下，会自发地对社会中的企业进行有关环境保护的调查，并对其中违反法律规定或者破坏环境的行为进行取证，最终将调查取证的结果向司法部门或者相关的行政部门展示，从而推动污染企业能够停止污染行为，并对已经造成的损害进行环境价值赔偿。三是能够形成监督政府部门的社会力量。一方面，环保 NGO 通过自己的调查取证行为取得污染行为的证据，并将调查取证结果面向公众公开形成舆论压力，以此反过来督促环境保护主管部门更加积极地履行自己的职责；另一方面，环保 NGO 所监督的对象不仅仅局限于政府环境保护主管部门，也包括了所有涉及环境保护的其他政府部门，只要这些政府部门依职权所做出的行政行为危及环境。对于政府的监督不仅仅存在于政府作出行政行为之后，也可能存在于政府决策阶段。近几年，部分环保 NGO 在不懈努力下，参与到政府政策制定的决策环节，如“26 度空调节能行动”。四是在有条件的情况下，能够主动对造成环境污染的主体提起环境公益诉讼。目前，环境保护法以及民事诉讼法已经明确了环保 NGO 作为环境公益诉讼主体的合法地位，这意味着环保 NGO 在认为有必要、情况紧急或者环境保护主管部门不积极作为的情况下，可以更为直接地参与到遏制环境污染行为中来。但并非所有的环保 NGO 都具有诉讼主体资格，根据环境保护法的规定，只有非营利的、专门从事环境保护工作 5 年以上且没有违法记录的环保 NGO 才是适格主体，而根据这一规定，全国范围内具有环境公益诉讼主体资格的环保 NGO 组织不超过 60 家。

尽管环保 NGO 在设计上能够在环境保护领域发挥不可忽视的作用，但在当下，环保 NGO 的生存和发展还是面临着许多困难。

环保 NGO 活动资金筹集困难。如前所述，NGO 的含义是非政府组织，在我国，NGO 还被加入了非营利性的特征，例如，我国《民办非企业单位登记管理暂行条例》《社会团体登记管理条例》皆规定，环保 NGO 组织不得从事营利性的活动。在无政府背景又非营利的情况下，如何筹集 NGO 自身活动所需要的资金是环保 NGO 所面临的最根本性的问题。如果不能解决资金问题，那么环保 NGO 中专职人员的个人生存与发展便得不到保障，环保 NGO 开展活动就缺少了物质准备，进而环保 NGO 设立的宗旨难以实现，其作用也无法发挥出来。当前实践中的环保 NGO 组织主要有以下 3 种资金来源：(1)政府资助；(2)企业捐赠；(3)会员会费。政府资助或企业捐赠都是政府或者企业的任意性行为，具有不稳定性，而且资助或者捐赠的金额都是比较少的。由于环保 NGO 组织的成员都是出于志愿精神而加入进来，并不是以环保 NGO 为终生事业，所以环保 NGO 会员的数量本身就比较少，更不用说会员能够捐赠出来的会费了。

环保 NGO 的人力资源严重缺乏。正如上文所述，受到 NGO 非营利性特征的约束，环保 NGO 对于绝大多数人来说，都不可能成为一项终生投入的事业，因为当前的环保 NGO 无法为参与者提供供其生存与发展的物质资料，这也就决定了环保 NGO 参与人员的流动性非常大。同时，由于环保 NGO 开展活动的时间和地点又是各异的，因而环保 NGO 的参与人员还有临时性这一特点，即参与人员的更换往往以活动为单位，一个活动吸引一批有时间且有地域便利的人员，到下一个活动时，由于时间的冲突或者地域便利的消失，上一批参与人员便不再参与这次活动，而是由另外一批人员参与进来。相反的是，环保 NGO 不仅需要环境保护活动的参与者，也需要为环保 NGO 这个组织生存和发展谋篇布局的工作者，这些工作者应当不论对于环保 NGO 还是环境保护活动都有着比较专业的认识。环保 NGO 参与人员的流动性和临时性，明显地与此种需要相悖。(当然，这里不是说这种流动性或者临时性是不好的。流动性和临时性正是环保志愿活动广泛参与的象征，只不过以上两种特点对环保 NGO 自身的生存和发展没有多大的意义。)2008 年发表的《中国环保民间组织发展报告》指出，据统计数据显示，我国环保 NGO 没有专职人员的，占总数的 28.9%，我国环保 NGO 专职人员在 1～5 人的，占总数的 46.5%。人力资源是一个组织的活力，一个缺乏人力资源的组织，其作用和影响必定相当有限。

环保 NGO 环境公益诉讼保障机制不足。尽管我国的环保法和民事诉讼法已经确定了环保 NGO 环境公益诉讼的主体资格，但是缺少支持其进行公益诉讼的制度：一是缺乏调查取证制度。为诉讼准备的调查取证是必要的，然而,一个有意义的环境污染调查取证行为对资金和权限都有要求——需要资金来提供相关费用,如调查取证基本经费、样品送检费、专业设备购置费以及需要调查取证权限来排除他人对调查取证行为的不正当干扰,或者在他人对调查取证行为实施不正当妨碍后,能够使调查取证行为得到有效的救济。缺乏资金与调查取证不受妨碍支持的环保 NGO,要么很难完成有效的调查取证行为,要么要冒很大的风险才能进行调查取证。二是缺乏诉讼代理制度支持。诉讼活动是具有专业性的法律活动。由于环境污染自身的特点,它决定了环境公益诉讼往往是需要经过一段很长的时间才能够完成的,而长期的诉讼活动则对应着巨额的律师代理费。尽管环保 NGO 内部可能会有具有专业法律知识的成员,但是这样的环保 NGO 毕竟占少数,大部分的环保 NGO 在诉讼过程中还是要依靠代理律师。同时,由于环境公益诉讼的多样性和复杂性,环保 NGO 组织内部具有专业法律知识的成员,也未必能够应对所有情况。三是缺乏诉讼赔偿制度支持。尽管环保 NGO 组织能够提起环境公益诉讼,但是只能要求被告方对环境价值进行补救和赔偿,而不能要求被告方对自己在此次环保活动中的资金花费进行赔偿,这就意味着,环保 NGO 从事环境公益诉讼,对于其自身来说,始终是一件在经济上无法得到弥补的事,这不利于鼓励环保 NGO 积极地参与到环境公益诉讼中。

公众环保意识不高,导致在涉及经济利益的环境侵权行为调查中,环保 NGO 的活动难以得到支持。如果是一项纯粹的环境保护活动,例如,在荒山植树造林、清理河流垃圾,几乎对于所有人来说,都是一件没有必要反对的事情,有时间和地域优势的群众会很乐意参与其中。但如果某项环保活动会影响部分公众的经济利益,那么环保 NGO 组织的相关活动便很难得到支持了。例如,某企业为节约成本,随意地将生产活动产生的污水排放到附近的河流中,致使该条河流的水质严重下降,河流水体变色,河流中生物大量死亡,并危及下游城市的饮水安全。某环保 NGO 得知此事后便到企业所在地进行取证调查活动,希望能够取得有价值的成果,促使有关方面积极履行其职责。当地生活的民众在听说最近有环保 NGO 在调查河流受污染一事时,纷纷站出来反对,不仅不帮助环保 NGO 寻找污染源,而且在遇见环保 NGO 的调查成员时还恶语相向,原因就是很多当地民众都在该企业工作,该企业给当地带来的经济利益,解决了很多家庭的生存问题,提高了很多家庭的生活质量,上述环保 NGO 的调查取证行为,明显是与当地民众的利益偏好相悖的。环保 NGO 所进行的环境污染调查活动,本身就有一定风险,往往会受到环境污染者的妨碍或者威胁,如果所涉区域的公众再不为环保 NGO 的调查活动助力,那么环保 NGO 对于污染时间的调查活动,将举步维艰。

环保 NGO 环境保护优先的理念,与地方政府经济发展优先的理念存在冲突。环保 NGO 是民间组织,本身不具有环境执法或者司法权,因此它只能通过自发的调查活动,将环境污染的事实呈现到公众或者有执法权的相关部门面前。对于地方政府而言,经济发展是政绩考察中最重要的一项指标,是政府创收的主要途径,是解决其他问题的基础,同时,还不排除在有的地方存在官商勾结的情况。环保 NGO 对于地方企业违规排污,破坏环境行为的调查,就算取得了有价值的证据,并且呈现给了当地有权的环境保护主管部门,当地的环境保护主管部门也未必会实质性地展开执法活动。这就让环保 NGO 处于一种甚为尴尬的场面:环保 NGO 经历千辛万苦,自发地替环境保护主管部门完成了最重要的调查取证工作,结果却反而受到环境保护主管部门的冷遇,在这种情况下,环保 NGO 既不受到污染者(企业)的支持,又不受到地方政府的支持,还没有实力提起环境公益诉讼,那就只剩下自己喊口号了。这是现实中环保 NGO 所遭遇的窘境。

正如上文所述,由于环保 NGO 是民间组织,既不具有执法权,又不具有司法权,因此环保 NGO 对于环境污染行为的制止是不直接、不及时、不充分的。环保 NGO 的环境保护行为,体现的是环境保护的社会监督。在环境保护社会监督不能触及的领域,就需要环境保护的公权力监督,即环境保护的政府监督。

目前,我国形成的环境保护政府体系具有统一领导、分层分级管理的特点。由国务院环境保护主管部门统一领导全国的环境保护工作,地方政府负责辖区的环境保护工作,地方政府环境保护主管部门领导辖区内的环境保护工作;地方农业、渔业等部门,负责和管理管辖范围内的环境保护工作;海关、军队等部门,按相关法律的规定,履行环境保护的职责。环境保护政府监督,相较于环境保护的其他监督形式,具有以下几个优势:一是环境保护政府监督具有直接性。环境保护政府主管部门是环境保护执法权的有权机关,因而,对于破坏环境的行为,环境保护政府主管部门能够对其直接进行制止和查处,能够直接达到遏制环境污染的效果。二是环境保护政府监督具有及时性。对于环境保护主管部门而言,对于已经确定的实施污染行为的对象,它可以马上作出相应的惩处措施,遏制其继续污染;对于尚未确定但具有重大嫌疑的污染行为实施对象,它可以马上组织人员对该对象的相关设备、人员、地域进行环境执法检查,这相对于环境保护其他形式的监督,在时间上耗时最短,也最有可能将环境污染控制在最小的范围内。三是具有充分性。环境保护主管部门既能够对环境污染行为进行充分的取证调查,也能够按照相关法律法规对环境污染行为进行充分的处理,进而对被污染环境进行较为充分的补救。这种充分性既表现为环境保护主管部门能够从调查阶段到处理阶段全程开展环境保护工作,也表现为在每一个阶段,环境保护主管部门都能够依据相关法律,较为深入地开展工作。

尽管环境保护政府监督相对于其他监督形式具有许多的优势,但目前来讲,我国的政府监督仍然没有发挥出理想的效果。

干部考核体系不完善是制约环境保护政府作为的因素之一。尽管新环保法已经明确规定,环境保护方面的作为,应纳入对官员的考核体系当中,但单靠环保法单方面的呼吁,是改善不了现状的。“以经济建设为中心”的思想,从20世纪一直延续到今天,成为许多人心里的固有观念,同时,经济建设也最直接、最快捷能体现地方官员政绩。这就导致地方政府在考虑发展模式的时候,并没有把环境保护摆在突出位置,在决策环节上就决定着即将要展开的经济建设项目,将是会对环境造成损害的;当社会向政府部门反映环境污染问题时,政府部门也会因为不愿意放弃污染行为带来的经济红利,而选择对污染的处理一拖再拖,或者干脆视而不见;由于环境保护方面的作为对于提升自己的考核成绩并没有多大的作用,因此对于辖区内的环境保护思想的宣传工作就更不会放在心上,甚至直接将环境保护思想的宣传委托给辖区内的环保NGO。环境保护不仅仅需要在受到污染后进行环境价值的补救,也需要在环境问题出现前,积极地进行生态环境建设,主动改善生态环境,但在政绩考核体系不完善的情况下,这方面的工作处于被忽视的地位。要改变当前地方建设轻环保重经济的格局:一是要从思想领域入手,明确环境保护的重要意义;二是要从地方干部考核体系入手,改变地方干部考核的各项指标;三是要从发展的方式方法上创新,投入研究资金,寻找将经济建设与环境保护结合起来的具有可操作性的发展方式,为地方发展提供指导;四是要加大舆论媒体的监督,在这个互联网技术发达的社会,经过媒体曝光的事情大都会引起当地居民的关注,尤其是这种关乎自己生命健康的事情,更是会格外的注意,这会相应地减少部分民众反对的声音。

政府各部门分工不明确、责任承担不明确是制约环境保护政府作为的因素之二。尽管我国在环境保护政府作为上建立了“统一领导、分层分级”的管理体系，但是在实践中，政府各部门之间的分工是不完善的，有的是出现分工管理空白的情况，有的是出现分工相互重叠的情况。例如，渔业和林业部门分别就自己的管辖范围开展环境保护工作。经过政府审批，建设在某林区旁的造纸厂，违法违规将生产过程中产生的污水排放到林区相邻的湖中，而该湖又是当地有名的盛产水产的渔业地，不少当地的居民还在该湖中进行了渔业养殖。随着时间的推移，造纸厂违法违规排污的行为引起的环境污染问题，最终以该湖水体变色、浮游生物疯狂繁殖、水质变差、湖中鱼类大量死亡的结果呈现出来。当地居民看到水体污染，发现污染源后向当地环保局反映情况，环保局以造纸厂属于林区范围内，故该造纸厂的污染属林业部门管理为由，要求群众向林业部门反映，而林业部门却认为，污染导致的后果是湖中水体污染严重、鱼类大量死亡，因而该污染应当由渔业部门来处理。可见，分工不明确，就会在现实中出现政府各部门之间相互推诿、不愿意主动进行处理的情况。换一个角度来讲，分工不明确也有可能导致政府各部门之间抢着办案的情况的出现。例如，某地电脑制造工业园是西南地区知名的电脑加工工业园，它是由国内著名的某电脑公司投入大量资源建造起来的。该工业园建成后，随即投入使用，并每年为当地政府带来大笔的税款收入。但好景不长，几年之后，该工业园环境保护措施不完善的弊端显露，给当地的生态环境、居民的生活质量带来了巨大的不利影响，同时该事件也引来了社会上舆论的关注，当时引进该工业园项目的政府领导被迫引咎辞职。在此种情形下，当地与环境保护相关的政府部门纷纷站出来表示，将会对该电脑加工工业园的环境污染问题进行严格调查，并在调查结束后，按照相关法律法规对污染造成者进行处理。由于分工不明确，该政府与环境保护相关的各个部门，为了争表现，都纷纷地投入人、财、物到该环境污染事件中去，彼此之间拒绝合作与沟通，造成了大量的资源浪费，同时还从整体上加长了该污染事件的处理时间。分工不明确，还可能带来责任承担不明确的问题。由于分工不明确，某个环境污染事件发生之后，该由哪个政府部门履行处理的义务就不明确了，各政府部门往往会消极不作为。在污染事件持续恶化，引起社会广泛关注，或者上级政府机关介入处理之后，在追责问责环节，应当由谁来承担环境保护不作为的责任就难以厘清了。现实中不乏存在部分政府官员，抱着“罚不责众”的心理，而对环境污染置之不理。

从上文我们可以看到，环境保护的社会监督，由于相关法律法规体系的制约和不完善以及自身无法克服的环境保护作为“不直接性、不及时性、不充分性”的障碍，使其在当下的环境保护事业中能发挥的作用极为有限。尽管环境保护政府作为具有“直接性、及时性、充分性”，从应然上来讲能够对环境实施强有力的保护，但由于干部考核体系不完善、政府各部门分工不明确、政府各部门责任承担不明确等方面的问题，在实际中没有能够发挥出设计中的环境保护作用。环境保护的社会作为与环境保护的政府作为，各属不同的领域，各有不同的特点，各有不同的缺陷，但又相互联系，从保护环境的角度来看，目的也是一致的。因此，如果能将环境保护的社会作为与环境保护的政府作为结合起来，使两种环境保护的作为方式能够相互取长补短、相互监督，那么在环境保护方面发挥的作用，也必将事半功倍。

生态公共产品是环境保护的政府作为与社会作为相结合的产物。由于生态公共产品具有公共产品的特征，因此，要想建立国内的生态公共产品发展的相关制度，就必须依靠政府的积极作为，本书讨论的就是生态公共产品的政府责任机制。由于生态公共产品在国内尚属一个新兴概念，有关该领域的国内研究成果也不多，因此本书将从探讨生态公共产品的概念出发，一步步构筑相关理论体系，并为生态公共产品的政府责任机制构建提出学术参考。

希望本书能够为我国生态环境公共产品有效供给的政府责任机制构建提供参考价值。

第一章　生态公共产品有效供给的政府责任机制的必要性

1987 年中国共产党第十三次全国代表大会阐述了社会主义初级阶段理论，指出我国正处在社会主义初级阶段，并且长期会处于这一阶段。这一阶段主要矛盾是人民不断增长的物质文化需求和落后生产力之间存在的矛盾。改革开放至今，我国不断促进生产力发展，已经取得了显著成就。但是这种发展模式和观念使"公地悲剧"产生，过度排放导致的环境污染、过度放牧导致的土地沙漠化也就不足为奇。

正是基于这种现实，政府实施了各项环保措施，尽管这些措施在最初实施的时候也取得了一些成绩，但在深入推进时却遭遇了困境。例如，在实施"退耕还林"最初阶段，工程建设取得了显著成绩，发展到 2006 年 12 月，我国一共完成退耕还林面积 1.39 亿亩，配套完成的封山育林和荒山造林面积 2.25 亿亩。但是，在这一发展阶段之后，退耕还林的速度不断放缓，发展到"十一五"期间，设定了 2000 万亩退耕还林发展计划，而在 2006 年，仅仅实现了 1/5 目标。其最主要的原因：一是在早年大规模的开发区圈地之后，更大规模的造城圈地在全国范围内开始普及，这样一来，耕地面积会受到严重挤压，退耕还林的空间不断减少；二是因为耕地面积不断受到挤压，所以增加了粮食销售价格，退耕还林的面积不断收窄与耕地面积增加的压力同时存在。这种政府以一己之力推行的环境治理手段又遇到了“瓶颈”，环境治理的前景不明朗。

为了继续促进生态文明建设，在 2013 年，中国共产党召开了十八届三中全会，在会议中明确指出，“要以建设美丽中国生态文明体制作为改革着力点，促进建设生态文明制度，完善对我国生态环境进行保护、开发国土空间、节约利用资源的各项制度”，“建设生态文明，须有由完善的制度系统作为根本保障，以制度作为驱动力。要完善使用资源资源的制度和管理措施，设定生态保护红线，实施资源有偿使用制度以及补偿生态发展制度，彻底改善生态环境”。生态文明制度体系的建设离不开生态公共产品制度的支撑，生态公共产品作为生态产品的一个下位概念，将是本书讨论的核心。本章首先将通过概念对比分析，明确生态公共产品有效供给的政府责任机制中生态公共产品的内涵所指，明确研究对象。然后在此基础上探究法律调整生态公共产品有效供给的政府责任机制以及在我国建立此种机制的必要性。

第一节　生态公共产品的界定

研究生态公共产品（亦称生态型公共产品、公共生态产品）有效供给的政府责任机制，首先必须明确研究对象即生态公共产品的内涵所指。生态公共产品，作为党的十八大的新提法，是一个新兴的概念，对于广大学者与社会大众来说，是一个陌生的名词，并且国外亦未对该概念内涵与外延进行详细界定。因此，确定生态公共产品的内涵与外延，必须从与其相关的概念入手，做全方面、多角度的比较分析。

生态公共产品是将“生态产品”和“公共产品”组合而成的复合概念。在现有的研究中，有学者将生态公共产品定义为“具有非排他性和非竞争性的生态产品”，有的学者则认为，“广义的生态型公共产品是人们在工作生活区域享受的非竞争性与非排他性，和生态发展有紧密联系的物质、自然和制度类公用产品”。同时指出“狭义的生态型公共产品在消费中有很强的竞争性，比如说假如进入公园的人数超过其本身承载能力，那么拥挤情况必然会出现”。

上述观点的分歧在于究竟是将生态产品还是公共产品作为生态公共产品的基础概念。我们认为，二者其实是辩证统一的，生态公共产品同时具有生态产品和公共产品的典型性质，它在形式上是公共产品，在实质上是生态产品。基于此，我们将生态公共产品的基本性质概括为公共性和生态性。公共性为生态性提供存在基础，生态型为公共性提供价值保障。然后，我们将生态公共产品初步定义为“具有生态价值且其生态价值能够被人享有的公共产品”。本节将以“生态产品”和“公共产品”这两个概念作为切入点，推导出“生态公共产品”的确切内涵、性质、分类，为研究生态公共产品有效供给的政府责任机制法律调整的必要性做好铺垫。

一、生态产品和公共产品

（一）生态产品的概述

生态产品的概念最初源自联合国千年生态系统的全面评估，这个报告是一千多名专业人士一起发布的，使用了社会大众比较容易理解的实例，对生态系统和生态产品概念进行解析，并分析它们存在的意义。借助这些案例分析，我们认为，生态产品是生态系统中各类物质之间相互作用而产出的有益于一切生命体的产品。它不仅有益于人类，也有益于自然界的其他物种，它区别于其他产品之处在于其有着节约能源、无公害、可再生的特点。例如，对于植物通过光合作用产出的有机物和氧气，我们就可认为其是生态产品，但对人类通过工业生产产出的有机物和氧气我们只能认为其是产品，而非生态产品。

生态产品的概念是一个新兴的概念，又涉及多种不同的学科领域，根据划分标准的不同，可将生态产品分为：由自然提供的生态产品和由人为提供的生态产品，底端生态产品和终端生态产品，市场性的生态产品和非市场性的生态产品。

1. 由自然提供的生态产品和由人为提供的生态产品

按照是否与人类劳动具有直接关系，可将生态产品划分为由自然提供的生态产品和由人为提供的生态产品。

由自然提供的生态产品指的是自然界未经加工直接供给的产品，和人类的劳动无联系，如气候条件、空气、水资源等。由人为提供的生态产品是指从自然界中获取原料或者半成品，经过人类劳动加工的生态产品，如有机食品、生态工业品、绿色农产品等。而当水、空气等受到污染时，当气候受到全球变暖的威胁时，经过治理变得清洁的水、变得清新的空气和变得怡人的气候亦转化为由人为提供的生态产品。

2. 底端生态产品和终端生态产品

按照在价值计算时是否会被纳入国内生产总值，可将生态产品划分为底端生态产品和终端生态产品。

底端生态产品是指其价值不会被纳入国内生产总值的生态产品，而终端生态产品的价值将被纳入国内生产总值。底端生态产品是成就终端生态产品的媒介。例如，我们在计算有机食品的国内生产总值时，只会计算有机食品本身的价值，而不会再去计算生长出有机食品的种子或种苗的价值。这是因为种子或种苗的价值已经包含在有机食品的价值中，如果再去计算种子或种苗的价值则会增加有机食品的价值，这就与其本身的价值不符。这里的"有机食品"就是终端生态产品，而"种子或者种苗"则是成就"有机食品"的底端生态产品。但这并不意味着底端生态产品的价值少于终端生态产品的价值，而只是因为终端生态产品价值能够表现出全部生态系统价值。

3. 市场性的生态产品和非市场性的生态产品

按照是否以市场交换作为实现其价值的手段，可将生态产品划分为市场性的生态产品和非市场性的生态产品。

市场性的生态产品，其价值往往通过市场交换来实现，如在市场上买卖的绿色食品等。而非市场性的生态产品价值的实现往往不是通过市场交换，而是通过其对自然、经济、社会的作用来实现。生态产品大多数为非市场性的，我们无法判断出其确切的价格，但是无价格并不意味着无价值。例如，自然保护区在生物多样性的保护、旅游资源的开发、构建人与自然相和谐的社会等方面都有积极作用，这些积极作用就是自然保护区这个非市场性生态产品的价值。

（二）生态产品的性质

1. 生态产品的生态性

生态产品的生态性是生态产品区别于其他产品最显著的特征。表现在它与生态环境密切相关，直接或间接地产生并作用于生态环境。而诸如空气、水源、森林、气候等生态产品本身就可以作为生态环境要素的一部分，其状态的好坏影响着自然环境的好坏。而人为提供的有机食品，其原料来源于自然界，最终会被人体吸收，中间过程只会产生少数的二氧化碳和水，也体现了这些产品的生态性。

2. 生态产品的公共性与私人性

判断一种生态产品是具有公共性还是私人性，主要在于其最终归属于谁，有益于谁。如前所述，按照是否以市场交换作为实现其价值的手段，我们将生态产品划分为市场性的生态产品和非市场性的生态产品。市场性的生态产品的所有权经过市场交换从卖方转至买方，买方针对生态产品享受的权利主要有收益、处分、使用、占有。无论哪个权利，其实现带来的利益都由买方这种特定的少数人享受，此时这种由特定的少数人享有的生态产品就具有私人性质。同理，非市场性的生态产品具有公共性质，其所有权应归属于公众，其权利的实现带来的利益应由“公众”这种不特定的多数人享受。生态产品大多数都是公共性产品。人们可以从公共性的生态产品中各取所需，制作成具有私人性的生态产品，这样就涉及生态产品的价值性和保护他们的讨论。

3. 生态产品的价值性以及价值实现的特殊性

生态产品的价值性是指生态产品具有使用价值和价值。通常意义上的“产品价值的实现”在于让渡使用价值或价值的其中之一以实现另一价值，简言之，则是用使用价值去实现价值或者用价值去实现使用价值。与其他产品不同的是，生态产品价值的实现还存在另外一种情况，即用一种价值去实现另一种价值。生态产品价值实现的特殊性便在于此。例如，树作为一种生态产品其本身具有制造氧气、净化空气、维护生物多样性等功能，这些功能体现了它所具有的自然价值。但如果人们砍伐了树，对它进行加工，再把它投入市场交易，它的自然价值就消失了。当由树所加工而成的商品成功地在市场上进行交换时，它的经济价值便得以实现。也就是说，砍伐树的人们用树的自然价值实现了树的经济价值。

我们认为，生态产品的经济价值是可以用如 GDP 一类的数字来具体化的，是可衡量的；但生态产品的自然价值和社会价值却是抽象化的，是不可衡量的。因为它往往涉及诸如可持续发展、构建和谐社会等一些与人类生存和发展密切相关的重大问题。也正是基于生态产品价值实现的此种特殊性，那些以高昂的环境代价换取经济增长的方法是不明智的，亦是不可取的。也正因如此，不管是国家，还是地方，在促进经济发展的过程中，都不能以牺牲环境发展作为代价。这也是构建生态文明、构建和谐社会、实现可持续发展的题中之义。

（三）公共产品的内涵和性质

“公共产品”一词最早出现在保罗·萨缪尔森（Paul A. Samuelson）（1915～2009）1954 年《公共支出的纯理论》（*The Pure Theory of Public Expenditure*）里，针对目前定义来说，公共产品指的是消费或者是使用过程中有非竞争性，而受益上有非排他性的产品，如国防、教育等。从定义上我们不难看出公共产品最基本的两个性质，即非竞争性、非排他性。

1. 公共产品的非竞争性

公共产品的非竞争性是指在公共产品的使用或消费上，一部分人使用或消费该产品并不妨碍其他人同时对它的使用或消费。也就是说，有些人针对这一产品消费或者使用不会对其他人消费或者使用产品的质量以及数量产生影响。而且，消费者数量的增加或者减少，也都不会影响其他消费者。以国防作为实例，虽然人口不断地增加，但是其他人享受国防安全保障并没有因为人口增加而受到影响。

2. 公共产品的非排他性

公共产品的非排他性是指在公共产品的受益上，为生产和维护此公共产品支付过代价的一部分人不能以其为该公共产品支付了代价为由而排斥其他没有为此公共产品支付代价的人从中受益。以灯塔为例，为建造灯塔而出力或出钱的那部分人在灯塔建造好后，可以理所当然地享受灯塔的益处。但是，在当初建造灯塔时并没有出力或出钱的人仍然可以享受这份益处。那些曾经出力或出钱的人并不能以其他人未出力或未出钱为由排斥他们享受灯塔的益处，也不能在灯塔建造好之后向其他人追偿。这是因为排他在技术上的不可行性或者假设在技术上可行但在经济上由于成本高昂而导致的不可行。又或者是如今遍布大街小巷的健身器材，是由政府出资，由相关的建设施工单位承包修建的，最初的修建费用、修建完成以及之后的维修费用，都不需要使用者出资，最终全民都可以使用健身器材，纳税的多少也不会改变使用的时间或质量。

3. 公共产品的非拒绝性

因为公共产品具有非排他性和非竞争性，所以能够延伸出第三个特点：非拒绝性。公共产品的非拒绝性，指的是消费和使用公共产品时，所有人对于公共产品的利益都无法拒绝。也就是说，处于公共产品效益包括范畴内的消费者，会受到这一产品的影响，这是自然的、也是必然的，这一影响不会因为其本身的需要、愿望、希望为转移。还是以国防作为研究实例，居住在一个国家内部的居民都会得到国防保护，不能将这种保护转让予他人。仍然以灯塔为例，在航海中的某些船长自恃能力过人，不需要灯塔的指引也可以安全行驶，但是他却不能要求修建灯塔的人拆除灯塔，他没有这样的权利。又如，有些家长可能担心健身器材会存在安全隐患，自己的孩子年龄尚小，不足以避开这些危险，但他也不能要求施工队拆除健身器材。

（四）公共产品的分类

公共产品可根据上述两个基本属性是否完备，被分为纯公共产品和准公共产品两大类。

1. 纯公共产品

纯公共产品指的是既有非排他性，也有非竞争性的产品。最显著的实例就是国防，但是考虑到限制移民、计划生育等条件的客观存在，国防还是有一定的竞争性。所以，从具体的实践中，很难找到既有非排他性，又有非竞争性的产品。也就是说，很难找到一个民法上的物满足纯公共产品的构成要件。

2. 准公共产品

准公共产品指的是具有非排他性和非竞争性其中之一特点的产品，也就是同时具有排他性和非竞争性与同时具有非排他性和竞争性的产品。它在纯私人产品和纯公共产品的范围之间，被叫作“混合产品”。

(1)具备非竞争性和排他性的准公共产品

这类准公共产品包括旅游景点、电影院、公路等。以公路为例，在车辆没有超过一定数量的条件下，车辆的增多并不会影响原有高速公路通行的质量，也就是说，公路消费存在非竞争性。但是因为消费存在一定的“拥挤点”，当车辆持续增多达到甚至超过了一定的数量时，就不得不实行限号、收费等措施将公路上车的数量限制在能保证通行顺畅的合理范围内。此时，公路的受益具有排他性。再以旅游景点为例，在承载人数之内，门票会正常出售，当在旅游旺季的时候，为了预防旅游者骤增，旅游负责人会提高票价，限制门票数量，稍微控制旅游人数。

(2)具备竞争性和非排他性的准公共产品

这类准公共产品包括公有的草场、森林、渔业等。以公海的渔业资源为例，由于渔业资源公有，大家都可以到公海上捕鱼，享受其带来的利益，即公海的渔业资源在受益上具有非排他性。但是毕竟资源有限，如果过度捕捞，一部分捕捞者对其他捕捞者能获得的渔业资源则一定会有影响，会导致其数量减少或者质量下降。此时，公海渔业资源的使用和消费具有非竞争性。以森林为例，落叶等有机肥料，在乡村的居民可以任意取回家里作为柴火，可是当所有的村民都以此作为唯一的柴火来源，森林里的落叶就会供不应求，不能再满足村民需求，就会引起村民间的争夺。以草原为例，牧民都会寻找适合喂养牛羊的草地放牧，在牛羊数量不多，草原可以承载的情况下，大家其乐融融，可是一旦增加牛羊的数量，超过草原的承载力，草的生长比不上牛羊的喂养，草场就会退化，最后变成沙漠。

二、生态公共产品

(一)生态公共产品的概念

在我国,生态公共产品是一个陌生的名词,国外也没有具体界定这一概念定义。笔者理解生态公共产品是“生态产品”和“公共产品”的复合式概念,因此,根据“生态产品”和“公共产品”的内涵可推导出“生态公共产品”的定义,即由自然或人为提供的与生态密切相关的公共享用品。对此定义有以下几个方面的解读。

1. 生态公共产品是公共享用品

“享用”一词包含了使用、消费、受益。

“公共”一词说明其受众的对象是公众而非个人,这就表示生态公共产品属于公共产品,若一个公共产品不具备排他性与竞争性,该公共产品可为准公共产品,也可为纯公共产品,而且不需要进行交换,也就是说,不进行交换,也可以确保其价值顺利实现。

2. 生态公共产品是由自然或人为提供

“由自然提供”,是指生态公共产品的产生完全依靠自然运作,而没有任何人为因素,如原始的热带雨林、公海的渔业资源等。以原始的热带雨林为例,其生长壮大完全依靠阳光、土壤、雨水、气候等自然因素,不需要任何人的播种、灌溉、修枝、剪叶。公海的渔业资源同理,也不需要任何人撒种、喂养,是在大海的环境下,优胜劣汰、逐渐丰富。

“由人为提供”,是指生态公共产品的产生不仅依靠了自然运作,而且还依靠了人类劳动。这里的提供者可以是社会中的一些组织和团体,也可以是政府,当然还可以是个人。①

3. 生态公共产品当然性的包括生态环境

生态环境是一个大的概念,它是“由生态关系组成的环境”简称,指的是和人类有紧密联系,对人类生产活动和生活产生影响、作用的一些力量以及自然要素的总体构成。②

生态环境本身就与“生态”二字密切相关。作为人类生产和生活的载体,

---

① 关于这一点笔者会在第二节生态公共产品供给的主体中详细阐述,在此不做赘述。

② 参见百度百科:http://baike.baidu.com/subview/30803/11138840.htm?fr=aladdin,最后访问日期:2016年10月18日。

生态环境理应被全人类享用,其由自然提供亦可在人工干预下形成(可由人为提供)满足了生态公共产品产生的主体条件。因此,生态环境理所应当的是一种生态公共产品。

(二)生态公共产品的性质

本书认为生态公共产品具有以下几种性质:

1. 生态公共产品的生态性(生态价值性)

生态公共产品的生态性亦叫作生态价值性。生态公共产品因其与生态密切相关,故而沿袭了生态产品的生态性。生态公共产品的生态性从根本上体现了其最大的价值在于其生态效益,故又被称为生态价值性。

生态效益,指的是人们在生产过程中,以生态平衡发展作为基本的规律,使自然界的生物体系对于人类的环境、生活条件、生产等各个要素产生有利效果和影响,它和人类的长远发展以及根本利益都有直接联系。[①] 生态公共产品的直接客体是生态环境,在很多情况下,公众享受到的是其带来的生态效益而非产品本身。

2. 生态公共产品的公共性(非市场性)

生态公共产品的公共性,亦称为非市场性。生态公共产品因其所有权归属于公众,其权利的实现带来的利益一定是由"公众"这个不特定的多数人主体享受,属于非市场性的生态产品,故而沿袭了生态产品的公共性。这一属性决定了生态公共产品不需要经过交换环节便直接由生产进入消费,也正因如此,在下文中论述生态公共产品的供给时,本书认为,生态公共产品供给的4个部分中没有"交换"这一部分。

3. 生态公共产品的外部性

外部性是经济学上的一个概念,也叫作溢出效应、外部影响或外差效应,具体是指个人或者群体的决策和行动对另外的个人或者群体产品有益或者有害影响的情况。[②] 分为正面和负面的外部性。正面的外部性指的是受益的情况,受益人不需要花费任何代价;负外部性则是受损的情况且造成负外部性的人并没有为此承担成本。

---

① 参见百度百科:http://baike.baidu.com/view/809963.htm,最后访问日期:2016年10月18日。

② 参见百度百科:http://baike.baidu.com/view/682663.htm?fr=aladdin,最后访问日期:2016年10月18日。

借用此概念,生态公共产品也有外部性特点,这主要是因为其具有公共性,并且在非市场性之下的生态公共产品外部性很容易显现。以公园为例,公园作为一种具体的生态公共产品,其修建具有正外部性。修建公园的经费由政府财政划拨,建好之后向公众免费开放。公众从公园中享受到休闲娱乐的益处,但是无须为此付费。当某人或某些人破坏了公园优美的环境并使公众的利益受损时,但是破坏环境的人也并没有为恢复公园优美的环境而承担成本。

由于生态公共产品的概念借用了公共产品的概念并以"生态"二字加以限定,所以公共产品所具有的非竞争性、非排他性和非拒绝性生态公共产品也一应具有。

三、生态公共产品的分类

由于生态公共产品的概念是以生态产品和公共产品这两个概念为基础的,因此,生态产品和公共产品的分类标准也部分适用于生态公共产品。例如,借鉴生态产品的划分标准,生态公共产品可以被划分为由生态自然提供的生态公共产品与由自然人提供的生态公共产品,底端公共产品和终端生态产品;借鉴公共产品的划分标准,可将生态公共产品分为纯生态公共产品和准生态公共产品。除此之外,本书还具体地对生态公共产品进行类别划分。

(一)自然型生态公共产品、物质型生态公共产品和制度型生态公共产品

以生态公共产品的形式和功能为标准,可以将生态公共产品分为自然型生态公共产品、物质型生态公共产品和制度型生态公共产品。

自然型生态公共产品主要包含森林资源、土壤、水资源、空气等内容;物质型生态公共产品包含处理污染设施、回收垃圾、处理污水等内容;制度型生态公共产品包含和环境相关的法律法规、保护生态的相应制度等内容。① 其中,自然型生态公共产品是目的,物质型生态公共产品是基础,制度型生态公共产品是保障,三者相辅相成。

自然型生态公共产品蕴含着最大、最直接的生态效益,其供给量是社会生态文明的直接体现;物质型生态公共产品是生态公共产品供给的主要着力点,它侧重于对现实存在的环境污染和生态破坏进行恢复。实现自然型公共产品

---

① 参见樊继达:《提供生态型公共产品:政府转型的新旨向》,载《国家行政学院学报》2012年第6期。

的再生产，具有矫正性，是自然型公共产品供给的物质基础。制度型生态公共产品则从宏观上为自然型生态公共产品和物质型生态公共产品的供给提供制度保障，具有预防性。

（二）全球性生态公共产品、全国性生态公共产品和区域性生态公共产品

以受益范围具体的大小作为基本标准进行划分，能够把生态公共产品划分为全球性、全国性、区域性三种基本类型。

顾名思义，全球性生态公共产品的受益范围是全球，例如，为防治全球变暖、酸雨和臭氧层破坏而在全世界范围内建立起的应对机制和实施的防治措施。

全国性生态公共产品的受益范围是全国，例如，我国西部地区的生态环境以及为其建立的保护补偿机制就属于全国性的生态公共产品。这主要是因为西部生态环境所拥有的很多类似于三江源那样和全国生态环境有直接联系的资源，从而使西部生态环境本身的价值比当地范围更大，①从而延伸至全国。

区域性生态公共产品的受益范围是某个特定的区域，例如，为治理绵远河污染所修建的污水处理系统就是绵远河受污河段流经区域特定范围内的生态公共产品。

第二节　生态公共产品有效供给的政府责任机制法律调整的必要性

明确了生态公共产品的概念之后，本节将主要从以下四个方面引入相关问卷分析和数据调查报告来论述生态公共产品有效供给的政府责任机制法律调整的必要性：国际生态形势的演变及目前的新需求方面、法律约束的独特性方面、发达国家的经验总结方面以及可持续发展的需求方面。在此之前需要明确相关概念，为深入探讨生态公共产品有效供给的政府责任机制法律调整的必要性做铺垫。

一、生态公共产品的供给

（一）生态公共产品供给的内涵

生态公共产品的供给，是指由自然或者政府、社会团体组织及个人将生态

---

① 参见张平军：《西部生态环境是全国性的公共产品》，载《学习时报》2008年9月1日，第4版。

公共产品提供给公众，供其享用的过程。生态公共产品的供给主要包括以下4个阶段：生产、消费、维护、治理。

生态公共产品的生产阶段是指生态公共产品从无到有、从半成品到成品的产生过程。例如，一片热带雨林从幼弱生长到蔚然壮观的过程；修建一座污水处理厂、一座公园的过程；制定一部与生态相关的法律的过程，等等。

由于生态公共产品的非市场性，其供给直接从生产阶段跨入消费阶段，交换阶段被抽离了。生态公共产品的消费阶段是指公众使用、消费生态公共产品并从中受益的过程。例如，人们在土地上耕种，从播种到收获的过程；人们观赏旅游景点的风景并从中获得愉悦的过程，等等。

生态公共产品的维护是指对现有的未遭受破坏的生态公共产品进行保护、完善的过程。例如，建立自然保护区；保护公海的环境，避免其被污染；修缮草场，恢复草原生长的能力；修改、完善与生态相关的法律制度；对现有的垃圾处理系统进行维护或者购进新的设备以增强现有系统对垃圾的处理能力，等等。

生态公共产品的治理是指对现已遭受破坏的生态公共产品实施补救措施的过程。环境治理就属于这一部分的内容，但生态公共产品的治理并不等同于环境治理，环境治理只是生态公共产品治理的一个种概念。这是因为环境治理并不包括生态公共产品治理所包括的对于物质型生态公共产品（污染处理设备等）的修缮、对于制度型生态公共产品（相关制度、法律等）的修改、完善等。

值得注意的是，如何区分生态公共产品的生产和维护，特别是如何确定修建公园与建立自然保护区分属于生态公共产品的生产和维护是一个容易混淆的问题，本书认为，区分二者的关键在于是否是为了维持自然原本的状态。建立自然保护区是为了维持自然原本的状态，人们会根据通行等需要对其进行改造，但是相对于整个自然保护区来说，改造的面积是很小的，所以它属于对自然景观、生物多样性等生态公共产品的维护。而修建公园则是为了给人们提供一个开放型的户外休闲娱乐场所，依托自然景致而建造的公园加入了大量人为的建筑、景观等，因此应当认定为公园这一种生态公共产品的生产。

（二）生态公共产品供给的基本要求

生态公共产品有效供给的政府责任机制构建就是要以国家的战略规划和实际国情为基础，以政府在生态公共产品有效供给的管理与运行中的职权与职责为内容，构建一套符合国家实际和可持续发展要求的、系统化的、能产生实效的机制。

如前所述,时代的发展、生态环境的恶化使构建一套生态公共产品有效供给的政府责任机制在当下具有较大的必要性和意义。但基于生态公共产品的独特性、我国制度基础的薄弱性、生态环境机制的难调控性、时代变化发展的迅速等原因,生态公共产品有效供给的政府责任机制构建注定是一个长期的、全面的、复杂的过程,不应当粗制滥造,更不应当纸上谈兵。因此,明确制度构建的基本要求是十分必要的。我们认为,在构建机制的过程中,应着重把握下面5点:

第一,制度意识。我们需要构建完善的制度,并且对制度本身的构成方式和作用有深刻全面的认识,在脑海中树立通过建立相应的制度来提高政府行政效率的意识,明确构建生态公共产品有效供给的政府责任机制的必要性。

第二,制度知识。我们要对生态公共产品有效供给的政府责任机制的相关知识有广泛的、深刻的了解。不能把视野局限于国内,要对发达国家的相关制度知识有广泛的了解,在把握时代背景的同时探究各国制度的原理、沿革、作用及其优劣。同时在与我国国情融会贯通的基础上寻求创新。

第三,系统化。系统优化原理,具体指的是系统在特殊的约束条件和环境基础上,使系统发挥最大化功能,是机制构建需要达到的目标。我们在对制度进行创建和修订完善的时候,需要全面考虑各种因素,确保制度能够一致、系统、完善。

第四,坚持原则。我们不仅要构建出合理的机制,更要有按照制度办事的魄力以及决心。与此同时,制度的生命在于实行,我们要努力使制度得到切实贯彻与执行,而不是仅限于形式。

第五,关注反馈。在制度构建完成之后,要根据执行的实际情况对制度进行客观地评估和反馈,针对存在问题,或者因为实施环境产生变化,而要对制度进行改进、重新建构和修复。

上述5点要求立足于构建生态公共产品有效供给的政府责任机制中的不同阶段,各有侧重但又彼此联系,是制定出一套具有合目的性的机制的基本前提,是我们在制度构建过程前后必须遵循的行为准则。

那么,是否只要遵循了上述五点要求,就可以说我们已经掌握了构建生态公共产品有效供给的政府责任机制的方法了呢?回答是否定的。构建任何一套具有合目的性的制度都必须满足制度构建的基本要求,但是在实际生活中,每一套制度的构建都是为了一个或多个具体问题的解决,而制度构建的基本要求具有很强的原则性,在大多数情况下只能在抽象的层面上发挥。这也就是说,上述5点要求固然重要,但其只能够在形式意义、程序意义上为构建生态公共产品有效供给的政府责任机制提供指导,而在实际操作中,我们需要的更多是一个实质的、具体的制度基础,而这一基础在更多时候是由理论来担任的。

(三)确定理论基础的必要性

如前所述,制度构建的基础主要来自理论,因此我们在研究生态公共产品有效供给的政府责任机制的构建之前必须先为其确定理论基础。在本书的语境下,生态公共产品有效供给的政府责任机制构建的理论基础,是指在构建生态公共产品有效供给的政府责任机制时所必须遵循的、前人已经研究过的,具有权威性的理论或观点。具体来说,为生态公共产品有效供给的政府责任机制确立理论基础的必要性有以下几个方面:

1. 构建理论基础具有哲学上的科学性

在历史长河中,人们在用双手创造了灿烂辉煌的文明的同时,也用智慧创造了数目繁多的理论。可以说,理论与实践贯穿了人类社会发展的始终。但是,理论和实践的关系究竟为何,千百年来吸引了无数哲人的关注。其中,马克思主义对认识和实践关系的解读具有较强的科学性,被大多数人接受。

马克思主义认为,实践是人们对客观世界付诸改造的所有活动,实践的属性是物质性、客观性,是进行改造的能动性活动,与历史发展以及社会发展有紧密联系。认识是人脑中对意识和观念的反映,既表现了反映的过程,也表现了反映的结果。认识之所以能够产生,是因为以实践作为基础,同时实践也是促进认识不断发展的根本动力,能够检验认识的准确程度,对于认识有决定作用。与此同时,认识对实践具有反作用,科学和正确的认识可以促进实践、指导实践;非科学和错误的认识会误导实践,产生负面影响。①

根据马克思主义原理,我们可以知道,实践是理论的源泉,这一点是毋庸置疑的。但是,我们并不能在此基础上而"把实践看成是无法动摇的、完全正确的。在它和理论的联系中,所有不和谐和错误都以理论作为基础。理论以实践作为基础,理论全部都是实践的附属品,理论需要以实践作为基础,来进行自我调整,不管是怎样的实践,都如此"。从而使理论得不到重视,而实践

① 在实践中获得的认识和经验加以概括和总结所形成的某一领域的知识体系就成为理论。因此,理论与实践的关系很大程度上就是认识与实践的关系。

的作用又被夸大。

上面的观点在我们的生活中相当常见,其不合理之处在于它将理论和实践割裂开来,事实上,二者是辩证统一的。所有理论都可以对实践产生指导作用,但是以实践是检验认识真理性的唯一标准,理论只有在接受实践检验之后,才能够指导实践,才可以算得上是科学理论。因此,我们要严格区分具有科学性的理论和不具科学性的理论对实践的不同作用,在实践中出现问题时应当去反思自己的实践是否由理论指导、是否由科学的理论指导,而不应当全盘否定理论对实践的指导作用。[①]

科学理论是从客观现实中抽象出来的,得到客观实际的证明,能够反映事物的规律和本质,是体系化的认识,并且是真理,可以预测事物发展的方向,使人们的实践更具导向性,指导人们的实践;它能提出认识事物最正确的方法,从而帮助人们正确的认识世界,是人们在实践中必须具备的,缺乏理论指导的实践,必然是盲目的。所以,我们构建生态公共产品有效供给的政府责任机制,首先就是要为其寻找一个稳固的、科学的理论基础。

2. 构建理论基础有利于实现机制的合目的性

合目的性是康德美学中的一个重要概念,是康德美学的核心所在。而在人类的社会活动这一层面上,合目的性表现为人在目的的支配下自觉地改变外界环境。马克思在谈论生产实践的过程中也明确地指出,“实践的本源是制造使用价值具有指导意义的活动,是引导人类需求的自然产物”。[②] 合目的性理论基于“目的”,这是人基于自身的自由意志创设的先验的意识,将人类的活动视为一个能动的过程,体现了对人类理性的尊重。一个不能够自己创设的目的并在其支配下进行活动的人,必然不能称其为自由的人。相应地,一套不具有目的的机制,必然不能称其为有效的机制。机制作为人主观能动性的产物,其目的正是个人在构建、运行、管理、维护机制的过程中所抱有的终极目的之总和,其活动亦具有合目的性。

一套好的机制必然是目的明确的。存在的目的需要构建机制的人事先为其设定。目的之于机制的作用是毋庸置疑的。首先,目的是让机制存在的意义得以实现的推动力。正如人一旦失去了生活的目的就只能碌碌终身,失去

① 参见石鸥:《在“理论脱离实践”的背后——关于教育理论与实践的关系的反思》,载《高等师范教育研究》1995 年第 3 期。

② 中央编译局:《马克思恩格斯选集》(第 2 卷),人民出版社 2012 年版,第 127 页。

了生存的目的就只能坐等灭亡一般，一套机制首先都需要有一个目的(不论这一目的是否合理)才能运行，一套单纯的、不包含任何价值的机制本身是没有任何存在意义的。其次，目的使机制的构建和运行更加顺畅。在现代发展过程中，控制论将“合目的性”一词表达所有与目标接近的负反馈调节。在负反馈实际过程里，系统将控制的结果和最初设立的目标进行比较，以调节的方式来缩小和目标的差距，使结果和目标更加接近。在目标已经存在的基础上，机制的构建、运行过程无疑就是一个不断接近目的的过程而非胡乱摸索的过程，这无疑使机制的效率大大提高。①

当然，单纯的目标受到一定限制。目标能够指导人活动方向，终究是由人基于其意识而自由创设的，而单纯意义上的意识不需要任何负担。这也就是说，人可以为自己的行为预设任何目的，而不必考虑其可行性。但现实中的人在创设目的时却总是或多或少地对目的有所考量。这是因为，一个正常的人不会做无意义之事，人创设出一个目的就是在目的的支配下通过自身的行为将其实现，这取决于目的是否合理、是否具有实现可能性、是否符合利益衡量等。而从根本上说，需要目的和实践存在联系，需要目的和实践合乎客观规律。机制的目的作为一种价值，终究不是事实，这就使目的与在目的支配下的实践存在一定距离，合目的性的实现就在于努力将“应然”层面上的制度目的与“实然”层面上的制度构建相对应，这一过程需要我们在“应然”和“实然”中往返观照，是一个反复的、复杂的过程。我们认为，合目的的实现首先需要明确制度构建的理论基础。如前所述，理论能够指导实践，科学的理论能够对实践起促进作用。而科学的理论早已经历过了实践的检验，更加符合客观规律，制度构建的理论基础能够使制度目的更加合理。我们为一套制度确定理论基础，就是在明确制度的目的，并为实现制度的合目的性的寻找科学上的支持。

3. 构建理论基础有利于具体问题的解决②

机制构建的过程注定不会一帆风顺，出现问题是难免的。一套机制越是宏大，相应的问题也会越多越复杂。理论基础犹如盖大楼的地基，地基打得牢

---

① 参见[德]卡尔·马克思：《马克思恩格斯全集》(第23卷)，人民出版社1972年版，第208页。

② 有时候，人的一些行为毫无意义，比如，在迷信犯的场合中，这样的行为不会有任何效果。但是，这样的行为是基于行为人的认识错误，行为人在实施行为前仍然进行了对目的的考量。

固,盖大楼时就能省工省力。在面对具体问题时,为构建生态公共产品有效供给的政府责任机制确定理论基础有利于问题的解决。理论的构建并不是由学者凭空想象,而是在发生的事实的基础之上总结而成。所以在这样的基础下得来的理论可以用来服务实践。理论的提出也并不是证明理论怎样会成立,而是通过证伪的方式,提出怎样的情况下,理论是不具有适用的空间的,以此来证明理论的可适用性。

4. 理论基础针对构建具体的制度有方法论和世界观的双重作用

方法论就人们对外部世界的观点以及看法发挥指导作用和意义,是具体指导性的方法、理论、原则的综合。方法论和世界观一般来讲有一致的目的,方法论是由世界观决定的,而且要证明世界观的观点,也会影响世界观的发展和构成。一套机制的理论基础往往是由与该机制的目的相关的一种或几种被预设的理论组成,它从总体上确认了被大量具体事例反复印证的原理,决定了制度的总的、根本性的框架,是机制构建过程中的出发点和落脚点。而世界观方法论也不是凭空形成的,是在深入学习各种制度、了解其背后的精神实质后,在思想上形成了自己的世界观,再以此来指导实践。

理论具有指导实践的作用,在实践过程中,为构建生态公共产品有效供给的政府责任机制确定理论基础就是在为其问题的解决寻找根本依据。如前所述,构建生态公共产品有效供给的政府责任机制会面对生态公共产品的独特性、我国制度基础的薄弱性、生态环境机制的难调控性、时代变化发展的迅速性等困难,在构建制度的过程中出现的问题或多或少都是这些困难的具体体现。而构建生态公共产品有效供给的政府责任机制的理论基础正是要在宏观上为应对这些问题确定对策。在构建制度的实践中,理论基础则能够起到界定概念、分析现象、寻找本质、理顺历史、扩宽视野、划清范围、比较差异、确立范式、提供论据、克服局限等作用。

(四)机制的理论基础选择

基于理论基础对于机制构建的特殊意义,对机制理论基础的选择亦应慎之又慎。我们认为,为构建生态公共产品有效供给的政府责任机制寻找理论基础,必须遵循下面三项基本原则。

1. 科学性

科学性指的是生态公共产品有效供给的政府责任机制的理论基础本身必须是科学的、符合客观规律的、经受实践检验的。能够为制度构建的实际起到积极的作用。这要求我们在选择理论基础时认真对理论本身的科学性进行考量。科学也是有使用空间的,就像规律有其适用条件一样,在论证理论具有科学性的时候,必须要指出在什么样的前提下是科学的。

2. 合目的性

合目的性指的是生态公共产品有效供给的政府责任机制的理论基础要有利于实现机制的目的,能使实践与目的相对应。我们知道,构建生态公共产品有效供给的政府责任机制的目的主要有二:一是确定政府在生态公共产品供给中的职权和职责,使供给更加环保和高效;二是确立相应的责任追究机制,使在生态公共产品的供给活动中的政府权力不被滥用。这要求我们在选择理论基础时把握理论基础与实现机制目的的联系。

3. 经济性

经济性指的是生态公共产品有效供给的政府责任机制的理论基础应关注资源投入和使用过程中成本节约的水平和程度及资源使用的合理性。现实生活中的资源终究是有限的。生态公共产品的有效供给是一个宏大的过程,不论理论多么合理,如果在理论指导下建立起来的供给机制操作不便,那么就会造成公共资源的浪费,在机制构建完毕后的收益和成本反而不协调,这种情况下构建起来的的机制是毫无意义的,因为一套机制终究是要投向社会实践的。这要求我们不要一味地追求理论的科学性和合目的性,同时也要考虑如何使经营活动过程中获得一定数量和质量的产品和服务及其他成果时所耗费的资源最少。

3 项基本原则是相辅相成的。科学性是根本前提,合目的性是最终标准,而经济性则是优化目标。基于这三项基本原则,我们将可持续发展思潮、法经济学、公地悲剧理论、行政法学这四种理论作为生态公共产品有效供给的政府责任机制的理论基础。

二、生态形势的演变及目前的新需求

(一)国际生态思想的产生及发展

在人类对生态逐渐觉悟的发展过程中,生态文明逐渐显现。1866 年著名的德国学者恩斯特·海克尔在进行生物有机体的研究过程中,就生物有机体与其周边环境率先提出“生态”这一词,这标志着生态科学正式出现。在其研究领域中,从伦理角度看,生态学仿佛有了“家”的意义。从词语的发展来看,在希腊语中,“Oikoslogos”表示生态学。“oikos”则有家或家园的意味。“logos”指的则是学科研究方面的意义。由词义可以认定,生态学本身就含有大量的人文气息。著名生态学家 E. P. 奥德姆曾就生态学而提出,“在很长的一段时间里,我一直认为生态学不应该从属于生物学,其应该是一个独立的学术科目。该科目将生命有机体、其周边的自然环境与人类等多方面融合在一起,从本质上讲,其与生态学一词的词根‘Oikos’的根本意思是一样的”。① 生态学与伦理学的融合最初是由于环境变差而导致的。在 20 世纪 60 年代,美国蕾切尔·卡逊发表了《寂静的春天》,该作品的问世意味着生态学突破以往局限,成为人与自然关系的伦理学科。当生态学突破以往局限,逐渐发展成为人和自然相互作用方面的研究学科之后,其开始具有哲学方面的意味。在该学科下,人们认知世界的方式发生变化,逐步开始具备世界观、道德观与价值观的特点。所以,一方面,生态开始不仅仅是生物与其周边关系的科学,更侧重于人与自然之间关系,开始具备哲学特点;另一方面,生态学开始融入现代文明,人与自然之间的关系开始文明化,生态学成为人类文明的重要发展标志。

截至目前,人类在生态方面的相关认知发展历经多个阶段,包括“生物体内部关系的觉悟”“人与自然关系的觉悟”“人与人、人与社会整体关系的觉悟”。这 3 个阶段之后,人类生态觉悟进入了第四阶段,即人类文明的觉悟。生态文明是针对人类发展过程中多种问题而出现的全新文明观,既包括生态危机与环境污染,也包括经济、政治与社会等方面问题。这是人类主体经过反省而形成的新的道德觉悟。

在人类的发展历程中,人类历经多个文明时代,而生态文明是人类新型文明模式的启蒙,是人类不断认识自然与改造自然的重要结果,其最终将实现人与自然两个方面的和谐相处,共同促进发展。在此过程中,既涵盖人类针对自然状况而建立的相关法制与政策,也包括人类为了维持生态平衡与可持续发展而进行的各种科研活动等。在该文明下,人与自然、人与社会、人与人之间都应该达到和谐共促发展的状态,其应该遵从可持续发展的原则,全面促进人类社会进步。在生态学相关原理下,能够更加科学地处理人与经济发展、自然与经济发展的关系,其促使人们将所有的社会活动都可以采用独特的视角进行分析,从而形成良性的生态循环,确保各个方面和谐发展。人类的这种生态文明与人类自身的发展息息相关,其将全面改良人们的生活习惯、思考方式、生产活动与价值观念等方面。在生态文明下,人类社会的文化伦理将发生改

① [美]奥德姆:《生态学基础》,陆厚基等译,人民教育出版社 1982 年版,第 3 页。

变，一场关系人类未来社会发展的革新正在上演。

（二）我国生态现状

就目前的全球人口数量来看，中国仍旧是人口数量最多的国家，尽管我国地大物博，但人均资源占有率仍低于世界平均水平。在2004年，我国所消耗的国内资源与进口资源总量超过50亿吨，其中煤炭、钢铁与铜等资源的消耗在世界排在首位，石油与电力方面也是仅次于美国，位列全球第二。我国在原油、原煤、铁矿石、钢材、氧化铝与水泥方面的消耗量始终居高不下，分别占全球总消耗量的7.4%、31%、30%、27%、25%和40%，但这些资源所带来的GDP数值却不乐观，仅仅为世界总量的4%。在中国，很多行业由于生产力低下与资源利用率低下，浪费现象十分严重。这种高消耗的生产状态生产了大量的废弃物，致使环境污染问题非常严重。所以，我国单位GDP增长所产生的废气与废弃物远远高于世界平均水平。在经济快速发展的今天，我国资源方面的需求量持续增加，来自资源与生态等方面的压力不断增加。根据相关部门的预测，我国目前储备的45种矿产资源在2010年仅有24种能够满足需求，在2020年将仅仅有6种满足需求。这种以大量的资源消耗所带来的经济发展，不断加重资源供需之间的矛盾，同时也使经济效益和增加质量难以提高。相关部门的统计数据显示，在2006年，我国在化学气体方面的排放总量在全球居于首位，远远高于我国环境的承受能力；目前全国正在监测的七大水系，有62%的断面处于污染状态，而流经市区的河段污染了超过90%。在我国经济的长期发展过程中，GDP已经成为衡量地方官员的重要指标，这使很多地方官员过分追求经济增长，而忽视环境问题，其结果是，当地的经济发展取得一定成果，而其生态环境也遭到了严重破坏，难以维系后续发展。而事实也证明，这种单纯追求GDP发展的后果非常严重，其相关的指标并不能够反映出真实情况，整个经济发展过程中的环境损害程度与资源消耗状况难以体现。因此，这种牺牲长远利益而追求短期经济目标的做法，埋下了严重的隐患。在经济发展过程中，只有将环境与资源保护放在与经济发展同等重要的地位上，才能够实现资源的有效配置，实现可持续发展。

（三）我国生态新需求

我国目前的实际状况要求必须快速出台一种有效的生态制度来解决粗放型经济发展与环境生态承受能力之间的矛盾。该制度将有助于改善生态环境恶化与自然资源短缺的现状，实现当前利益与长远利益之间的平衡，强化自然生态环境的抵御能力。有效的生态制度能弱化人类有限认知能力与迫切需求发展之间的矛盾,解决我国目前生态防治工作的缺陷,实现我国经济增长的可持续性。所以在 2014 年 7 月 11 日的贵阳国际论坛上提出的生态公共产品制度应运而生。

三、发达国家的经验总结

(一)法律法规

研究一国的生态公共产品有效供给的政府责任机制首先应从该国供应现状入手,了解该国目前现实情况,再根据了解的情况寻找主要相关的生态公共产品的法律法规和基本生态保护制度,了解他们国家是怎样将理论付诸实践,抑或怎样总结实践从而形成自己的制度模式。例如,当今世界上一体化程度最高的区域性国际组织就形成了欧盟基础条约、国际条约或协定、条例(Regulation)、指令(Directive)、决定(Decision)、环境标准和欧盟环境行动规划等不同层级体系的法律法规。其中以欧盟基础条约为基本框架形成了当今欧盟环境领域的立法模式,其中欧盟基础条约包括 1985 年于维也纳签订的《关于保护臭氧层的维也纳公约》、1995 年于加拿大蒙特利尔签订的《关于耗损臭氧层物质的蒙特利尔议定书》、1992 年于里约热内卢签订的《联合国气候变化框架公约》等。在基础条约下由条约赋予欧盟部长会议权限制定相关的环境条例、指令、决定和建议。但随着欧盟的经济发展,环境恶化,环境问题日趋严重,环境矛盾激化,并且由于不同的环境标准影响了欧共体内部统一市场的建设和运行,执政者开始意识到保护和治理环境,并通过了一系列指令,如《危险制品的分类、包装和标签的指令》《机动车允许噪声声级和排气系统的指令》等。这些指令形成了今后欧盟领域内的环境立法。

在我国邻国日本也经历了一系列的环境领域的立法变革,这一时期的立法成果包括了《关于公用水域的水质保全的法律》(1958 年)、《关于工厂排水等的限制的法律》(1958 年)和《煤烟控制法》(1962 年)等公害防治条例。在之后,经过社会团体的呼吁,在 1976 年制定了《公海对策基本法》。《公海对策基本法》是国家治理和保护环境的主要依据,是公害法体系之核心。该法明确了政府应承担的环境职责包括:制定环境标准;推行本法所规定的政府为防治公害所必须推行的基本措施;地方政府鉴于各地情况推行相应的公害防治政策;订立公害防治基本方针及实行的必要措施;制定公害纠纷处理制度及受害者救济机制;建立公害造成者负担机制;加大财政对公害防治事业的支持力度;成立公害对策会议和审议会,作为公害防治的特别行政机构。在《环境基本法》之后，日本的环境法律得以不断完善，形成环境基本法体系，以公害法、自然环境法、生活环境整治为内容的部门法，相应的程序法和行政法规，地方自治条例等法律体系。

（二）政府职能与职责

在欧盟内部有着独特的供给主体大三角：欧洲议会、欧盟委员会和部长理事会，他们是欧盟生态公共产品的供给主体。其中欧盟委员会，简称欧委会或委员会，其在欧盟环境法的制定中发挥着主要作用，其主要职责有：参与环境政策的制定和环境立法程序；环境政策的执行权和管理权；参与制定共同体环境行动计划；对外代表权。部长理事会，也称欧盟理事会，简称理事会，是欧盟环境立法的主要机构之一，对于欧盟环境的保护、污染的防治具有决定性的作用和影响，其主要职责是在征询其他欧盟相关机构后，就欧盟委员会提出的立法草案制定相关环境法律，包括保证欧盟经济、社会和环境政策的协调；制定环境政策和法令；推动欧盟环境政策的实施。欧盟议会，是欧盟立法和决策的咨询对象，但在1987年《单一欧洲法》生效后，欧洲议会的权力和职权范围逐渐扩大，法律增加了其在立法方面与部长理事会和欧盟委员会的合作程序。

在国与国之间，欧盟各成员国在生态公共产品的提供上扮演着不同的角色，其中有强大的绿色环保组织和执政党、富裕的生态公共产品的资金“先进国”，也有不能百分百地提供完全的生态公共产品的“后进国”。在各国内部首先需要将欧盟法转换纳入欧盟各成员国的内国法，其后由各国自行实施欧盟环境法并评析其结果，最后欧盟委员会负责确保欧盟法的实施，并有权在必要时针对成员国发出合理化意见，甚至可以向欧洲法院提出违法诉讼。

日本环境治理体系的构建经历了首相直接领导的“中央公害对策本部”直至由环境厅升格至环境省。生态公共产品的政府供给主体主要分为四类：中央政府机构设有的专门的环境保护机构（即环境省）、中央各部门设有的相应的环境保护机构、地方政府、地方一级的环境保护机构（即环境厅）。与中国有所区别的是，日本的地方政府在环境保护、生态公共产品供给等问题上有较大自主权，地方环境厅直接对地方政府负责，而地方政府与环境省进行业务往来，因此，在这一制度框架下，中央环境保护机构和地方环境保护机构是相互独立的，但在地方政府行使环境省下放的权力时应当在法定范围内受其监督和指导。环境省是中央政府设置的专门负责日本环境保护等问题的机构。依照《基本行政法》颁布的《环境省设置法》规定了环境省的管辖范围，包括：立案和推进国家总体性的环境政策；对环保业务进行统一管理；与其他省厅协调合作,共同开展环保业务;以劝告等形式对破坏生态、污染环境的事业进行干预。在中央和地方政府都设置有环境审议会作为政府设置环境政策和环境标准的咨询机构,由有关专家和企业代表等组成,有效地保证了制度型生态公共产品的质量。同时,为了解决信息不对称的问题,日本政府根据《公害纠纷处理法》设立了公害诉苦制度,以地区为单位,由办公人员接收、汇总、反馈居民反映的问题,技术人员则负责根据在受理问题的基础上对公害进行分析和实地调查。

接下来,将以美国和澳大利亚这两个最为典型的国家为例,说明相关问题。

(三)美国

美国生态公共产品供给的有效性和规模化体现在其制度型生态公共产品的供给机制上。1969 年美国将《国家环境政策法》确立为其环境法律保护体系的根本法和“母法”。该法规定国家基本环境政策,统一了美国环境治理的发展方向,即由治理环境向预防污染转变。这一发展理念的转变不仅使美国国内生态公共产品的数量猛增,如国会立法、后续行政措施、相应的解释、规范和实施要求等,也在很大程度上,带动了世界各国对生态公共产品政府有效供给责任机制的重视。

由于美国环境保护发展迅速,其生态公共产品供给相较其他国家更完善。尤其体现在《国家环境政策法》下属的 120 多部环境法律法规的制定上,从与人类生活息息相关的《清洁空气法》《清洁水法》《噪声控制法》到保护稀有动植物的《资源保护与恢复法》《鱼类和野生动物保护法》,这一系列具体的制度型生态公共产品在环境保护领域发挥着极其广泛的作用。

美国的生态公共产品的供给主体主要为政府,其主要负责生产和供给制度型与物质型生态公共产品。联邦制国家,在这一职能下,主要由联邦政府机构下设的专门环境保护机构、联邦各部门下设的相应环境保护机构、各州的环境保护专门机构负责。其中,联邦政府的职能履行分别由环境质量委员会和国家环境保护局担当。当然,这两个机构存在职能上的分工和侧重点,前者负责生态公共产品供给的前期事宜,如收集有关环境现状和变化的情报,评估政府工作,分析研究信息与资料并及时向总统报告等。后者相较于环境质量委员会的宏观分析,更侧重于具体有关生态公共产品的实施阶段的事务,其职能类似中国的环保局等行政机构,包括了制度型生态公共产品的具体生产和执行,如监督与调查环境保护执法和全国各企业的排污情况等,以及物质型生态公共产品的直接供给,如处理污水、植树造林等。

国会和政府通过立法规定各环境管理机构在不同领域内的职责权限。联邦政府中的其他机构亦可通过立法对相应的自然型生态公共产品进行生产与保护。同时,各州的环境管理机构在各州范围内承担着更具体也更重要的责任,其依联邦法律和各州法律享有环境管理权。

生态公共产品具有较强的外部性特点,公共福利和个人利益的冲突尤其体现在物质型和自然型生态公共产品的供给上。在物质型生态公共产品方面,以美国的排污系统为例,早期美国政府通过大量拨款普及排污设施与系统,在稳定经营后逐步放入公有企业,由其提供污水处理服务。美国政府亦灵活运用市场机制,通过排污权交易等方式引导企业参与生态公共产品的供给,取得了良好成效。

(四)澳大利亚

澳大利亚虽为一个拥有成文法的普通法系国家,其在环境保护法律体系上仍以成文法为主导,存在规模而系统的制度型生态公共产品。又因其在组织形态上采取联邦制,可将其在法律位阶上分为联邦环境保护法和自治州环境保护法。联邦保护法主要提供原则性的指导和制度,解决一般性的问题,如统一澳大利亚全国的环境标准、设定最低环境保护底线、树立环境保护原则和理念等,而自治州的环境保护法负责将这些原则和制度具体化为政策和措施,并且根据各州所处的生态情况,因地制宜,制定更贴切的保护法。澳大利亚的环境保护法中主要包括三种事实方式:民事实施、行政实施和刑事实施。值得注意的是,在环境保护方面,澳大利亚不同于我国严格定义的环境污染和入刑标准高的态度。首先,澳大利亚认为"损害或者可能损害"环境的行为,在满足法定条件下,都可能构成犯罪,而"环境污染"这一行为被扩大解释为"任何引起环境退化的、直接的、间接的环境改变"。其次,澳大利亚将犯罪区分为轻微和严重两种类型,在环境保护法中集中规定了有关刑罚,很大程度上保障了司法的稳定性,加强环境保护力度。

生态公共产品的通常供给主体是政府,澳大利亚政府在有效供给生态公共产品的基础上,积极引入公益环保组织、企业以及普通民众等群体,增加了生产、维护、治理主体的多样化。

澳大利亚建立了健全的环境公益事业保障体系,公益环保组织在获得物质支持的同时也在积极地为公民的环境保护而奔走。各州在有效供给生态公共产品的同时,也会提供资金支持、保险保障、宣传优先、政府采购等优惠政策,吸引市场进入生态公共产品的供给链条,进而调整生态公共产品在生产阶段的供需关系。政府在生态公共产品生产和检验上设置不同标准,针对政府联合企业生产的高质量的生态公共产品的行政审核上标准较低,且限制和设定购买生态公共产品的比例,借此在消费阶段调控生态公共产品的供需关系。并且,各州制定城市规划时,都十分注重城市园林或绿地在规划中的占比,采取政策鼓励居民利用空地种植草木,极大地扩大了自然型生态公共产品生态的数量和规模。

澳大利亚之所以能够在环境保护的公众参与上取得如此良好的成效,究其本源,是因为政府极其重视环境保护教育。澳大利亚的教育水平较高,其环保教育更是领先于全球水平。从幼儿课程开始,澳大利亚儿童就开始接受环保教育。各学校注重环保实践活动,常联合其他领域力量如环保署等政府机构进行深入的环保教育体验活动,让儿童从小就树立起保护环境的理念与原则,借此调动全社会供给生态公共产品的积极性。

四、可持续发展的需求

可持续发展理念在我国源远流长,早在2000年前便对可持续发展有朴素的认识。《孟子》云:"不违农时,谷不可胜食也;数罟不入洿池,鱼鳖不可胜食也;斧斤以时入山林,材木不可胜用也。"《吕氏春秋》也云:"竭泽而渔,岂不获得?而明年无鱼。焚薮而田,岂不获得?而明年无兽。诈伪之道,虽今偷可,后将无复,非长术也。焉有一时之务先百世之利者乎?"[①]我国党和政府向来非常关注这一问题,在1991年,我国发起"发展中国家环境与发展部长会议",发表《北京宣言》。1992年6月,在里约热内卢世界首脑会议中,我国签署《环境与发展宣言》。1994年3月国务院通过《中国21世纪议程》,并且制定《中国21世纪议程优先项目计划》,这是对该议程的支持。1995年,中华人民共和国党中央、国务院将可持续发展当作我国基本的发展策略,提倡全国人民参与这项活动。1997年党的十五大将可持续发展战略确定为我国建设和发展过程中的基本战略。2002年党的十六大报告明确指出:"必须将可持续发展放在关键地位,坚持保护资源、保护环境、计划生育基本策略。"党的十七大报告主要强调"提升对生态环境和资源的保护,提升环境可持续发展能力",使"经济发展和资源发展、人口发展相协调,人民可以在更好的环境中生活,促进经济社会发展"。人口、资源、环境是可持续发展3个基本构成要素,

---

① 《吕氏春秋·卷十四·义赏》。

可持续发展的根本要求就是促进这3个要素协调发展。实施3大国策之后，可持续发展的战略形成了中心内容。

(一)可持续发展理论

可持续发展思潮的核心是可持续发展理论。可持续发展指的是可持续的发展、协调的发展、全面的发展。基本特点包含社会、经济、生态3个方面的可持续发展，在这3方面内容中，经济是基础要素，社会是目的，生态是基本条件，三者相辅相成，缺一不可。也正基于此，可持续发展理论并不是单个的理论，而是一个由众多理论组合而成的理论体系。这些理论大多与经济学、生态学、社会学相关，主要作用就是作为可持续发展理论的组成部分为可持续发展理论的科学性提供基础，有的时候也为可持续发展理论的运用创造条件。

1.可持续发展的基础理论

可持续发展的基础理论指的是在一般意义上为可持续发展理论的科学性提供基础的理论，包括增长的极限理论、知识经济理论、生态学理论、人口承载力理论、人地系统理论。

第一，增长的极限理论是罗马俱乐部的发起者，著名科学家梅多斯(D. H. Meadows)在《增长的极限》一文中提出的有关可持续发展的理论，该理论的基本要点正如梅乐思在书中写道："如果在世界人口、工业化、污染、粮食生产和资源消费方面按现在的趋势继续下去，地球的极限在一百年中就会到达，直接产生的结果就是工业和人口急速衰退，并且这种衰退是遏制不住。"而届时人类的科技在应对这一衰退时所能起到的作用会是十分有限的。为了不使人类社会的增长达到地球承载的极限，必须实行可持续发展。

第二，知识经济理论。这个理论认为信息和知识驱动经济发展，是最重要的驱动要素，知识经济是社会中可持续发展的根本，尤其对于可持续发展指标理论的构建起到不可替代的作用。①

第三，生态学理论。生态学原是生物学的一个分支。经过不断发展，被重新定义为研究环境和生物之间变化以及关系存在规律的学科，研究范围也能够延伸到其他领域中。生态学能够反映很多基础的理论，都是环境科学中比较基础的理论，和保护环境有直接联系。环境科学和环境保护的任务，就是对调节生态系统能力的范畴和人类干扰的限度进行调整，从而使环境和人类能

① 参见[美]丹尼斯·米都斯等:《增长的极限》，李宝恒译，吉林人民出版社1997年版，第18页。

够平衡发展。而依据生态体系的可持续发展需求，人类社会发展需要遵循基本的 3 项规律：一是高效原理，也就是能够高效率地利用废弃物进行再生产；二是和谐原理，也就是系统里面所有构成要素之间可以构成和谐发展的关系，一起进步；三是自我调节原理，也就是配合发展，主要注重组织内部各个要素自我的调节和和谐持续发展，并不是控制外部，也不是促进结构单纯的增长。只有生态可持续发展，那么整体可持续发展才能够具备基础条件，生态学对可持续发展理论同时具有世界观和方法论的意义。

第四，人口承载力理论。人口承载力，亦称环境人口容量，指的是某一地区在保持生态稳定的范围内所能承担的最大人口数，即在不损害生态环境、不耗尽该地区可合理利用的不可再生资源的前提下，能够在该地区生存的最大人口数。人口承载力理论认为每一地区的自然资源所能承载的人口是有限的，且这一数目受粮食产量和人民物质生活水平的限制，[①]一旦超出，该地区的生态环境便会失衡，将难以承载目前的人口规模及其经济活动。为了将人口承载力控制在合理范围内，人类必须调整发展规模，放慢人口增长速度以谋求人与自然的和谐。

第五，人地系统理论。所谓人地系统理论，指的是作为基本系统的地球，能够依据功能和范围具体分为生物圈、岩石圈、大气圈等各个系统。3 大主要子系统又能根据范围和功能被分为若干个子系统。各个子系统之间的关系是相互影响、相互制约、相互联系的。地球系统存在，人类才能够具备发展经济和生产的基本环境和条件；而人类如果出现不恰当的经济活动和社会活动，会通过影响子系统的方式层层递进，最终对地球产生危害性影响。人地系统理论是地球系统科学理论的中心内容，构成了陆地科学理论的关键内容，也是可持续发展理论的基本要素。[②]

2. 可持续发展的核心理论

可持续发展的中心理论还在不断摸索和完善的过程中。现阶段已经划分的流派能够分为以下几种：

第一，资源永续利用理论。资源永续利用理论流派的基础是，认为人类社会是否可以持续发展和人类社会具备的资源是否可以被永远地使用下去。以这样的认识作为基础，这个流派主要是讨论自然资源被利用的基本方法和主要理论。

① 环境人口承载力与前者呈正相关，与后者呈负相关。

② 参见金瑞林主编：《环境法学》（第 3 版），北京大学出版社 2013 年版，第 9 页。

第二,外部性理论。外部性理论流派的基础是,认为人类社会的发展和环境的恶化有直接关系,人类在发展过程中一直将资源作为能够免费享用的物品,忽略了资源在经济学角度的价值,而且在经济活动中,不将资源纳入核算经济的系统。以这样的认识作为基础,这个流派主要是以经济学的方向去研究自然资源,并且把自然资源纳入经济核算的系统。

第三,财富代际公平分配理论。财富代际公平分配理论的基础是,认为人类社会之所以会产生无法持续发展的问题,主要原因是现代人更多地亨用了后代的财富,这里的财富主要指的是自然方面的财富。以这样的认识作为出发点,该流派主要讨论的是合理的分配方式,最大化地对自然资源以及其他财富进行分配,平衡现代人和后代的综合利益。

第四,3 种生产理论。3 种生产理论认识的基础是:人类社会可持续发展的物质基础是自然环境和人类社会发展构成世界体系中流动的物质是否能够顺利地流动,并且形成良性循环。他们将人和自然构成的世界体系的物质运动划分为 3 种类型的生产运动,也就是环境的生产、物质的生产、人的生产,主要研究这 3 种生产活动之间运行方式的相关方法以及理论。

(二)可持续发展与生态公共产品的供给

1. 可持续发展的要求

“可持续发展理论中心主要具备两条主要线路:一条是把握人和自然之间关系,注重二者和谐发展的理论。与此同时,需要将人的发展和生态的威逼、环境的恶化、消耗资源等内容联系在一起。本质能够表现人和自然共同的发展与进步;另一条是努力实现人与人之间关系的协调”。所以,可持续发展兼顾了发展问题和环境问题,将二者紧密结合,并非简单的环境保护问题。实现可持续发展,需要注重经济发展,这是基础。上层建筑是由经济基础决定的,有研究专家将可持续发展的理论总结为两点内容:“一是经济发展最后要受到环境资源来源和处理两方面的约束,这种约束是无法避免的,并且也是普遍存在的,还要受到热力学理论的约束;二是经济增长受到的约束和每天消耗的资源、积累的财富以及具体的污染类型都有联系”。也就是说,可持续是在人类在充分认识自身所处的环境基础上对经济发展模式的反思和纠正,而并不是以保护环境为名反对经济发展。可持续发展必须将高污染、高能耗、粗放发展模式彻底改变,实现文明消费和清洁生产。提升经济集约化发展,并且使经济活动效益增加,从而达到具有可持续意义的经济增长。

可持续发展要求实现经济发展与生态环境保护的协调。我们可以将可持续发展的内涵概括为“满足需要”和“限制需要”的协调。满足需要，就是指在自然资源有限的语境下，通过发展满足人们对生存和发展的需要。不仅要满足发达国家的需要，而且要满足发展中国家的需要；不仅要满足现代人需求，同时也要确保后代需求被满足。限制需要，主要指的是现代人要在和自身需求有联系的资源中受到限制，比如，生物资源、土壤资源、水体资源等，避免现代的需求全面满足，对其施加限制以保证未来人的需要不被影响。可持续发展注重限制性的发展，如果没有限制，那么持续发展就无法实现，在发展基础上，要注重保护地球环境，从而使人类发展不超越地球承载能力。①

可持续发展注重的是社会的平等，这也是环保目标实现的基本保障。可持续发展明确指出，在世界各个国家中，发展的阶段有差异，发展的目标有差异，但是发展的目的都是提升人类生活品质以及健康水平，构建一个没有暴力、人权平等、自由的环境。简单来说，在可持续发展的构成体系中，社会发展是目的，生态发展是基本条件，经济发展是最根本基础。在22世纪中，人们都要以人为本，构成一个社会、经济、自然和谐发展的体系，并且确保这一体系能够健康、稳定、持续发展。

2. 可持续发展思潮与生态公共产品的供给

实现经济社会的可持续发展是生态公共产品供给的政府责任机制构建这一过程的根本目标。可持续发展理论要求各国转变生态公共产品的供给方式，通过确保生态公共产品的有效供给来协调人类发展与环境保护。可持续发展理论指出，虽然人类的发展需求是无限的，但生态环境对于人类发展的承载力是有限的，超出这一限度，人类社会的发展将不能持续下去。为保障人类发展的可持续性，人类必须在发展的同时注意能源资源节约和生态环境保护。为了这一过程的顺利实现，必须确保生态公共产品的有效供给。

在20世纪90年代之后，关于可持续发展的研究已经从研究定义转变为研究评价，尤其是构建指标系统。② 生态公共产品是可持续发展指标的重要组成部分。生态公共产品与生态环境密切相关，直接或间接地产生于生态环境，并作用于生态环境。如空气、水源、森林、气候等生态公共产品本身就可以

---

① 参见[美]赫尔曼·E. 戴利、肯尼思·N. 汤森：《珍惜地球——经济学、生态学、伦理学》，商务印书馆2001年版，第1～2页。

② 参见牛文元：《国可持续发展的理论与实践》，载《中国科学院院刊》(第27卷)2012年第3期。

作为自然要素而成为生态环境的一部分，其状态的好坏影响着自然环境的好坏，从而影响特定范围内可持续发展状况的评价，对生态公共产品进行有序、有效供给有利于促进可持续发展指标体系的构建。

生态公共产品在政府管理下的有效供给是可持续发展的必然要求。如前所述，生态公共产品具有生态性、公共性、外部性 3 大属性。生态公共产品的生态性使其能够促进生态环境保护，而其公共性和外部性又使生态公共产品的供给和使用常常处于无序的状态，导致其生态效益无法充分实现，从而不利于能源、资源的节约和生态环境保护。①

长久以来，粗放的生态公共产品供给模式令很多国家尤其是发展中国家陷入发展的恶性循环。国家的贫困令其不得不采取粗放的、不顾环境的经济发展方式以保证用较小的成本换取收益，从而缓解贫困问题。但这样的经济发展模式又是导致环境恶化的根源，长此以往，生态恶化使经济发展受到一定影响，贫困的情况更加严重。为了确保这一的情况不会持续发生，各国无不通过转变发展方式来平衡经济发展与环境保护。而这一过程基于其必要性与困难性，往往被追求效率的市场经济所不容，需要政府来推动。在这一背景下，我们要确保生态公共产品的有效供给，也必须坚持可持续发展理论的指导，使其有效供给在政府的管理下有序进行。

---

① 参见李天星：《国内外可持续发展指标体系研究进展》，载《生态环境学报》2013 年第 6 期。

第二章　生态公共产品有效供给的政府责任机制构建的理论基础

第一节　国外机制构建的分类概述

由于我国国内并没有生态公共产品有效供给政府责任机制构建的实践经验,同时国内对这方面的研究成果也比较少,因此有必要对国外生态公共产品有效供给政府责任机制的构建进行系统了解,根据了解的情况总结国外在此领域的经验,以汲取其中有用的部分作为我国日后实践的参考。

本书将对美国、欧盟、日本、澳大利亚 4 个国家和地区的生态公共产品有效供给政府责任机制的构建进行系统介绍。这些介绍将从两个维度展开:一是国外生态公共产品供给机制所处的法律语境;二是国外生态公共产品供给机制的实施主体。

一、国外生态公共产品供给机制所处法律语境概述

1. 环境立法的时间

在上述的 4 个国家和地区中,美国是最早开始制定有关环境的法律的国家,它最早的一部关于环境的法律可以追溯到 19 世纪末。其次是日本。日本在 20 世纪 50 年代(即第二次世界大战后)就开始了环境保

护方面的立法工作。因为在20世纪50年代日本国内出现了严重的环境问题,例如,日本富山县的镉中毒的骨痛病事件,熊本县水俣镇出现甲基汞中毒的水俣病事件以及三重县四日市出现因工厂排放废气所致的哮喘病事件等。这些环境污染事件使日本社会充分地认识到环境污染的可怕程度,促使日本政府及时地展开环境保护方面的立法工作。澳大利亚就环境方面的立法,仅比日本晚10年,它是在20世纪60年代开始制定环境保护方面的法律的。由于欧盟于1993年11月1日才正式成立,因此,它的环境保护法的立法比上述国家都晚。欧盟发布的第一部有关环境方面的法律是《有关控制有害废物跨国界移动及处理的巴塞尔公约》(1993年)。可见,各个国家环境保护方面立法的时间:一是要受到各个国家政治环境的影响,例如,欧盟各成员国在1993年之前早已有关于环境方面的立法,欧共体在成立后也颁布了有关环境保护的法律,但由于欧盟成立的时间较晚,因此,对于以欧盟名义所颁布的法律必然要在1993年欧盟成立之后才纳入统计范围。二是要受到各个国家环境污染严重程度的影响,大部分国家是在环境污染问题已经严重到一定程度,并对人们的生产生活造成了比较恶劣的影响时,大家才会被动地认识到环境保护的重要性,例如,日本就是在国内出现了严重的环境问题,导致国内中毒事件频发的时候,才展开环境保护方面的立法工作的。

2. 环境保护相关的法律法规体系

上述几个国家和地区的环境保护相关的法律法规体系各有差异,这是由它们不同的政治体系所决定的。美国环境保护法律体系是由多个立法主体制定的,主要包括国会、行政部门、法院(解释和判例)、行政管制机构。其中,由国会通过立法明确原则性规定,相关行政管制机构,如环境保护管制机构,在此基础上制定具体的实施规则。此外,当面临相关法律在实施过程中出现的立法时难以预料的问题时,法院需要通过判例对其作出相应的解释、规范和实施要求。《国家环境政策法》乃是美国现行环境法律保护体系中最根本的国家大法,此外,还有120部与之相配套的法律法规,如《清洁空气法》《资源保护与恢复法》《联邦危险物质法》《国有森林保护法》《噪声控制法》《联邦环境农药控制法》《清洁水法》《水土保持法》《鱼类和野生动物法》《固体废物处理法》《环境质量改进法》等,它们共同构成了一套涉及大气、水、噪声、固体废弃物、自然资源和野生动植物保护、有毒物品、危险生物和核材料的环境保护等方面的健全的资源和环境法律保护立法体系。由于欧盟是由多个国家组成的,因此,它的环境保护方面的法律的构成是比较复杂的,鉴于此,本书将其按法律渊源分为了欧盟基础条约、国际条约或协定、条例、指令、决定、环境标准和欧盟环境行动规划。其中,与环境保护相关的法律,有《有关控制有害废物跨国界移动及处理的巴塞尔公约》《联合国气候变化框架条约》等。日本的政权机构相比起欧盟来说就没有那么复杂,日本制定的有关环境保护的法律有《关于公用水域的水质保全的法律》《关于工厂排水等的限制的法律》《煤烟控制法》《公害对策基本法》等,其中最核心的法律是《公害对策基本法》。澳大利亚的环保法在法律位阶上可分为联邦环境保护法和州环境保护法。其中,联邦环境保护法主要是规定有关环境保护的基准问题,如大气环境质量、受国家管控的废物的转移、国家污染物名录、空气毒物名录等;而州环境保护法则具体规定环境违法行为的构成要件、惩罚措施等。

二、国外生态公共产品供给机制的实施主体

各个国家和地区生态公共产品供给机制的实施主体各不相同,这主要是各个国家和地区的政权组织结构不一致导致的。

美国的生态公共产品的政府供给主体主要分为 3 类:联邦政府机构设有的专门的环境保护机构、联邦各部门设有的相应的环境保护机构、各州州一级的环境保护专门机构。联邦政府机构设有的专门的环境保护机构的职责主要是制定环境保护方面的政策、制定和监督环境基准、监督和协调各环境保护行政部门之间的活动等。联邦各部门设有的相应的环境保护机构的职责是通过在行使自然资源管理职权的同时,提供相应的自然型生态公共产品的生产与维护。各州州一级的环境保护专门机构的职责主要是在辖区内行使环境行政管理权,包括对违法者处以罚款以及对被管理者进行现场检查、监测、抽样、取证和索取文件资料的权力。欧盟的生态公共产品供给机制的主体有 3 个:一是欧洲议会;二是欧盟委员会;三是部长理事会。欧洲议会是欧盟实际上的最高决策机构,其不参与具体的环境政策制定,但决定着欧盟未来的政策方针,决定着生态公共产品的走向。欧盟委员会的职责主要是参与环境政策的制定和环境立法程序,行使环境政策的执行权和管理权,参与制定共同体环境行动计划,等等。部长理事会的职责主要是保证欧盟经济、社会和环境政策的协调,制定环境政策和法令,推动欧盟环境政策的实施等。日本的生态公共产品的政府供给主体有四类:中央政府机构设有的专门的环境保护机构即环境省、中央各部门设有的相应的环境保护机构、地方政府、地方一级的环境保护机构即环境厅。其中,环保省的主要职责有负责政府总体性环境政策的立案和推

进，在业务方面，有权管理专门以环保为目的的业务，同时也要与其他省厅协同合作，办理以环保为部分目的的业务等。澳大利亚的生态公共产品的政府供给主体有两类：一是澳大利亚联邦制政府；二是澳大利亚各自治州政府。联邦政府的作用，在于从宏观的角度规定国家环境保护的基本原则和制度构架，并对州环境保护工作的开展起着引导作用，但由于每个自治州又是相对独立的以及联邦政府的相关规定大多只涉及基本原则和理念，因此，在实际中发挥具体作用的，不是联邦政府，而是各自治州的政府。

第二节　可持续发展思潮

一、可持续发展观提出的背景

第三次科技革命的爆发，是可持续发展观产生的一大背景。

第三次科技革命是人类文明史上继蒸汽技术革命和电力技术革命之后科学技术领域的又一次重大飞跃，是一个科学成果频出的时期。它开始于20世纪40、50年代，涵盖了原子能技术、航天技术、电子计算机技术、人工合成材料、分子生物学、遗传工程等科学领域。其中，多为人熟知的成果有人造卫星、航天飞机、原子能技术的利用和发展、电子计算机技术的利用和发展等。

第三次科技革命的来临并非等闲平地之波澜，而是由多个动因推动而成。其一便是第二次世界大战中的军事科技研发与战后资本主义与社会主义两大阵营的军备竞赛，推动了世界科技的发展。由德国、日本、意大利为首的法西斯联盟，与由苏联等为首的同盟国，于1931年9月18日至1945年9月2日进行了第二次世界大战。这次大战涉及的地区非常广，包括了大西洋、太平洋，横跨了61个国家和地区，大战涉及的区域面积达到了2200万平方千米。共有20亿以上的人被此次大战影响，伤亡人数（包括群众）达到了9000余万人，共导致了4万多亿美元的人类财产灰飞烟灭。虽然第二次世界大战给人类社会带来了巨大的伤痛，但所幸的是，由美国、苏联、英国等国组成的反法西斯联盟最终取得了这次大战的胜利。这次世界大战不仅使世界政治格局发生改变，也使战后各国纷纷对科技高度重视起来，因为人们在第二次世界大战中看到了足以彻底改变战局的科技的力量。战后，以美国为代表的资本主义阵营，和以苏联为代表的社会主义阵营之间的军备竞赛，就是世界各国普遍重视科技的重要表现。第三次科技革命与第二次世界大战之间的联系，也体现在许多第三次科技革命的科学成果中，都以第二次世界大战中的军事科技为基础。

比如,1957年世界上第一颗人造卫星的上天成功,就依赖于第二次世界大战中喷气式战斗机工业的发展;20世纪50年代,原子能技术在全球范围内的蔓延,也依赖于第二次世界大战中美国对原子能理论的研究和原子能工业的发展;1946年第一台电子计算机的诞生,也依赖于第二次世界大战中空军对与电子管的研发,等等。其二是国际经济竞争日益激烈。在第二次世界大战以前,各国之间的经济交流皆处于相对封闭的状态,随着科技(尤其是交通通信科技)的快速发展,国际间的经济交流变得越发频繁起来,伴随而生的,是资本国际化的趋势。国家之间,有交流的地方便有竞争。在世界经济联系越发紧密、科技发展迅猛的状况下,各国已经看到,简单粗放的规模型生产方式再也不能帮助他们取得世界市场的主导地位,反而会增加他们的生产成本、降低他们的生产效率、削弱他们的竞争力,因而,世界各国的国际企业纷纷调整策略,将发展生产技术、提高生产效率和质量,作为增强自己国际竞争力的新手段。这一方面显示出国际经济竞争方式的变化;另一方面又反过来推动了世界科技的发展。其三是国家经济干预理论的广泛运用。与国家经济干预理论相对应的,是自由经济理论,这种自由经济理论的核心观点,是国家应对经济发展持放任态度,完全让市场根据自身的规律来调整经济。自由经济理论曾一度是资本主义世界国家所青睐,是这些国家管理经济的最主要的理论基础。但1929~1933年首先于美国爆发的世界经济危机,却从根本上反映出,由理性经济人所组成的市场,无法完全靠市场本身调节供需之间的关系,市场需要有一个地位高于市场的主体,来适时地纠正市场失灵所致的错误。这个主体,便是有能力从宏观上掌控经济的国家。1929年开始的经济危机,改变了人们对于国家在市场经济中地位的认识,也提高了国家在市场经济中的地位,这使国家从此有了大胆进入市场、调整市场与宏观经济方向的正当理由,为国家集中经济力量发展科技提供了基础。第三次科技革命中的许多成果,如航天技术、原子能技术、电子计算机技术等,都是依靠国家对经济力量的运用和对市场经济的宏观调整才能取得成功,市场或者作为理性经济人的市场主体,没有能力同时也不愿意去推动这些技术的发展。

第三次科技革命相较于前两次科技革命,有其新的特点:一是形成了跨学科、多领域、具有网状特点的现代科学体系。从微观上来讲,在前两次技术革命当中,某项发明所涉及的学科领域大多是单一的,比如,珍妮纺织机的发明就仅仅涉及机械领域等,而第三次科技革命不同,一项发明里边往往包含着多个科学领域的知识贡献,如电子计算机的发明,不仅包括了材料学的知识,也包括了电路布图设计、软件设计等领域的知识。从宏观上来讲，一大批新的科学和产业领域涌现出来，在自然科学领域中，表现出了学科分化与综合并存的趋势。学科分化，是指自然科学的学科分类在程度上越来越细化，在数量上越来越多，人们对科学的认识更加深入；学科综合，是指不同的自然科学学科相互渗透，需要相互间的学科知识作为本学科进一步发展的支撑。二是科学与商业的结合越发紧密。科学与商业的结合是指科学技术被赋予了法律上的意义，为知识产权的概念所包含，并在其知识产权被保护的情况下，投入生产，产生经济价值。在各种科技蓬勃发展的时期，一方面，发明人必然想要自己作为发明人的身份得到承认，并从自己的发明创造中获得合理的回报，他们迫切地渴望自己的发明能够以合理的方式投入商业生产中；另一方面，为了保护发明人的积极性，继而推动科学的发展，国家必然乐于保护发明人基于其发明创造的合法权益，而这也将推动科学与商业更好地结合。三是基础理论研究得到较大突破。相较主要依赖于经验而取得突破的第一次和第二次技术革命，第三次科技革命所取得的成果，更加依赖于基础理论，这一特点，在航天航空领域和原子能领域表现得尤为突出。同时这也得益于许多发达国家对基础理论研究的投入，比如，美国于 1946 年前后相继设立了支持基础理论研究的原子能委员会、空军科学研究局、陆军研究局、海军研究局、国家卫生研究所，又于 1950 年建立了全国科学基金会，这也是美国第一个专门资助基础理论研究的基金会。

环境问题凸显，是可持续发展观产生的另一大背景。

20 世纪 50 年代的英国，尽管经历了第二次世界大战的冲击，但却是第二次世界大战当中唯一一个本土未被入侵的欧洲国家，同时，得益于其已有的坚实的老牌资本主义国家的地位（英国是资本主义的起源地、第一次工业革命的起源地、帝国主义时期的殖民国），英国成为第二次世界大战后欧洲经济最为发达的国家。但就是这样一个经济和文化发展程度都相当高的国家，却在 1952 年 12 月 5 日遭受了其最“黑暗”的一天。1952 年 12 月 5 日英国恰值冬季，当时的伦敦依赖煤炭取暖，故在市区设有多座火力发电厂，每天都会产生大量粉尘、二氧化硫、一氧化碳、二氧化碳等气体和污染物。连续几天无风，加上云层堆积，使得这些废气和污染物无法消散，继而引发了连续数日的雾霾天气。在那几天里，伦敦的交通由于路上能见度低几乎陷入瘫痪，近 8000 人因为呼吸道疾病而失去生命。直到 12 月 9 日天气变化，大风进入伦敦市区，雾霾才渐渐消散。事后，英国人为避免类似伦敦雾霾的事件再次发生，纷纷开始反思环境污染问题，并在之后的十几年间，相继出台了多部保护环境、遏制环境污染的法律。

环境污染问题，不仅存在于20世纪50、60年代的英国，同时也存在于几乎所有进入科技、经济快速发展时期的，包括美国、加拿大、俄罗斯等发达国家。同时期的第三次科技革命，既给受益国家带来了经济的快速发展，同时也给这些国家带去了环境污染问题，因为科技和经济的快速发展，必然意味着要加大能源消耗，加快自然资源的掠夺，更多地向周围环境排放废弃物和污染物，更集中地将国家的资金投入科技和经济发展而非环境保护。以上种种使一直以来被人们所忽视的环境问题，在20世纪50、60年代井喷式地出现在世界上较为发达的资本主义国家。就如同伦敦雾霾事件一样，这些环境问题在对人们的生活生产造成了严重的损害之后，被人们重视起来，并纷纷开始反思污染环境的行为，纷纷开始呼吁并实践环境保护。

二、可持续发展观的产生过程

20世纪50、60年代在全世界范围内开始凸显的环境污染问题，被许多国家所重视。例如，英国在1952年伦敦雾霾之后，便出台了多部与环境保护相关的法律：1956年英国出台的世界上第一部空气污染防治法——《清洁空气法》，要求改善城市内的废气排放系统，降低日常生活中的煤炭使用量；后于1968年出台了一系列空气防控法案，要求控制烟尘和颗粒物的排放；于20世纪80年代，又针对交通中的尾气排放出台了一系列的治理措施，来抑制交通污染……这些环境污染问题不仅为国家所重视，同时也为社会所关注。社会中人们对于环境问题的关注，又主要通过同时期的文学作品体现出来。

人类应当与自然和谐相处，而非意图征服自然。这是1962年出版的《寂静的春天》这本书的核心观点。这本书以一个美丽的村庄为故事发生的地点，着重描述了工业污染及滥用农药对环境造成的巨大损害，警示人们破坏环境的严重后果：人类可能面临一个没有鸟儿、没有蜜蜂、没有蝴蝶的世界。尽管该书在出版后，引起了相当大的争议，甚至在书籍刚开始发行的一段时间内，反对《寂静的春天》一书中保护环境的思想的人占据了绝大多数，但该书却毫无疑问地在20世纪50、60年代唤起了人们对于环境问题的关注，使“与自然和谐相处”的观念逐渐进入人们的视线。由《寂静的春天》所引发的对于环境保护问题的争论在其作者去世后并没有结束，一直延续到了1972年，这期间又有一些关于环境问题的作品问世，比如《增长的极限》一书就明确提出了任何东西的增长都应是有其极限（限制）的，超过了这个限制，就会破坏平衡，继而带来损害，由此而言，社会的经济增长也是有极限的，在地球这个大体系内，应该守住经济增长的边界，进行系统思考，追求相互平衡以及经济的低碳、可持续发展；《只有一个地球》是一本放眼全球范围内的环境问题的著作，并从经济、文化、政治多个维度出发，探讨和反思经济增长与环境污染对各个国家的影响，提出了保护地球环境、珍惜唯一的地球家园的观点；前美国副总统阿尔·戈尔的作品《濒临失衡的地球》在1992年出版，他在书中描绘了全球生态危机的全景图，并在此基础上讨论人类文明与生态危机之间的关系，提出只有唤醒人类心中的生态精神，才能进一步解决环境问题，化解生态危机，促进人类社会向前发展。

文学作品对于环境问题的关注的意义，不仅局限于其文学价值，而且更在于这些作品所表达的思想对于整个社会而言具有启发意义，其所可能形成的舆论有着影响其他上层建筑（政治、法律）的潜力，从宏观上来讲，这体现出文化与政治、法律的互动关系。20世纪50、60年代到20世纪70年代的文学作品在后来被证实的确产生了推动政治与法律进步的作用，并反过来影响着社会经济的发展。

世界环境与发展委员会于1987年发布了布伦特莱的关于人类未来的报告《我们的共同未来》，该报告先在该年2月于日本东京召开的第8次世界环境与发展委员会上通过，后来又在第42届联合国大会上得以通过，最后于同年4月出版。该报告以海量的资料为基础，指出了当时世界环境与人类社会发展之间存在的巨大问题，提出了一些具体的有针对性的解决方案，亮出了人类社会应该谋求“可持续发展”的观点。后来，这份报告被誉为是奠定了“可持续发展”的基础理论框架。联合国大会在1989年12月22日通过了44/228号决议，这份决议对于可持续发展观的提出非常关键。环境与发展全球首脑会议就是根据这份决议召开的。1990年，联合国相关组织响应44/228号决议中的内容，起草了《21世纪议程》，作为之后召开的环境与发展全球首脑会议的主要文件。在全球对于环境问题的高度关注下，环境与发展全球首脑会议于1992年应运而生。该会议于该年的6月3～14日在里约热内卢召开，共有102个国家首脑参加，会议上全数通过并签署了《21世纪议程》。会议结束后，与会各国联合发表了里约宣言，正式接受了《21世纪议程》中所提出的可持续发展观。而里约会议的召开，被后人视为可持续发展观诞生的标志。

三、可持续发展观的中国化

要探讨可持续发展观的中国化，则首先要说明可持续发展观的内涵。

人与自然，是可持续发展观涉及的两个最基本的主体，人与自然的关系是其中一个方面，人与人之间的关系是另一个方面。其中，人与自然之间的关系被称为可持续发展观的外部关系，而人与人之间的关系则为可持续发展观的内部关系。对于可持续发展观的外部关系，可以这样认识：人类的生存和发展不能与生态服务和环境容量的供给相断绝，离不开自然环境中的各种物质和能量，也不能脱离自然进化这一过程所带来的挑战和压力，因此可知，如果人类无法与自然和谐地共生，那么人类社会将无法继续存在下去。对于可持续发展观的内部关系，可以这样认识：可持续发展，是人类对自身生存与发展认识的一个新阶段，就如同历史上人类社会曾对自身生存与发展认识为"顺应自然"或者"征服自然"一样。它的核心内容不仅包括了社会之中的组织能力、管理能力、认知能力，而且包括了对各类关系的协调能力，例如，对发展不平衡的各地方之间的协调能力，对发展不平衡的各行业、各领域之间的协调能力，对不同人类代与代之间关系的协调能力。具体而言，可持续发展观包括了以下5点基本内涵：(1)可持续发展是一种系统，这种系统的本质是"综合、内生、整体"；(2)可持续发展是一种绿色生态的标准，这种标准既从效率上要求速度，又从程度上要求质量；(3)可持续发展是一种运行模式，这种运行模式的基础是相互协调、共促发展、能够持续；(4)可持续发展描绘了一种人类生存的环境，这种生存环境的特点可以用和谐共处、有序向前、理性相处3个词组总结；(5)可持续发展可以被视作一个有机体，这个有机体的内容既包括了动力，同时也包括了质量和公平，它们三者在这个有机体里和谐共生。

继可持续发展观于1992年在国际社会上正式诞生之后，我国国家科学院于1999年发表了《中国可持续发展战略报告》一文，该文提出了我国可持续发展的3个大目标，即实现能源消耗的零增长、实现生态退化的零增长、实现人口规模的零增长。可以说，中国与1999年提出的可持续发展观与1972年里约会议上确定的可持续发展观既有联系，又有显著的区别。它们之间的联系表现在，两个可持续发展观中所蕴含的关于发展模式、关系协调、价值取向的内容，是一致的；它们之间的区别表现在，一是中国提出的可持续发展观从一开始所针对的对象范围就比国际会议上提出的可持续发展观所针对的对象范围要多，中国的可持续发展观所针对的对象不仅包括了生态环境与人类社会的共处，同时也包括了人类社会内部之间的各种关系，如人类社会内部的经济关系；二是中国提出的可持续发展观的具体内容，相较于国际会议所提出的内容而言，不仅是宏观的思想理念，而且更是结合了中国国情的具体的发展目标。因此，有人在此区别的基础上，对中国化的可持续发展观概括出以下3个原则：(1)公平原则。这是指，既要在同代人之间实现资源需求与分配的公平，也要在这一代人和下一代人之间实现资源需求与分配的公平。满足同代人之间的资源需求，是要满足同代所有人的资源需求，而不是满足同代某一部分人的资源需求，不能有不公平的区别。满足这一代人和下一代人的公平需求，是要在考虑这一代人的资源需求时，又要考虑下一代人的资源需求，不能使这一代人的资源需求损害下一代人对资源的合理需求，不能给下一代人的发展与进步带去负面影响。(2)共同原则。这是指实现可持续发展不只是哪一个国家或哪一部分人的目标，应该是全人类的共同事业，因此，在各个国家、各种人群之间，应当合作互助，共同推动社会可持续发展，同时，也是指可持续发展的方式不是单一的，凡是符合可持续发展观的实践，都应当得到人们的认同。(3)持续原则。持续有两方面的含义：一方面是指人类社会发展的持续；另一方面是指生态环境健康存在的持续。既要谋求社会发展，又要保护生态环境，这就意味着，不论是社会发展还是环境保护，都应当有一个度的限制，不能过分地强调某一方，否则就会出现因过分强调社会发展而忽略环境保护或因过分强调环境保护而抑制社会发展的情况。①

四、可持续发展观对生态公共产品政府责任机制构建的影响

可持续发展观对生态公共产品政府责任机构构建将产生影响，体现在以下几个方面。

首先，可持续发展观与生态公共产品在目的与理念上具有一致性，同时又有各自的侧重点。可持续发展观和公共生态产品产生与设计的目的都在于保护生态环境，都在于缓和人类社会与环境之间的矛盾，从而促进生态环境与人类社会的共同可持续发展。可持续发展观的目的与生态公共产品的目的在具体上又有区别。可持续发展观的目的，偏向于向人们传递节制发展、绿色发展、循环发展的理念，在于从宏观上全面地指导人类社会的发展方式，协调人

① 中国科学院可持续发展研究组：《1999年中国可持续发展战略报告》，科学出版社1999年版，第34页。

类社会发展与生态环境之间的关系。而生态公共产品所想达到的目的较可持续发展观更为具体，生态公共产品的目的所针对的对象仅为公共领域，也就是说，与从宏观上全面指导人类社会发展方式、协调人类社会发展与生态环境之间的关系的可持续发展观不同，生态公共产品所想解决的，是公共领域生态环保理念实践不足、生态环保产品缺少的问题。所以，在对生态公共产品的政府责任机制的探讨中，必须与可持续发展观的目的一致，违反了可持续发展观的目的，过多地考虑商业因素的生态公共产品，其实践环境保护理念、推动社会可持续发展的作用将会大大减弱。

其次，生态公共产品是对可持续发展观的一种具体运营模式。既然可持续发展观只是一种理念，那么其宏观意义就必须载于具体意义上，即必须有具体的实行方案来实践可持续发展观。生态公共产品与其他可持续发展模式，如循环经济、集约型生产、保护性渔业等，都是可持续发展理念的具体实践，可以说，它们是对可持续发展观在操作层面上的最好诠释。既然生态公共产品是一种具体的运营模式，那么其就与可持续发展观有所区别，即政府在推动生态公共产品这个项目落实时，除了考虑其与环境保护之间的关系外，还要考虑具体运营过程中的经营成本、代理企业选择、利润分成、衍生环保产品选择、监督管理等，总而言之，需要以商业运营的头脑来考虑生态公共产品的可持续性生产，需要以推动社会与生态环境可持续发展的精神来时刻监督运营体系。许多实践已经证明，以“志愿”的心态在所有环节和步骤里将环境保护放在第一位，是无法保障环境保护事业的生存的，理念与具体运营模式的相对分离，就意味着以推动社会可持续发展为最终目的的生态公共产品项目和完全不顾商业运行而只考虑环境保护的无底洞式的环境保护项目是有着重大区别的。

最后，由于公共领域的生态环境保护永远是实现可持续发展里最“难啃的一块石头”，因此，寻求此领域的政府作为，是要借助国家的雄厚力量解决实现可持续发展中的难点问题，而探讨生态公共产品的政府责任机制构架，则是为未来的政府作为奠定理论基础。在市场经济的大背景下，市场上的主体几乎都以理性经济人的面貌存在，他们作为可以调动资源、决定生产的大多数，在没有外力作用或者可得利益的情况下，必然不愿意做投资大、回报周期长、责任大、风险高、利润率低的公共领域项目，又更何况是公共领域的环保项目。但公共领域，又恰恰是具有最广泛影响力、最根本也是最需要实践可持续发展观的领域。在必须要满足此领域的环境保护需求而市场主体的理性经济人又纷纷不肯介入的情况下，只能依靠国家强大的物质保障和协调能力，来推动生态公共产品的发展。

第三节　法经济学

一、法经济学的发展历史

从字面上来看，法经济学就是将法学与经济学这两门学科结合起来，但法经济学最终还是要落脚到法学二字之上，即若用最简单的话来形容法经济学，那么其就是用经济学的思想、方法来分析各种法律现象和研究各类法律问题。从另一个角度来讲，法经济学描述的其实是一种思考问题的思维，即既考虑法的因素，又考虑经济学的因素，既然是一种思考问题的思维，那么这种思维的存在便不是起源于理论，而是起源于现实需要。而这种思维，早在18世纪40年代的著作中就被人使用，如边沁的《政府片论》《赏罚原理》等书，这些著作在不同程度上体现了把法学和经济学的思想结合起来并进行综合研究的特点。

法学自古罗马时期就诞生了，为什么直到18世纪40年代的著作中，才看到有将法学与经济学结合起来考虑的思维呢？这是由于法学与经济学诞生的时间是不同的。正如前文所说，法学早在古罗马时期就产生了，它自然要比经济学的诞生要早很多。实际上，直到1766年，亚当·斯密的著作《国民财富的性质和原因的研究》的发表，才标志着经济学的诞生。而即使两个学科产生的时间差异极大，它们仍然能够被人们结合起来使用的原因：一是在于现实的需要，人们在日常生活中，必然希望自己所失所得是公平的，没有人会因为自己得到了不公平的对待而感到高兴，相反，他们会感到愤怒，并希望能扭转这种不公平的现象，因此，需要法学来维护公平并校正不公，同时，人们又不可避免地要接触现实中成本与利益的比较、利益的分配、资源最优配置、效率最大化的实现等问题，因此，需要经济学来帮助人们计量和选择，从而使人们选最佳的方案或者选择要不要践行已有的方案；二是在于这二者所各自代表的思维方式，都有其局限性，即法学重于强调公平，而难免忽视效率，而经济学强调效率，又难免忽视公平。所以，尽管这两个学科的相互分离，在客观上促进了它们分别作为独立的学科使自身更快速地发展，但这也不可避免地使这两者中的每一个都有其无法顾及的盲区。法经济学作为一门既考虑公平，又考虑效率的学科，进入人们的视线并频繁地为人们所用势在必行。尽管将法律的思维与经济学的思维结合起来思考和解决问题的模式，早在18世纪40年代就已经有了,但法经济学的第一次蓬勃发展的时期,却是在20世纪70年代。随着资本主义制度的不断发展和完善,资本主义社会内部的经济关系错综复杂,同时,这些错综复杂的经济问题又必须要纳入法治轨道来解决,而不是依靠行政;此外,伴随着资本主义社会法治国家建设的进程加快并日趋完善,社会当中几乎所有的公共领域的事务都被纳入法律来进行公开的调整,这对于有关经济方面(利益)的纠纷而言也不例外,这些纠纷当中涉及许多有关损失赔偿、利益分配、成本计量等问题越来越复杂、越来越细化、越来越精确,这些法律当中的计算又必须要依靠经济学来准确地进行,而不能靠法官自以为是地确定一个差不多的数值,因此,人们便纷纷把目光投向了将法学和经济学结合起来的学科——法经济学。而法经济学也的确如人们所预期的那样,在现实中有着极大的用武之地,它不仅在20世纪帮助资本主义社会研究垄断规则,从而有效地解决了市场失灵的问题,同时也在刑事附带民事诉讼、婚姻财产相关诉讼、公司法、反垄断法、反不正当竞争法以及金融市场监管、商业市场监管等领域发挥了不可忽视的巨大作用。

二、法经济学的基本理论

(一)交易费用理论

罗纳德·科斯在其论文《社会成本问题》中,提出了著名的“科斯定理”。这一理论,为创始初期的法经济学提供了巨大支持,同时也帮助其成为了法经济学的重要代表人物和奠基者之一。“科斯定理”的内容大致为:首先,人们之间的交易在法律活动,如预约、订约、签约、履约等行为中会产生费用,这样的费用我们尚且称之为交易费用;其次,尽管有时人们进行的交易活动是相同或相似的,但是如果用不同的法律来调整,则会产生高低不同的交易费用,同时,现实中的情况是,某一交易活动进入哪一个法律制度中去调整,往往不由交易双方决定,这就意味着,在某些情形下的交易,会因为满足了某些设定了极高交易费用的法律的规定,而会对交易双方造成额外的巨大负担,这样的负担将会对现实中的交易产生障碍,进而影响资源持有者的交易偏向,带来资源配置的低效和资源配置的失衡。从长远的角度来讲,尽管法律是以维护社会公平为第一要务,但如果在法律的体系和规范构建中丝毫没有考虑经济效益,那么反而会在现实中不同程度地增加人们经济活动的成本,给人们的经济活动带来障碍,这样的不同程度的障碍,从某种意义上来讲,也是一种不公。“科斯定理”看到了现实中存在这样的问题,因此,它主张在设计层面上就将法律制度与资源配置结合起来考虑，从而既使市场中的资源配置能够按照法律的预期进行，同时又使法律制度为现实中的资源配置在合理的前提下提供便利。

市场中的成本包括材料成本、储存成本、谈判成本、程序成本等，市场当中的收益又表现为销售收益、营业收益、成本降低等；法律的成本包括立法成本、修法成本、执法成本等，法律的收益又包含制度收益、现实的国家收益、现实的社会收益等。但法律的成本与收益之间的关系，又有其特殊性。对于普通的市场商事活动而言，一般来讲，成本越高，收益便越小，因为成本的增加会压缩利润的空间；成本越低，收益便越高，因为低成本为高利润留足了空间。但对于法律的成本和收益而言，法律的成本越低，收益不一定越高；法律的成本越高，收益却又不一定低。四者两两之间没有绝对的或者相对稳定的对应关系。因为尽管有时，只用了很少的成本便制定出了一部法律，但这样的法律或许会因该制定依据的匮乏、考虑因素的不足等而在实际中收效甚微，甚至发挥与预期背道而驰的作用；有的时候花费了大量的人力、物力、时间去制定一部法律，这样的法律制定出来，大多数时候因其考虑充分、制度设计完善而在现实中取得了巨大收益；又有时，尽管投入了巨大的成本去完成一部法律，但最后却因各种原因难以见效，而那些低投入的法律又在现实中发挥着很实在的效果，当然，这种情况只是极少数。市场中商业活动的成本和收益在不同的情况下有着自身固有的规律，这些规律在法律顺应它们的情况下，能为交易人带来巨大利益，在法律反对它们的情况下，便会给交易人带来巨大的负担进而影响市场中的资源配置；另外，法律在不违背其自身维护公平的价值的前提下，尽管有时需要巨大的成本来完善自己，但这样的完善若能够使之更好地顺应市场规律，那么法律的现实收益便是巨大的，而依照罗纳德·科斯的“交易费用”理论，法律便应当是这样的，因为法律的收益，应当从其发挥的现实效用中去寻求，而不应当通过降低自身成本的方式寻求。

（二）决定理论

很早之前，人们认为决定经济活动利益的因素只存在于经济活动本身当中，其实不然，法律制度也会深刻地影响着经济活动。从宏观上来讲，这种影响体现出经济与上层建筑之间的关系：经济决定着上层建筑，上层建筑也影响着经济活动，同时上层建筑本身也具有相对独立性。就上层建筑中的法律制度与经济基础之间的关系而言，经济基础的确在很大程度上决定着法律制度的发展水平，若作为上层建筑的法律制度与现有的经济基础都是比较良好的、有发展潜力的、相互适应的,那么它们的结合将会共同推动社会的进步和各自的发展;但若法律制度明显落后于经济基础,那么这样的法律制度势必会阻碍现有的经济的进一步发展,给社会带来不利益,而这样的法律制度也必然会被逐渐淘汰,或者说经济基础会推动法律制度的进步;但若法律制度明显先进于现有的经济基础,那么这样的法律制度便会帮助市场纠正经济活动中的错误,弥补其不足,并在强制力的借力下推动其向前发展。上述的观点,也与马克思在《资本论》中所提出的对唯物主义下法律的认识一致:社会制度(或者说是上层建筑)的每一次变革产生的原因,透其表象审其实质而言,都是旧的上层建筑不适应新的生产力的结果,也即每一次变革的最终的理想结果,都是新的生产力取代旧的生产力、新的上层建筑取代旧的上层建筑并相互适应的结果。因此,在经济活动中考虑资源配置和效益最大化时,不能够忽视法律制度在其中产生的巨大作用。

(三)法律市场理论

我们通常意义上所说的市场,一般是指一种买方与卖方的集合体,在这个集合体里边,资源通过买卖的形式被不断地交换和重新配置,而其中的买卖活动,又受到这个市场所固有的一些规律的调整。法经济学的法律市场理论,是把法律也视为一个拥有买方与卖方的市场,即在法律的市场中,也有法律的供给与需求,也有其独特的市场规律。这种法律市场的独特特点表现在以下几个方面:一是与一般的市场不同,法律的提供是具有垄断性和强制性的。这样垄断性和强制性体现在,只有国家宪法规定的有权机关,才能够制定法律,即供给法律,而法律一旦被"制造"出来,那么这个市场中的买方就必须接受法律的供给,而不能自由挑选。二是法律供给的不根本性,在一般市场上所买的东西,在正常情况下都能向买方提供其所预期的作用,比如,买方到市场上买一台电视,那么这台电视一般来说是能够满足买方的预期目的的,但是法律不同,尽管法律的目的就在于维护秩序、追求公平等,但法律的出台并不能够必然地达到这些目的。从另一个角度来讲,尽管作为法律市场上的买方,都是希望法律能够维护自己的合法权益,但仅接受卖方供给的法律,却没有办法达到法律效果,比如,刑法的出台是为了预防、打击犯罪、维护社会安定,但刑法的出台在实际上却不能杜绝犯罪的产生,也不能给社会创造安定的环境,而只能为惩治犯罪给出一个可以依据的惩罚措施标准,由此,法律供给具有不根本性的特点。三是相比起市场中的供给而言,法律的供给会在更大程度上替买方的利益着想,比如,民法基本上就是为了保护民事主体的合法权益、维护正常合法的民事活动而制定的。当然,法律的供给也并非完全不考虑卖方自身的利益,法律毕竟还是卖方的产物,卖方在其中必定要考虑自己的利益。从这个角度来说,法律的供给之所以在很大程度上考虑买方的利益,其实也是为了维护卖方的利益。

(四)产权理论

产权是指一种权利的所有形态,是指一个主体依照法律所享有的专属性权利,这种权利往往能给权利的主体来带利益或者为权利的主体拒绝非法的不利益。产权是一种秩序维持机制,同时也是一种激励机制,因为在公开的法律体系下的每个人都知道应当通过怎样的方式取得自己想要的产权,从而给自己带来或经济上的或精神上的利益。产权是一种秩序维持机制,这在侵权方面的法律中最能够体现出来。因为首先,侵权的前提就是确权,把权利是否属于某一个人或者属于哪一个人先确定下来,这样就已经在权利的享有上建立了一种秩序。其次,通过对违法人侵权责任的追究,惩治侵犯他人合法权益的行为,同时也保护权利享有人的合法利益。产权是一种激励机制,这在知识产权方面的法律中最能体现出来。第三次科技革命的爆发的推动力量之一就是国家对于知识产权人合法权利的保护。发明创造的发明人除了爱好发明以外,肯定同样希望自己发明人的地位能够得到承认,同时能够依靠自己的发明创造取得预期的收益,然而,如果法律没有与知识产权的相关规定,那么知识产权人的利益将难以得到保障,这就意味着尽管知识产权人费尽自己的财力、时间、精力创造出了对社会有相当价值的智慧成果,但是在他人的稍加误导下,社会却可能根本不承认自己作为知识产权人的地位,更不用说依靠自己的智慧成果取得预期收益。如此,有潜力进行发明创造的人,必然没有那么大的积极性进行发明创造,或者即使创造出智慧成果来,也不会对外公开,而是仅仅留给自己欣赏,不投入社会,也就不会在社会层面上产生经济价值。但是,如果有一套合理的知识产权法律制度能够有效地保护潜在的知识产权人的未来利益,那么进行智慧成果创造的人必然会具有较高的积极性或者说其积极性只会有增而无减。这就体现出法律中产权制度对经济的积极作用。

三、法经济学与生态公共产品政府责任机制构建的关系

法经济学与生态公共产品政府责任机制构建之间有如下关系。

一是生态公共产品的具体运作和政府责任与法经济学在主体的结合上具有相似性。这样的相似性便意味着,法经济学中许多有关主体关系处理的理

论,可以运用到生态公共产品政府责任机制的构建上,并为之提供有价值的参考。法经济学的主体:一个是法律;另一个是经济。其中,作为主体之一的法律的特点,是其具有强制性和规范性,是属于上层建筑的产物,作为另一个主体的经济的特点,是其所涉及的对象主要是市场中的商业活动,是属于经济基础里的内容。一个公主体,一个私主体,二者结合起来,在有机体的形成中正确地处理了公主体对私主体的干涉程度,从相对方的角度出发,满足了私主体的发展需求,同时又不失公主体自身所追求的价值目标。它们之间相互关系的和谐处理,对于生态公共产品政府责任机制的构建具有重大的启发意义,因为生态公共产品政府责任机制构建当中也同样涉及一个公主体和一个私主体,即政府和市场(政府责任属于公主体的范畴,而生态公共产品必须要进入市场当中借助商业模式来运行,因此又属于私主体的范畴),若过分地强调政府责任、强调环境保护目的的实现,那么极有可能会使生态公共产品生产的主体获得高于一般市场主体的地位,这样的"特权"可能使该生产企业不积极追求良性运作、过度依赖政府,从而最终走向因丧失活力、没有可持续运作的空间而灭亡的结果,若过分地强调商业模式的运作和利益的取得,那么极有可能使这样的产业实质上成为一种权力经济的产物,达不到最初所设定的保护环境的目的,也体现不出政府介入的价值。由上可见,处理好生态公共产品中不同主体之间的关系是极为重要的,而已经日趋完善并在现实中发挥重大作用的法经济学则可以为之提供参考和依据。

二是生态公共产品产业的运作需要借助市场经济中的商业模式,但生态公共产品事业终究而言不是商业性质的事业,而是环境保护性质的事业,因此,它所要解决的问题主要是环境保护问题,所想要达到的目的首先是推动环境保护事业在公共领域更好地实践,这就好比,法经济学尽管是用经济学的思维去观察法律现象和思考法律问题,但法经济学究其实质,终归是属于法学的范畴,这两者之间的相同点在于,它们都借助了经济领域的力量来推动自身的发展。法经济学中所总结的如何借助经济手段,帮助解决自己领域的问题的理论方法与实践经验,首先证明了借助经济手段来解决非经济领域的非经济目的这一模式,是行得通的。之所以称为"非经济领域的非经济目的",是因为法律和生态同样都不属于经济领域,实现社会公正和实现环境保护的两者的目的都不属于经济目的。其次,由于法经济学比生态公共产品理论的产生时间要更早、自身的理论体系要更完善、实践经验要更多、取得的成果要更丰硕,因此,法经济学中对经济手段的利用对于生态公共产品的商业化运作而言，具有重要的借鉴意义。

三是政府作为行政规章的制定者，使其有能力既参与法律、政策的制定，又参与指导生态公共产业的商业化运作，这能够很好地协调经济与法律，从而推动生态公共产业有效存续和可持续发展。法经济学中，强调法律的制定不仅仅要考虑制定者本身的利益，同时要考虑相对方的需求，这就意味着对于相对方的需求，制定者要能很好地了解，同时也意味着，制定者的利益的实现，应当主要依靠相对方利益的实现而实现，而不是通过自身成本的降低而实现。把法经济学在这方面的理念运用到生态公共产品的政府责任机制构建上来，则可这样解释：既然政府既作为法规的制定者，又作为生态公共产业发展的推动者，那么从应然上，政府便能够很好地从生态公共产业发展的需求出发，对应地设计相关的法规和政策，同时又注重维护社会公平，不损害其他市场主体的合法权益，又注重环境保护目的的实现，不因为将生态公共产品这一环保项目借助商业模式运行而损害其自身保护环境的根本目的。因此，从法经济学的角度来看，若使政府作为生态公共产业发展的推动主体之一，那么其作为公权力机关的优势便能够最大化地体现，同时也能非常有力地帮助生态公共产品商业模式实现有效运营。

第四节　公 地 悲 剧

一、公地悲剧的提出

公地悲剧的概念，是在 1968 年由英国学者哈丁在《科学》杂志上发表名为《公地的悲剧》的文章中提出的。尽管“公地悲剧”一词如今被许多领域借用，去描述一种现象或者心理，但公地悲剧在被首次提出时，实际上是针对当时存在的人类社会的发展和自然资源的有限性之间的尖锐矛盾。英国学者哈丁，一直致力于关注和解决人文形态层面上的社会问题，他认为，凡是能够通过自然科学，如物理、化学等方面的发展和进步所解决的问题，都不是人类社会所面临的根本问题，只有那些存在于人类社会意识形态领域的问题，才是从根本上影响人类社会发展的问题，所以应该将自己的精力放在这些问题上而不是放在自然科学领域的问题上。在 20 世纪 60 年代，第三次科技革命正在蓬勃地展开，与此同时，一直积压起来并被人们所忽视的环境污染问题在此期间，伴随着人类社会生产力的巨大提升而在世界各个国家逐渐凸显。在这个时期，人们深深地被从未预料的环境污染问题所困扰，这些环境污染问题不仅影响了社会中人们的正常生活，同时也更深远地威胁到了人类社会的长远发展和生存，于是，社会中人们对于环境污染问题的担忧，纷纷通过一部部反映环境污染现状、呼吁保护环境的文学著作表现出来，这股舆论力量，也对社会的上层建筑——政治、法律产生了影响，推动了国家或者全世界在政治和法律上关注环境污染问题并采取措施保护环境。一直把目光放到人类社会意识形态层面上的问题的英国学者哈丁，也有感于当下日益凸显的环境污染问题，并为人类社会的未来发展感到担忧，于是，他把关注的焦点放在了人类社会人口的持续增长与自然资源的有限性之间的矛盾上。他认为，如果人类社会的人口继续毫无节制地增长，那么便意味着人类社会整体对于自然资源的需求将越来越大，但又由于自然资源本身和人类社会的生产力本身是有限的，这就更长远地决定着生活在社会当中的每一个人所能享受到的资源会越来越少，当这种减少的程度已经使人类社会勉强维持现状时，那么人类社会的进步将会趋于停滞，当这种减少的程度极有可能不能满足人类社会的需求，同时环境问题又由于人们过度的资源消耗而变得非常严重时，那么人类社会将会逐渐走向灭亡。而在英国学者哈丁的眼中，他认为这种人类社会不停发展与自然资源有限性之间的矛盾问题，不可能在自然科学领域得到解决，即他认为没有哪一种自然科学，能够为人类社会提供无限的资源，同时也没有哪一种自然科学，能够在人类社会肆意地、无节制地发展之下保护好生态环境。于是，他提出了“公地悲剧”的理论。

他在公地悲剧理论中用以下的这个例子来说明公地悲剧所揭示的深刻道理。在一个美丽的村庄里面，有一群以放羊为生的牧民。这群牧民相互之间都是认识的，并且在表面上相处得很好。由于他们没有什么其他生活技能，因此只能靠牧羊为生，所以对于他们来说，牧羊就是这个世界上最重要的事情。不管这个村子的规模如何发展壮大，能够供这些牧民养羊的草场总是有限的，同时，草场的再生产速度可是远远比不上羊的繁殖速度的，这不仅仅是因为自然规律就是如此，同时也是因为每一个牧民必然希望在自己的管理能力以内尽可能多地养更多的羊，这就使羊的数量的增加速度变得更快了。最开始，村子周围能够达到的、能够供这些牧民养羊的草场都长得非常繁茂、健康，牧民们根本没有担心羊会没有草吃的问题。同时，由于这些草场性质上不同于每家每户的田地，而属于未开发的荒地，大家都知道有这些地方，没有谁能够说自己先发现或者能够真正地排他地拥有这些草场，所以这些草场对于所有的牧民而言，都是属于公共领域的，大家都可以用，没有谁需要经过谁的同意或者受到谁的约束。为了不影响相互之间的人际关系,也没有谁会愿意去对别人在这些草场上的养羊行为指指点点。随着时间的推移,这片草场的情况变得越来越糟,因为有越来越多的羊被牧民们带到这片草场上放牧,同时草的生长速度也远远跟不上羊的繁殖速度。面对这样的情况,牧民们犯了难,他们既想要继续放羊,如果停止放羊那么自己的经济收入就会减少,又担心草场的情况会不断恶化。但是如果自己停止牧羊,那么自己的经济收入就会减少很多,同时,也肯定有人会继续牧羊,更不可能有人会主动地承担起修复草场的义务或者责任,草场的情况始终得不到改善。但自己又没有权力去干涉别人的牧羊行为,更没有权力去让大家一起来修复草场,因此如果停止牧羊,那么到头来吃亏的只能是自己。这是有一定公心的人的想法,如果换作一位普通的利己的人,那么他想的,便是趁草场还在,羊不会饿死,能多牧羊一天算一天,能多增加点经济收入就多增加一点,毕竟,如果自己不牧羊,那么剩下的草都会被别人吃了。在大家这样的想法下,这片草场必然永远都不会得到牧民们的挽救,结果就是伴随着牧民们一天又一天的牧羊活动,这片草场逐渐地消失,最终不复存在,而牧民们也因为供养羊的草场已经不复存在,而不得不停止牧羊,转而去做其他事情。就这样,草场也消亡了,牧民们的牧羊活动也消亡了,不论是草场还是牧民,都要为这最后的结果埋单。

二、对公地悲剧的反思

公地悲剧尽管仅仅只是英国学者哈丁在探讨人类社会中人口增长与自然资源的有限性之间的矛盾所举出来的一个例子,但公地悲剧的理论背后却有着非常深刻的一般意义。公地悲剧之所以会产生,原因在于以下几个方面。

(一)理性经济人面貌下,个人理性的优先和集体理性的缺失

在理性经济人的理论中,每个人都理性地思考自己与周围环境之间的关系,并把自己利益的最大化,作为自己行为的出发点和落脚点。即认为自己的利益相比起其他利益,应当被优先考虑。而集体理性则认为,每一个人在谋求自己的个人利益的同时,应该着重考虑集体利益。因为既然每个人都无法脱离集体,都要受到集体的影响,那么集体利益与个人利益就有着分不开的关系。当个人利益的重要性被看得比集体利益还高时,集体利益便会遭受损害,这种损害同时也会导致集体当中的个人遭受不利益。当集体中的每个人都积极地为集体利益而考虑时,尽管在短时间内个人利益的获取可能没有那么明显,但是伴随着集体利益的增加,最终个人利益也会从中受益。理性经济人这

个理论的积极作用在于两点:第一,每一个人都用理性的方式替自己的利益着想,这样能够有效地推动自身更快地向前发展。第二,每一个人都是一个集体当中的一份子,当每一个人的发展都得到充分保障时,这种个体的发展也会带动整个集体向前发展。另外,理性经济人的理论也会带来不利的影响,这种不利的影响也可以体现为两点:一是当每一个人都把精力集中在自己个人的利益上,并把其作为最优先考虑的对象时,他人利益和公共利益将会被人们忽视;二是尽管从一段时间来看,理性经济人在对自己的利益作最大化考量时,能够在客观上通过减少一部分的公共利益来促进自己个人利益的增加,但如果把眼光放长远一点,或者在某种机遇巧合之下,公共领域的损失又会影响到在这个公共领域范围内的所有人的个人利益,这又会导致个人利益的减损。尽管我们能对理性经济人理论所可能带来的利弊作比较全面的思考,但是在现实的状况下,公共利益的损失对个人利益带来的减损往往需要很长的周期才能体现,而这个周期往往长得被人们习惯性地忽视,同时,这种对个人利益带来的减损在非极端的情况下,不会给个人利益带来太大冲击。因此,这才有了公地悲剧的产生,即尽管每个人都能明白这个道理,但每个人都会先从理性经济人的角度出发,为自己谋求最大的利益。

(二)道德义务的非强制性和公共权力的缺位

每个人都是公共领域的一份子,但在很多情况下,每个人对于公共领域的义务不是法律意义上的,而是道德意义上的,比如,每个人都应该爱护公共卫生,但若有人直接在大街上扔掉了垃圾,对公共卫生造成了损害,除了从道德上谴责以外,我们在现实中几乎很难从法律意义上、从强制的角度去追究这个乱丢垃圾的人的责任。把这个道理用于公地悲剧中也是如此,尽管每一个牧羊人都有义务来保护他们赖以生存的草场,但是这样的义务却仅仅是在道德意义上存在着,即使某个牧羊人某天多带了几只羊过来,或者连续几天都带着大批的羊在草场上放牧,也没有人能够从强制性的角度去对这个牧羊人作出要求。道德义务非强制性要和公共权力结合起来看,因为若在该公共领域存在公共权力,那么这个应然层面上的公共权力便一定会制定出一套具有规范性和强制性的规则来约束公共领域的所有人,从而达到保护公共利益的目的。在公地悲剧中,尽管可能存在为公共利益着想的牧羊人,但其也不得不因为自己没有公权力,同时也是出于对自身利益的考量,而不方便公开地向所有牧羊人呼吁环境保护,或者将所有牧羊人的利益团结起来。其既没有团结的权力,也极有可能不会被尊重。而且这样的团结,若不是针对所有人,那么便会失去意义。也即在只有几个牧羊人共同联合起来节制放牧行为而其他牧羊人为了实现自己的利益最大化仍然不顾一切地开展放牧活动的情况下，这样的联合是没有意义的。

（三）从法经济学的角度而言，产权体系的缺失

法经济学中的产权理论，简单而言是指通过对人们所拥有的权利的确认来建立一种秩序，同时通过对人们所拥有的权利的确认，来激励人们积极地追求拥有这种权利所能给自己带来的能够预期的安全的利益。在公地悲剧的例子中，没有建立起产权体系，即尽管牧羊活动的受益人既包括了牧民个人，也包括了村庄，但不论是牧民个人还是村庄，都没有对草场的产权。既然草场的产权并不属于某个牧羊人或者村庄，而草场又能现实地为牧民和村庄带来利益，那么牧民和村庄便会不顾一切地向草场索取利益而没有人想到要去保护。通俗来说，不去保护草场是因为草场不是我的，只要草场上存在的草能够使我的羊吃饱，那么在宏观上这片草场生长得健不健康便不是我的应该承受的关心义务了。相反，如果在公地悲剧的例子中，以村庄的名义明确地宣布村庄整体对于草场拥有产权，并设立相关的管理和监督该产权的机构，那么便会有人会从宏观角度去关心这片草场到底是不是处于健康状态，能不能可持续地发展下去。

三、公地悲剧理论与生态公共产品政府责任机制构建的关系

（一）公地悲剧理论对于生态公共产品的警示意义

公地悲剧所描绘的牧羊人的故事告诉我们，公共领域的利益是最容易被人忽视的，同时也是最重要的，换言之，在环境保护方面，公共领域的生态环境保护工作尽管是极少有人问津的，但是却是极为重要的，因为它所涉及的面非常广，同时其自身利益的增减又会现实地影响在这个公共领域内的所有人利益的增减。所以，重视公共领域的生态环境保护理念的实施，有着相当大的必要性。同时，通过公地悲剧我们也可以看到，在理性经济人理念的影响下，作为集体当中的每一个人都会优先从自身利益的角度出发追求利益的最大化。这样的最大化，往往意味着忽视他人的利益和集体利益，所以对于生态环境保护而言，尽管每个人都会为了自身的利益而留意对环境的保护，但这样的保护仅仅局限于对自身利益考量的范畴。这样的考量，在程度和范围上都会有所局限，比如，尽管现在的企业对自己的项目都要开展环境测评工作，都要注意污染物的排放，但是企业的这些行为，都是为了避免其周遭的环境污染可能给

其自身所带来的不利益,如来自环保部门的罚款、超标准排污税等。这些都警示着,公共领域的环境保护的实践,是不能通过市场自身去调节的,必须要有一股本身是为了保护环境的外来力量,来推动公共领域环境保护工作的开展。总之,生态公共产品,对于社会的发展、环境的保护、发展与环保之间的协调具有必不可少的重要意义,同时,生态公共产业的发展,会面临相当大的阻碍,这些阻碍的解决需要政府的介入。

(二)公地悲剧理论对于生态公共产品的启示意义

公地悲剧如果真的产生,那么将会毫无疑问地带来公共利益与个人利益都遭受到损害的结果,对于生态环境而言,将会产生人类社会发展受到阻碍,生态环境被破坏得支离破碎的后果。那么,生态公共产品的发展,要如何避免走向公地悲剧的结局呢?答案便是要从公地悲剧产生的原因入手,寻找公地悲剧对与生态公共产品产业建设的启示意义。

既然市场中几乎每一个人都是以理性经济人的形式存在,那么生态公共产品产业的发展,便不能等待有愿意推动此产业发展的理性经济人的市场主体出现,而要寻求能够代表公共利益的主体。有能力推动生态公共产品产业发展的同时,推动公共领域生态环境保护事业进步又符合其设立目的的最适合的主体,便是国家,或者说具体履行国家一些职责的政府。但生态公共产业,肯定不能是纯粹的公权力性质的产业,其发展不能过度依赖政府为其提供的资源,而应当追求产业自身通过市场获得利益,能够靠自身独立地立足并存续下去,所以对于具体生产生态公共产品的企业而言,要在不损害公共领域生态环境保护目的的前提下,允许其在一定程度上保留理性经济人的特质,这符合市场主体的规律,同时在实际上也有利于生态环境公共产业的发展。从公地悲剧产生的原因之一——道德义务的非强制性和公共权力的缺位出发,生态公共产品产业的发展必须要思考,能不能解决人们对于公共领域环境保护道德义务非强制性所带来的弊端,能不能弥补公共权力的缺位。从前者来看,除了在特定行业向特定人群因特定事项征收税、费以外,国家没有办法制定出一套具体的标准来给人们赋予法律意义上的义务,因为一般认为,人们对于公共领域环境保护事业的法定义务,在缴纳相关税、费的时候就已经完成了,在日常生活中注意保护公共领域的环境,只能是道德上的呼吁,换言之,不可能要求社会中的某一部分私主体必须要投入足够的时间、足够的精力、足够的财力来推动生态公共产品产业的发展,这根本不会被人们所认可。问题还是存在:即使人们愿意按法律的规定,缴纳税、费,但仍然没有在法律上必须为公共领域环境保护事业发展承担责任的私主体。因此，具有推动社会发展、维护社会稳定的公主体——政府，便理所应当地进入了人们的视线。政府一方面具有推动环境保护事业向前发展的责任；另一方面又具有能够凝聚力量的公权力，因此在生态环境公共产品产业发展中，引入政府作为推动生态环境公共产品产业发展的力量，是在应然上能够有效避免公地悲剧发生的对策。

第五节　政府环境有效供给理论

一、政府环境责任有效供给理论概述

政府环境责任有效供给的含义，是指政府应当切实地担负起防治环境污染、保护环境资源、改善环境状况的责任，“防治环境污染、保护环境资源、改善环境状况”是对于政府环境责任的描述，而有效供给，则是把政府作为提供的主体，公众作为需求的主体，“防治环境污染、保护环境资源、改善环境状况”作为供与求的对象。尽管政府环境责任有效供给理论要解决政府应怎样履行好环境方面的职责的问题，但此理论首先要回答，政府为什么有生态环境方面的保护责任。对于政府环境责任的理论基础，在学说上有以下几个典型代表。

（一）政府具有且应履行其的公共职能

由卢梭的社会契约论可知，生活在同一个社会的人们为了共同的发展，而相约将自己手中的一部分权力进行让渡，让渡给公众都承认的政府进行管理，同时，政府要利用好公民让渡的权力，切实地为公民服务，也即政府要承担自己应承担的责任，履行自己应履行的义务，这便有了政府职能。现代意义上的政府职能，一般认为政府职能是处理公共事务的职能，具体而言，又包括了政府的经济职能、政治职能、文化职能、环境职能等。从卢梭契约论的角度出发，政府产生的最重要的意义是要履行为公民服务的义务，即履行为公民提供公共领域服务的职能。在政府已经建好之后才出生的人也要将自己的权力让渡给政府，也要服从政府在公共领域的管理，接受政府在公共领域的服务，那么便意味着这些在政府建好之后出生的人也签署了社会契约。见证政府成立的人，签署社会契约的方式是革命，而在政府成立之后出生的人签署社会契约的方式便是纳税。因此，每一个纳税人都有权利要求政府履行它在社会契约上承诺的义务，也即行使它的职能。既然环境保护问题，涉及社会中所有人的生存与发展，那么环境保护便属于公共事务，便是政府的职能之一。

(二)公民享有环境权

公民环境权,是指公民具有生活在安全、健康、令人感到惬意的环境中的权利,这种权利是宪法所赋予的,是公民天然的、固有的权利。既然政府是公权力机关,那么政府便有保护公民合法权利的职责。这一方面要求政府承认公民的权利;另一方面要求公民的权利不受侵犯。既然公民的环境权是天然的、固有的,那么政府除了承认公民的环境权之外,更为重要的是保护公民的环境权利。而公民的环境权利,在表现上,会因为其所处的周遭环境的恶化或者能够引起其生活环境变化的其他环境的恶化而遭受损害。政府从保护公民环境权的角度出发,便要防止环境的恶化,也即防治环境污染、保护环境资源和改善环境状况。

(三)国家享有环境权

与公民环境权相对应,这种学说认为,国家也享有环境权。既然公民将自己的一部分权力让渡给了国家,那么国家领土内的自然资源便不再属于私人所有,而是国家所有,国家便理应管理好自己所有的自然资源。同时,又因为这种权力不是国家生而就有的,而是公民让渡的,因此,国家对自然资源的管理,要受到社会上全体公民的监督,要承担相应的管理义务和责任。这种学说,是将国家作为了一个拟人化的主体,并认为该主体也拥有环境权,这个主体应当保护自己拥有的权利,防止自己的环境权遭受到侵犯。

除了以上比较典型的学说之外,提出政府环境责任理论依据的还有福利行政论、环境安全与健康保障义务论、善治论、公众环境利益论等。

政府环境责任有效供给理论的特征,可以归纳为两点:一是政府环境责任的来源,不是单一的,而是双重的。一方面,既然公民合意将一部分权力让渡给了政府,那么从应然的角度来讲,政府便应该利用自己的权力,保护公民的合法权益。现如今,公民享有环境权已经成为一种共识,公民对这种环境权的享有是天然的、固有的。环境权作为公民权利的一种,与公民享有的其他权利一样,应当得到政府的保护。既然对于公民环境权利的主要威胁来自环境恶化,那么政府从保护公民环境权的角度出发,所要做的,便是防止环境的恶化,促进自然资源的合理使用,保护并改善环境。另一方面,卢梭的社会契约论表明,政府产生于公民的合意,所以产生的政府必然要代表公民的意志,这种公民的意志不是指某哪部分公民的意志,而是全体公民的最真实的意志。既然生活在一片让人愉悦的环境中,是每一个公民的心愿,那么保护和改善环境便是全体公民共同的意志表达;既然政府应该代表和顺应公民的意志而不是违背公民的意志，那么政府便应该去做公民的意志所希望做的事情——保护和改善环境。二是政府环境责任的全球性和包容性。世界上存在200多个国家，不同的国家有着不同的意识形态，也具有不同的国家利益。正是由于每一个国家的利益很难完全与另一个国家的国家利益相同，所以国家间便会有冲突，而国家间冲突的根源，便在于国家利益。在政治、经济、军事、文化等领域，每一个国家的国家利益就像一个个独立存在的单位，它们所想要达到的目的，都是促进自身的发展同时阻碍他人的发展以防止他人对自己构成威胁，但是在环境领域，国家与国家之间的利益，可以说是共进退的。地球作为一个整体的生态系统，其中每一个部分的变化，都会引起其他部分的变化。也就是说，不管其他国家的环境治理如何，只把自己的环境治理好的"独善其身"的情况是不存在，因为如某个国家的环境很糟糕，那么这种糟糕环境的负面影响便会通过整个生态环境系统传递给另一个国家，所以要想解决好环境问题，所有国家必须统一方向和利益，共同努力。

二、政府环境责任有效供给理论与生态公共产品政府责任机制构建的关系

政府环境责任有效供给理论，为生态公共产品政府责任机制构建提供了学理基础。生态公共产品政府责任机制构建所要探讨的主要问题，就是在公共领域的生态产品产业中，政府应该充当怎样的角色、承担怎样的责任。要对这个问题进行研究，必须要回答一个具有前提性意义的问题，那就是政府有没有理由参与公共领域的生态产品产业？若没有回答好这个前提性问题，那么对于生态公共产品政府责任机制构建的具体探讨，就将成为空中楼阁。因为人们首先就会质疑，政府对于公共领域的生态公共产品产业的参与没有正当性。根据政府环境责任有效供给理论，我们可以知道，不论是从保护公民权利的角度，还是从代表公民意志的角度；不论是从履行国家职能的角度，还是从保护公众环境权益的角度等，政府都有正当理由，参与生态公共产品产业。因为生态公共产品本身，就是涉及公共领域的事务，就是为了保护和改善环境、协调社会发展与环境保护之间的关系而存在的。既然政府保护和改善环境的公共职能与生态公共产品存在的意义具有价值取向上的一致性，那么政府参与生态公共产品产业发展，就是具有正当性的。

政府环境责任有效供给理论中，所提出的完善政府环境责任供给的方案，对于如何克服生态公共产品产业发展中遇到的困难，如何推动生态公共产品

产业的发展,具有重要借鉴意义。在政府环境责任有效供给理论当中,人们提出了多个完善政府环境责任供给的方案,比如,要正确地处理好政府环境责任供给中政府经济职能与环境职能之间的关系,不能因一损一;从行政组织的角度,要妥善地处理好中央政府同地方政府之间的环境责任供给之间的关系,要做到同时保护中央政府和地方政府履行环境保护职能的积极性,避免出现中央政府与地方政府在环境保护职能履行上的衔接问题;要正确地处理政府环境责任有效供给中,政府对于环境保护职责的承担与社会对于环境保护职责的承担之间的关系,要避免政府过多地把自己的环境保护责任推卸给社会的情况,同时也要避免社会消极履行环境保护职责而过度依赖政府的情况等。政府环境责任有效供给理论中,对这些避免问题、处理问题的方案的探讨,可为生态公共产品产业的发展提供避免问题和解决问题的参考。

第三章　国外生态公共产品有效供给的政府责任机制的比较

第一节　美　　国

美国建国历史较短,但是其对生态公共产品有效供给的研究却是在世界具有领先地位的。自20世纪40年代以来,随着美国工业化进程的展开与经济的迅速发展,其在环境上的问题也日益突出,如发生在1943年洛杉矶光化学污染事件、1948年宾夕法尼亚州多诺拉烟雾事件以及1969年俄亥俄州的河流因为化学污染而河面起火事件等。这些震惊世界的环境公害事件引起了政府与公共的高度关注。美国对于生态公共产品有效供给的政府责任机制的研究也因其对于环境治理问题的重视而深入起来。

一、法律法规

研究一国的生态公共产品有效供给的政府责任机制首先应从主要相关的生态公共产品的法律法规和基本生态保护制度入手。美国自19世纪末就开始了相关环境的立法,一直到20世纪70年代初,环境立法开始大规模展开并逐步涉及各个环境保护领域,形成了现有的较为完善的环境法律保护体系。美国环境保护法律体系是由多个立法主体制定的,主要包括：国会、行政部门（Executive Branch）、法院（解释和判例）、行政管制机构（Administrative Agency）。其中，由国会通过立法明确原则性规定，相关行政管制机构（如环境保护管制机构）在此基础上制定具体的实施规则。此外，当面临相关法律在实施过程中出现的立法时难以预料的问题，法院需要通过判例的形式对其做出相应的解释、规范和实施要求。

《国家环境政策法》乃是美国现行环境法律保护体系中最根本的国家大法。它由国会于1969年年底颁布，对于美国生态公共产品的供给有着重大的意义。首先，该法公布了国家环境保护政策，并具体规定了如何实现这项政策的宏观方向。它是对美国国家基本环境政策的立法，是美国环境法规体系的重要组成部分，对于保证美国朝着发展与环境协调的方向前进具有极大的意义。其次，美国环境保护全面统一立法的标志是《国家环境政策法》，该部法律赋予环境保护以新的观念，即由以治理环境为主转变为预防环境污染为主，并同时向改善环境方向发展。巨大的连锁效应在该部法律颁布后发生了，美国各州纷纷开始了类似的立法，并且这部法律创造的环境影响评价制度亦被世界各个国家和地区借鉴和效仿，推进了环境保护的进程。最后，该法为统一政府各部门，尤其是行政部门对环境问题的认识提供了最高的准则，创立了国家环境治理委员会来辅佐总统处理环境事务。此后，美国总统也采取了相应的行政措施，在1970年组建了主管全国的防治环境污染工作的环境保护局。国会的环境立法和后续的措施强化了行政机关的环境管理职能，建立起一个比较完整、分工比较合理的环境管理体制。①

此外，美国国会与政府以污染媒介和污染物为主线，制定或修订了大量具体的法律法规，如《环境质量改进法》《联邦危险物质法》《清洁空气法》《清洁水法》《固体废物处置法》《噪声控制法》《联邦环境农药管理法》《资源保护与恢复法》《水土保持法》《鱼类和野生动物法》《森林保护法》等120多部环境法律法规，形成了一套涉及大气、水、噪声、固体废弃物、自然资源和野生动植物保护、有毒物品、危险生物和核材料的环境保护等方面健全的资源、环境保护立法体系。

二、政府职能与职责

在美国，生态公共产品的政府供给主体主要分为3类：联邦政府机构下设

---

① 参见薄燕：《美国国会对环境问题的治理》，载《中共天津市委党校学报》2011年第1期。

的专门的环境保护机构、联邦各部门下设的相应的环境保护机构、各州州一级的环境保护专门机构。

虽然美国宪法并没有明文授予联邦管理环境的权力,但是其中某些条款的理解与适用可以看出管理美国环境的权力事实上由联邦取得。① 因此,联邦政府就相应地具有了提供生态公共产品的职能与职责。美国联邦政府履行供给职责主要依靠其下设的两个专门的环境保护机构:国家环境保护局(State Environmental Protection Administration, EPA)和环境质量委员会(Council on Environmental Quality,CEQ)。其中,根据《国家环境政策法》,环境质量委员设立在美国总统办公室下。环境质量委员会是总统环境政策方面的顾问,制定环境政策,其主要职责:一是为总统提供环境政策方面的咨询;二是监督、协调各行政部门有关环境方面的活动。具体职责有:收集有关环境现状和变化趋势的情报,并向总统报告;评估政府的环境保护工作,向总统提出有关政策的完善建议;指导有关环境质量及生态系统调查、分析研究等;记载和确定自然环境的变化,并积累必要的数据资料及其他情报并向总统报告,每年至少一次。②

从上面的具体职责规定中我们可以看到,环境质量委员会主要是为生态公共产品有效供给提供前期阶段性现实资料上的参考与分析,方便政府部门在了解这些资料与信息后,为相应生态公共产品的维护、治理提供宏观的方向。

与之相比,国家环境保护局的职责有所不同,其主要包括:制定环境保护标准,包括与人体健康相关的污染物排放标准,与环境相关的质量标准等;颁布有关的条例及规章,针对工业界提出各种要求并监督实施;组织排污许可证的实施,对各个行业、各个企业制定并发放排污许可证,企业要定期向环保部门汇报企业的生产情况和排污行为;对各企业的排污行为进行现场监督和调查;对违法的企业进行罚款、起诉;通过环境监测数据反映执法的效果,监测是国家环境保护局的一项主要政府职能。

国家环境保护局在生态公共产品供给上则主要涉及物质型生态公共产品的直接供给,包括对污染物的处理、环保执法中的监督与调查等。通过对全国

① 参见尹志军:《美国环境法史论》,中国政法大学法律史学2005年博士学位论文,第36页。

② 参见李蔚军:《美、日、英三国环境治理比较研究及其对中国的启示——体制、政策与行动》,复旦大学公共管理学院2008年硕士学位论文,第38页。

工业界各企业的具体要求与监管,整体实现了生态公共产品的有效治理。此外,为了更好地实现环境的监督管理,国家环境保护局还将全美 50 个州划分为 10 个片区,每个区设立区域环境办公室。每个区域环境办公室代表国家环境保护局管理监督区域内各州的环境行为。

除国家环境保护局和环境管理委员会之外,联邦政府中的其他一些机构也通过行使职权提供相应的生态公共产品。其中,主要包括内政部及其所属机构、农业部及其所属机构、劳工部及其所属机构、商务部及其所属机构等。这些部门与机构主要是通过在行使自然资源管理职权的同时,提供相应的自然型生态公共产品的生产与维护。如内政部下属的美国渔业和野生动物局,其职能为保护鱼类、鸟类与濒危动物,保护湿地与自然保护区以及对狩猎者的监督管理两方面。又如农业部所属的美国林业局,负责管理全国 3360 万公亩的森林和草地。

美国的各个州同时也有自己的环境管理机构。实际上,相较于联邦政府及其环境管理部门,州政府在生态公共产品的供给上有着更为重要的责任。美国各州都设有州一级的环境质量委员会和环保局,经审查合格的州环保机构拥有联邦法规授权的实施和执行法律的权力。不过,各州的环保局并不隶属于国家环境保护局,而是依照各个州的法律独立地履行职责。根据州的环境保护法规,州环保机构在州内享有环境行政管理权,包括对违法者处以罚款与对被管理者进行检查、监测、抽样、取证和索取文件资料的权力。但如果有个别州不遵守国家环境保护局的基本规定,那么分管该州的区域环境办公室可以向国家环境保护局建议取消相应的许可资格,由该区域的环境办公室制定出联邦实施计划,最后州政府根据情况制定环境保护实施计划。此外,当个别大型生态公共产品的供给需要涉及相邻的多个州时,则由国家环境保护局按照联邦法律规定进行管辖。总体来说,州一级的环境管理机构在生态公共产品的供给方面主要针对自然型生态公共产品的维护与治理以及物质型生态公共产品的生产。

三、职权运作方式

在制度型生态公共产品方面,美国政府的主要职能即为生产。国会和政府通过相关环境方面的立法,明确规定各环境管理机构在不同领域的职责权限。例如,根据《清洁空气法》,美国联邦环保局和经该局批准的州政府环保机关是实施和执行《清洁空气法》的主管机关。该法授予环保机关下列执行权:

1. 对违法者发布通知，指出其违法；

2. 为违法者发出守法令，命令其矫正违法行为；

3. 行政罚款；

4. 对违法者发出现场告示；

5. 对违法者提起民事诉讼；

6. 通过联邦司法部提起刑事诉讼；

7.《清洁空气法》通过对联邦政府和州政府在控制空气污染方面的职责的规定，创立了一个在联邦政府领导和监督下的、由州和地方政府具体实施的环境管理体制，从组织保障上很好地控制了空气污染。①

在物质型生态公共产品方面，美国政府同样就其生产承担了主要的职责。物质型生态公共产品的供给往往需要大量的财力、物力，且利润回报小。为了实现更好的环境治理效果，必须由没有盈利目标的政府来进行投资生产。例如，污水处理厂的投资运营，从严格意义上来说，美国的污水处理服务并不是由政府直接提供，而是由公有企业提供。根据统计，公有企业提供了95%污水处理的生态公共产品。

因为污水处理厂的投资成本太大且盈利效果并不好，所以只能由政府进行投资。在1972～1985年这段期间，通过联邦政府、州政府以及地方政府的大量拨款，城镇污水处理设施得到广泛普及。在此之中，用于城镇污水处理方面的有关设施，其资金有75%由联邦政府财政投入，有12.5%由州政府进行财政投入或低息贷款，有12.5%由地方多重渠道募集。一般来说，由联邦政府、州政府和地方政府的投资比例为6∶1∶1。

州政府与地方政府通常以低息贷款以及收取回用水价的方式支持地方污水处理回用设备的建设。② 而在自然型生态公共产品方面，美国政府则转向对自然提供的生态公共产品进行维护与治理。如前文所述，自然型生态公共产品是供给物质型生态公共产品和制度型生态公共产品的目的。在一个经济社会不断发展的国家，自然生态环境也面临着巨大挑战，政府生产物质型生态公共产品与制度型生态公共产品的主要功能在于保障自然型生态公共产品，而保障的方式则在于对其维护与治理。在对自然生态环境维护的职权运行方式上，美国环境管理机构充分运用多种间接手段，诸如市场机制协调手段、金

① 参见王曦：《美国环境法概论》，武汉大学出版社1992年版，第390页。

② 参见佚名：《美国城镇的污水处理与回用》，载《中国建设报》2001年第10期。

融手段以及行政奖励等非强制性的执法手段，以鼓励被管理者遵守环境法规。此外，环境管理机构通过公开信息，加强执法者与被管理者的交流与沟通，促进、鼓励公众参与环境立法和执法。这种非强制性的措施很好地维护了自然型生态公共产品。在自然环境保护领域，由于个人、法人和社会团体往往仅顾及自身利益与局部利益，而此种利益相对于环境保护利益来说存在排他性，此时，政府需要运用自己的行政权力作为公共利益的代表来对此进行权衡。然而，但是，当个人利益与社会利益、短期利益与长期利益之间都存在着严重矛盾时，政府如果一味依仗其政治权威，运用强制性、制裁性措施对生态环境问题进行监督、管理、维护，反而难以达到良好效果。虽然行政权非常重要，但其应该非常巧妙地存在于各个社会主体与利益集团之间，而不是实行霸权主义。相关执法者应及时引导对方向有利于环境保护工作的方向发展，促使其法律规定之下开展各项活动。

在美国，环境保护工作运用市场机制，通过市场导向控制人们行为，将环境利益引入生产者的成本，促使其减少对环境的破坏，鼓励其努力减少污染物的排放，从而实现生产者与社会公众的双赢。[①] 美国政府采取的相关措施具体包括排污权交易制度、收费制度(对排放污染物收税)、拍卖制度(以拍卖的方式分配排污的权利)、环境标识对公众公开制度、贷款制度(金融手段)等。以排污权交易制度为例，美国现行的做法是在政府控制排污权供给总量的情况下，将管理系统内部各种污染源的排放权分配给各个排污者，然后进行排污权交易，那些边际治理成本较低的污染者对外出卖排污权，那些边际治理成本较高的污染者购买排污权。在政府的有效介入下，排污权能够合理分配，并实现稳定的交易秩序，最终将社会污染物的总治理成本控制在最低程度。美国环境管理机构在维护和治理自然型生态公共产品时，更多地借助市场机制，运用经济激励的方式，而不是依赖强制性的行政权力，采用多样化的管理手段实现多种资源的最优配置，最终的管理模式被越来越多的人所接受。从自我的出发点，很多排污者能够积极主动地投入环境保护工作，使相关的行政权力在运用的过程中非常顺畅，从而减少相关政策的推行成本，提高政策的实施效果。[②]

---

① 参见吴健、熊英:《美国污水处理业监管经验》,载《环境保护》2013 年第 12 期。

② 参见龚益慧:《完善我国环境管理体制若干问题研究——以美国环境管理体制》,华东政法大学环境法学 2008 年硕士学位论文,第 56 页。

第二节　欧　　盟

欧盟成立于1993年11月1日,其前身为成立于1957年3月25日的欧洲经济共同体和欧洲原子能共同体。欧盟已成为了当今世界上一体化程度最高的区域性国际组织,其成立之初的宗旨为"通过建立排除内部国边境的一体化组织,加强各国经济、社会、政治的协调发展,通过区域融合,最终建立一个统一的经济货币联盟","在保障生态环境的前提条件下,实现可持续发展、稳定无通货膨胀的经济增长,达到一个高水平的经济转化"。[①]

经济贸易的边界需要人为打破,但环境污染是没有边界的。在20世纪80年代,位于莱茵河沿岸瑞士巴塞尔的山度士(Sandos)化学杀虫剂生产工厂发生爆炸事故,该事故致使上万吨的有毒有害原料及杀虫剂成品流入莱茵河中。造成莱茵河下游相关国家的经济损失约为1亿瑞士法郎,污染的下游水域的鱼类和水鸟遭受了毁灭性的破坏,其自然恢复周期长达20年。这起事故的成因是在火灾中应对次生灾害风险考虑不足,更重要的是同一流域的相关国家的沟通不畅,导致对污染的应对不及时。

与国家领土之内的环境污染治理相比,欧共体区域内的环境防治有其天然的复杂性,国家环境治理防治政策不同、治理方式不同、应急机制不同、处罚力度不同等,给欧盟区域内的环境污染治理带来了极大的障碍。自此,建立统一的生态公共产品有效供给的政府责任机制在欧共体被提上日程。

一、法律法规

欧盟因作为一个区域性联合组织,其成员国都有着其独特的经济、政治、文化、教育背景,故欧盟的环境防治法律多而繁杂,为了方便研究,本书将其按法律渊源分为了欧盟基础条约、国际条约或协定、条例(Regulation)、指令(Directive)、决定(Decision)、环境标准和欧盟环境行动规划。

欧盟基础条约,是欧盟各缔约国之间签署的有关建立欧洲联盟的基础框架性的公约。因其是欧盟其他条约的纲领性文件,故欧盟环境领域的公约也按其宗旨订立,故又可将其视作欧盟环境宪法,一切与基础条约相冲突的法律条款都应无效。欧盟化境公约中有关环境保护的规定是欧盟环境法律发展的

---

① 《欧洲共同体条约集》,戴炳然译,复旦大学出版社1993年版,第1页。

基础,又称为“宪法性”条款。目前欧盟基础条约有《欧洲共同体条约》,这是欧洲共同体的各成员国作为一个国际法主体参与签订世界性环境保护的公约。欧盟作为当事人参加签订的国际环境公约主要包含:《保护臭氧层的维也纳公约》(1985 年于维也纳签订,现有 174 个缔约国),《关于耗损臭氧层物质的蒙特利尔议定书》(1995 年于加拿大蒙特利尔签订,在 1995 年联大正式通过),《有关控制危险废料越境转移及其处置巴塞尔公约》(1989 年于瑞士巴塞尔签订,现有 100 多国家加入,中国于 1990 年签署加入),《联合国气候变化框架公约》(1992 年于里约热内卢签订)。这些欧盟作为重要成员订立的国际性条约成立后,成为之后欧盟范围内重要的环境法渊源,对各成员国具有直接的效力。

欧盟为协调成员国的环境保护措施,颁布了欧盟环境行动规划。这是纲领性文件,是欧盟环境政策和环境管理的重要政治框架,对欧盟环境政策和立法的发展都具有重要的指导作用。① 例如,根据《欧洲联盟条约》第 130 条第 3 款的规定,理事会应根据条约第 189 条所规定的程序,并就相关的环境问题征询经社委员会的意见,根据总体行动规划的相关条款,提出应予优先完成的当阶段目标。在制定环境总体行动规划之后,理事会应视情况,按照第 130 条第 1 款和第 130 条第 2 款的条件,即前面提到的两种程序,采取实施这些规划。

条约赋予欧盟部长会议制定的相关的环境条例、指令、决定和建议,其是欧盟根据环境公约的思想制定出的具体实施细则。条例是在欧盟区域范围内可以直接统一适用的规定,相当于环境单行法,它具备统一普遍约束力,无须经过成员国的立法机构通过转换立法的方式使其成为内国法,他在所有成员国内直接发生法律效力、无条件执行。指令是对具体环境当前目标的明确规定,成员国需通过该国相应的立法来达到欧盟所要求的具体目标,由大约 400 个法律文件组成。决定是一种执行决议,是欧盟各成员国执行欧盟法令的一种行政措施,仅对该国内的个人或集体有效。

环境保护在欧共体在成立的初期并没有被纳入共同体的条约所管辖范围内,但随着欧共体内部经济的高速发展,环境恶化,环境问题日趋严重,环境矛盾激化,并且由于不同的环境标准影响了欧共体内部统一市场的建设和运行,

---

① 参见蔡守秋:《欧盟环境法的特点及启示》,载《福建政法管理干部学院学报》2001 年第 3 期。

执政者开始意识到保护和治理环境的必要性，但欧共体并未对此专门采取措施，仅是通过一些指令对环境保护及治理进行了规范，如《有关危险制品的分类、包装和标签的指令》《机动车辆允许声级和排气系统的指令》等。在20世纪70年代之后，环境问题日益恶化，欧洲共同体各成员国以及公众的环保意识日益增强，公众们开始抗议环境问题，各种环保团体开始建立，这给当时的欧共体首脑们带来了巨大的压力。1972年秋，在巴黎峰会上的欧共体决策者们，首次提出了制定欧共体内部共同的环境保护政策，发表了要求“要求欧共体委员会在1973年7月31日以前制定一项环境保护的行动纲领和具体实施的时间表”的声明。1973年11月22日欧共体理事会以通过《欧共体理事会以及理事会中成员国政府代表会议的宣言》的形式，通过了欧盟第一个《欧共体环境行动纲领》。随后，理事会在6年内又通过了两个《欧盟环境行动纲领》，这3个环境纲领提出了欧共体作为一个整体共同进行环境治理，强调预防政策在欧共体环境政策中的重要作用，应重视环境政策在经济和社会方面的影响，提出环境政策的政府责任机制的必要性。

在1987年7月1日生效的《单一欧洲法令》对欧共体整体的环境防治有着重大的影响，该法首次用条约的形式详细规定了欧共体各成员国政府组织间的环境责任范围。1987年欧共体理事会通过的《第四个环境行动纲领》有选择地列出了针对污染的不同措施，如多种介质方法、从原材料入手、直接针对污染源等。内容方面，引入了一些新观念，例如，建立严格的环境标准、更加注重环境政策的实施、获得真正有用的环境信息、加强环境教育。该环境行动纲领重申将环境保护要求纳入欧共体其他政策中，再次明确了成员国政府在污染治理、环境防治中的政府间责任。

1993年现代意义上的欧盟正式成立，当年颁布了《欧盟第五次环境行动计划》，特别强调政府要将环境保护政策纳入5个领域，即工业制造业、能源、交通、农业和旅游领域，其在之后的《欧盟第六个环境行动计划》上，引入“可持续发展”战略，根据“可持续发展”目标的指引，政府需优先关注以下4个领域，即气候变化、生物多样性、环境与健康、资源和废物的可持续管理，并可就政府与各成员国间有关可持续发展问题的对话提出意见，推进政府与非政府间组织和企事业单位间的合作。

二、政府职能与职责

欧盟是一个享有广泛权利、拥有特殊地缘政治法律地位的国际组织，这决定了他有着特别的生态公共产品的政府供给框架。在欧盟内部有着独特的供给主体大三角：欧洲议会（European Parliament）、欧盟委员会（European Commission）和部长理事会（Council of Ministers），他们是欧盟生态公共产品的供给主体。欧盟生态公共产品的出台主要来自这三个主体间的复杂运作过程。有着欧盟首脑参与的欧洲理事会（European Council）是欧盟实际上的最高决策机构，他不参与具体的环境政策制定，但他决定着欧盟未来的政策方针，决定着生态公共产品的走向。地区委员会（Committee of the Regions）及欧盟经济和社会委员会（Economic and Social Committee）是欧盟法定的咨询中心，他们是地区集团组织和公民社会的代表。欧洲法院（European Court of Justice）是欧盟的最高法院，他不参与实际的决策过程，但欧洲法院可以通过对欧盟法及其判例的解释来直接或者间接地影响欧盟生态产品的供给。

欧盟委员会，简称欧委会或委员会，其在欧盟环境法的制定中发挥着主要作用，他的主要职责有：(1)参与环境政策的制定和环境立法程序；(2)环境政策的执行权和管理权；(3)参与制订共同体环境行动计划；(4)对外代表权。

对欧盟委员会的职责进行具体分析后我们可以看到，欧盟委员会主要是为生态公共产品的有效供给提供立法上的保护，为生态公共产品的供给提供制度化保障，相当于我国的人民代表大会，是欧盟的立法机关之一。

部长理事会，也称欧盟理事会，简称理事会，是欧盟环境立法的主要机构之一，对于欧盟环境的保护、污染的防治具有决定性作用和影响，其主要职责是在征询其他欧盟相关机构后，就欧盟委员会提出的立法草案制定相关环境法律。其主要职责有：保证欧盟经济、社会和环境政策的协调；制定环境政策和法令；推动欧盟环境政策的实施。

对部长理事会的主要职责进行概括，我们可以很清楚地了解，部长理事会主要是辅助欧盟委员会进行立法活动，保证生态公共产品政府供给的顺利实施。

欧盟议会，是欧盟立法和决策的咨询对象，但在 1987 年《单一欧洲法》生效后，欧洲议会的权力和职权范围逐渐扩大，法律增加了其在立法方面与部长理事会和欧盟委员会的合作程序。其主要职责有：参与欧盟环境立法程序；对环境法实施过程中出现的违法或渎职行为进行调查；接受有关环境事务的申诉；对重大环境问题展开讨论，形成决议。

三、职权运作方式

欧盟的生态公共产品的政府供给涉及欧盟、成员国以及地区和地方 3 个方面,涉及众多的供给提供相对方,包括欧盟机构、成员国政府、地区和地方机构以及公民社会等所有公权力部门。在生态公共产品的提供过程中遵循辅助性原则和比例适度原则,该原则最明显的特点是责任分担,即共同体、成员国、地区和地方当局以及公民社会的各相关方各司其职、互相协作,共同承担环保义务。

(一)欧盟

欧盟在生态公共产品的提供层面有着复杂的体系和过程,例如,欧盟的环境法律、指令、决定都是先由欧盟委员会提出立法建议草案,然后由部长理事会就欧盟委员会的提议草案征求欧盟经济和社会委员会、欧盟议会或者地区委员会的意见,然后以特定多数同意或者一致同意决议。欧盟的政策主要来自于成员国之间、成员国与欧盟机构之间。与生态公共产品相关的利益集团、成员国以及地区和地方的成员也要不同程度地参与生态公共产品的提供。

欧盟生态公共产品的提供分为不同阶段,各个阶段有着不同的特点:在生态公共产品提供的初期,欧盟发挥着主导的作用,大致分为提出草案、协商、修改和表决;在生态公共产品的实施阶段,欧盟的控制力减弱,因为生态公共产品的实施是欧盟各成员国的职责;此外,对于公共生态产品实施效果的评估是由欧盟委员会指派专员或者工作小组进行。

(二)欧盟各成员国

欧盟各成员国在生态公共产品的提供上扮演着不同的角色,如德国、芬兰、荷兰、瑞典等,因其内部有着强大的绿色环保组织和执政党,并且因其国家较为富裕,能够负担提供生态公共产品的资金,故被称为“先进国”,而其他成员国因各种原因不能提供完全的生态公共产品,故被称为“后进国”。欧盟的生态产品的提供一般是“先进国”将新的生态公共产品草案提上议事日程,然后欧盟议会、欧盟部长理事会通过沟通协商谈判迫使“后进国”去提供更高要求的生态公共产品。1987 年《单一欧洲法令》实施后,资格多数的表决机制减少了“后进国”被说服实施更高要求的生态公共产品的阻力。为了保障生态公共产品的提供能够持久地进行下去,一般欧盟会将生态公共产品以法律的形式传达下去,但成员国实施欧盟环境法规一般分为 3 部分:首先,将欧盟法转换纳入欧盟各成员国的内国法。成员国的政府必须将生态公共产品的每一个部分的环境指令转换为国内法,并且确保其立法机构、司法机构和行政机构能够适应生态公共产品的要求。其次,实施欧盟环境法并评析其结果。提供生态公共产品需要政府相应的行政、技术、科研的架构,提供必要的财政资金支持。欧盟法要求各成员国定期向欧盟报告其政府所采取的措施,并针对本次的报告,提出下一阶段的要求。最后,因为不是所有的欧盟成员国都心甘情愿地严格执行欧盟环境法,所以欧盟委员会需要刺激和鼓励各成员国,《欧洲联盟条约》明确规定,欧盟委员会负责确保欧盟法的实施,并有权在必要时针对成员国提出合理化意见(reasoned opinion),甚至可以向欧洲法院提出违法诉讼。

(三)地区和地方

在欧盟成立的近20年里,其一体化的程度越来越高,欧盟的权力范围也越来越大,这使欧盟与地方当局的关系日益密切,这导致了各成员国中央政府在欧盟决策中主张的权利受到了一定程度的削弱,但相关政策实施(包括生态公共产品的提供)的制定和实施已经越来越离不开地方当局了。地区和地方政府与欧盟进行沟通的渠道主要有四个:

第一,大部分地方当局在欧盟总部布鲁塞尔设有办事处,办事处的主要任务是游说欧盟官员及决策者,在沟通中搜集相关信息。

第二,少部分未在欧盟总部布鲁塞尔设立办事处的地方政府则利用一些咨询机构来与欧盟沟通。

第三,成立欧盟地区委员会。为使欧盟更加了解地方政府在生态公共产品提供方面的观点和主张而成立由地方当局代表组成的欧盟地区委员会,从而在欧盟与地方政府间建立直接沟通的渠道。

第四,德国和比利时在生态公共产品提供的会议上,将由地方政府的相关部长出席会议。

欧盟地区委员会在生态公共产品的提供上为欧盟与地方的直接对话提供了渠道,目前欧盟正在努力建设"地区的欧洲"(Europe of the Regions),虽然这一目标还很遥远,但地方已经成为欧盟生态公共产品提供的一个不可或缺的部分。

第三节 日 本

日本自明治维新后走上了工业化道路,但跟许多国家一样,经济实力积累的同时其环境污染等问题也在积聚。到20世纪50年代出现了严重的环境问题,例如,日本富山县的镉中毒的骨痛病事件,熊本县水俣镇出现甲基汞中毒的水俣病事件以及三重县四日市出现因工厂排放废气所致的哮喘病事件,等等。政府与公众开始关注在这些环境公害事件及其原因,并寻求解决方法。而在这一时期,日本对于本国的生态公共产品有效供给的政府责任机制的研究也随着其对于环境治理问题的重视而深入起来。

一、法律法规

在强大的公众和舆论压力下,日本于20世纪50年代前后就着手制定相关的环境法律规范,这一时期的立法成果包括了《关于公用水域的水质保全的法律》(1958年)、《关于工厂排水等的限制的法律》(1958年)和《煤烟控制法》(1962年)等公害防治条例。同时,经过一些公共团体呼吁,在行政法律规范中也零星地加入了环境防治的政府责任规定。然而,应对公害仅仅依靠这些零星的对策是远远不够的,必须开展成体系的综合应对活动。1976年《公海对策基本法》被制定出来,①此后公害临时国会召开,共制定和修改了有关公害的14部法律,基本上形成了公害法的体系。

在这一阶段,1967年制定、1970年修正的《公害对策基本法》乃是国家治理和保护环境的主要依据,是公害法体系之核心。《公害对策基本法》第1条规定立法目的在于确保国民健康,保全生活环境,以实现宪法所揭示之生存权保障之理念。其中,政府应承担的环境职责是:制定环境标准;推行本法所规定的政府为防治公害所必须推行的基本措施;地方政府鉴于各地情况推行相应的公害防治政策;订立公害防治基本方针及实行的必要措施;制定公害纠纷处理制度及受害者救济机制;建立公害造成者负担机制;加大财政对公害防治事业的支持力度;成立公害对策会议和审议会,作为公害防治的特别行政机构。②

城市生活型环境污染在20世纪80年代末以后成为日本进行环境治理的焦点。随着1992年6月的巴西里约热内卢的联合国环境与发展大会的召开,国家社会将目光聚集到全球环境问题上,日本当时作为二氧化碳排放量最大的国家,在国际社会和公众的压力下也开始转变环境治理观念,从国内治理转战全球治理体系。基于《公害对策基本法》难以承担以上环境污染控制、自然资源开发利用、生态环境保护三种职能,立法机构于1993年颁布了日本《环境

---

① 参见[日]原田尚彦:《环境法》,于敏译,法律出版社1999年版,第13页。

② 参见李蔚军:《美、日、英三国环境治理比较研究及其对中国的启示——体制、政策与行动》,复旦大学公共管理学院2008年硕士学位论文,第70页。

基本法》,这意味着已施行了20多年的《公害对策基本法》被废止。《环境基本法》扩大了政府应当承担的责任范围,由为预防公害的发生对企业活动进行的一系列法律制约——包括明确国家、地方公共团体、企(事)业者以及国民的责任与义务,转向更为全面的环境治理目标——实现本国国民乃至全世界人民的代际公平。基于此立法目的,政府应当承担更多的环境责任,在《环境基本法》中体现为国家被施加制定和实施有关环境保护的基本且综合性的政策和措施的职责(第6条),进而,为了落实环保政策,政府应当采取法治层面、财政层面以及其他层面的措施(第11条),政府对国会负责,应当每年向国会提交一份环境状况及环保政策落实情况报告(第12条)。

在《环境基本法》之后,日本的环境法律得以不断完善,形成了环境基本法,以公害法、自然环境法、生活环境整治为内容的部门法,相应的程序法、行政法规和地方自治条例等法律体系。其中,地方自治条例以日本宪法为法理基础构成了环境法律体系最基础也是最重要的部分。值得一提的是,日本环境法律体系中提及的程序法与我国程序法概念不同,其包括了公害防治费用负担、环境损害救济和公害纠纷解决机制等程序性事项。

二、政府职能与职责

日本的环境治理体系构建的根据亦是环境立法,经历了首相直接领导的"中央公害对策本部"直至由环境厅升格至环境省。日本的环境管理体制是由短暂性政府环境应急职能逐步向常态化的环境管理体制转变,经历了从隶属首相府、环境卫生局、国会到一个独立政府部门的过程,其职责亦随职权的扩大而相应加重。

在日本,生态公共产品的政府供给主体主要分为4类:中央政府机构设有的专门的环境保护机构即环境省、中央各部门设有的相应的环境保护机构、地方政府、地方一级的环境保护机构即环境厅。整体而言,日本的环境管理体制呈现既统一又分工的特点,外务省、国土交通省等部门协同中央政府实施环境治理,地方政府实行地方主导与自主型的环境管理体制。这一环境管理体制特点也体现在政府供给生态公共产品的过程中。与中国有所区别的是,日本的地方政府在环境保护、生态公共产品供给等问题上有较大的自主权,地方环境厅直接对地方政府负责,而地方政府与环境省进行业务往来,因此,在这一制度框架下,中央环境保护机构和地方环境保护机构是相互独立的,但在地方政府行使环境省下放的权力时则应当在法定范围内受其监督和指导。

环境省是中央政府设置的专门负责日本环境保护等问题的机构。依照《基本行政法》中的《环境省设置法》规定了环境省的管辖范围，包括立案和推进国家总体性的环境政策；对环保业务进行统一管理；与其他省厅协调合作，共同开展环保业务；以劝告等形式对破坏生态、污染环境的事业进行干预。①

从以上职责可以看出，环境省在生态公共产品的供给方面的责任包括：直接供给制度型生态公共产品，包括总体环境政策的立案和推进等；维护自然型公共产品如保护动植物的种群及维护自然公园；协助其他省厅供给物质型生态公共产品，如建设污水处理系统。环境省现行行政模式可概括为四局一官和两部一司，分别为环境政策局、全球环境局、环境管理局、自然环境局和大臣官房以及废弃物循环再利用对策部、环境保健部、水环境司，并且，环境省针对特殊问题还设置了特色科室。日本环境省的部门设置和分工相当细致，以环境问题的类型作为分类标准，内设部门专门负责这一环境问题，对其进行治理、维护。

日本的环境管理体制注重公众参与，在中央和地方政府都设置有环境审议会作为政府设置环境政策和环境标准的咨询机构，由有关专家和企业代表等组成，有效地保证了制度型生态公共产品的质量。同时，为了解决信息不对称的问题，日本政府根据《公害纠纷处理法》设立了公害诉苦制度，以地区为单位，由办公人员接收、汇总、反馈居民反映的问题，技术人员则负责在受理问题的基础上对公害进行分析和实地调查。公害诉苦制度满足并解决了居民对环境保护的基本诉求，更为重要的是，它疏通了公害信息的反映渠道，而由技术人员做出的分析和调查也成了政府决策和政策制定的重要依据。

三、职权运作方式

在制度型生态公共产品方面，日本政府的主要职能即为生产。国会和政府通过相关环境方面的立法，明确规定各环境管理机构在不同领域的职责权限。值得注意的是，根据基本理念，法律还同时赋予了非政府组织制定与国家环保政策相统一的地方政策以及其他根据地方具体情况而制定的措施。因此，不仅日本政府可以直接生产生态公共产品，地方公共团体在一定程度上也拥有生产和提供生态公共产品的职能，体现了公众参与的环境治理特点。政

---

① 参见李蔚军：《美、日、英三国环境治理比较研究及其对中国的启示——体制、政策与行动》，复旦大学公共管理学院 2008 年硕士学位论文，第 57 页。

府生产诸如环境标准、相关法律条例等生态公共产品的具体职能规定可见于日本有关环境保护的单行法之中，比如，在《自然环境保全法》中明确了政府在自然环境保护领域生产制度型生态公共产品的职责，“根据自然环境保全基本方针规定的有关自然保护的基本理念，原生自然环境保护区域和自然环境保全区域的设置、都道府县自然环境保全区域的制定标准、自然公园，关于首都圈、近畿圈的近郊绿地的调整的基本方针”。

在物质型生态公共产品方面，日本政府同样就其生产承担了主要职责。物质型生态公共产品本身具有投资大、回报周期长的特点，对社会组织等自由资本而言不具有很大的吸引力。因此，一般由具有公共服务和管理职能的政府生产物质型生态公共产品。以全日本的污水处理设施的建设为例，日本污水处理设施的建设的流程一般为立法，由中央政府或“都道府”“市町村”两级地方政府及其下属的环境保护部门负责，体现出自上而下的物质型生态公共产品供给的特点。日本政府主导物质型生态公共产品的供给的特点亦可以通过产品生产和运营的资金机制得到体现。①

而在自然型生态公共产品方面，日本政府侧重于对这一类生态公共产品进行维护与治理。生态公共产品本身具有社会效益、经济效益和自然效益，如何在这三者效益之间进行平衡和取舍乃是有效供给产品的重点研究内容之一。自然型生态公共产品有别于制度型和物质型生态公共产品的特点在于更为注重自然效益与社会效益。因此，在维护和治理自然型生态公共产品时应以其自然价值和社会价值为主，体现环境优先原则。在自然生态环境维护的职权运行方式上，日本政府及其环境管理机构充分运用多种间接手段，其政策工具由单一的强制性命令工具转向侧重经济激励和社会管理手段，建立起了诸如金融税收激励机制、市场协调治理等经济手段以及行政奖励等非强制性的执法手段，以此鼓励被管理者遵守环境法规。此外，环境管理机构通过公开信息，加强执法者与被管理者的交流与沟通，促进、鼓励公众参与环境立法和执法。这种非强制性的措施很好地维护了自然型生态公共产品。日本对于自然型生态公共产品的治理和维护在20世纪70年代的公害治理行动中体现得最为突出，在这一阶段实施的公害防止计划、公害防治协议、公害防止管理员制度、公害健康受害补偿制度、公害纠纷处理制度在治理和维护自然型生态公

① 参见常杪、杨亮、小柳秀明：《日本污水处理设施建设运营资金机制的启示》，载《环境经济交流》2010年第73期、第74期。

共产品方面发挥了良好的作用。其中，公害防治协议已成为日本国内同法律和条例作为共同治理环境公害、保护生态的第三种手段，其具有行政指导的特点，是政府与企业通过协商，就污染量和污染治理措施达成的协议。

第四节　澳大利亚

一、生态公共产品的制度背景

澳大利亚全称为澳大利亚联邦，其国四面环海，领土包括了澳大利亚大陆、塔斯马尼亚岛等，是一个典型的地广人稀的国家。澳大利亚在国家组织形态上实行联邦制，因此，对其法律的探讨要分别从联邦和自治州两个层面去考虑，这不仅是因为联邦和自治州的分离具有政治上的意义，同时也意味着联邦法律与自治州法律分别拥有着不同的法律位阶、制定主体、管辖范围等。同时澳大利亚在法域上属于一个拥有成文法的普通法系的国家，这表示在研究澳大利亚的法律问题时，既要关注其整理出来的成文法，又要关注对于所有普通法系国家而言具有法律效力的判例。

澳大利亚的环保法在法律位阶上可分为联邦环境保护法和州环境保护法。联邦环境保护法的作用在于以宏观的视角规定环境保护的基本原则和制度构架，并对州环境保护法的制定起着引导作用，但由于每个自治州对于州立法权的保留以及联邦环境保护法的相关规定大多只涉及基本原则和理念，因此，在实际中发挥具体作用的，不是联邦环境保护法，而是各自治州的环境保护法。但这并不意味着联邦环境保护法是软法，对于各州的环境保护问题没有约束力，值得注意的是，联邦环境保护法将环境基准的制定权牢牢地把握在手中，这些环境基准包含了大气环境质量、受国家管控的废物的转移、国家污染物名录、空气毒物名录等。同时，联邦环境保护法禁止各个州制定低于其标准的环境保护法，也就是各个州只能在联邦环境保护法的基础上，制定更加严格的规定。因此，可以说联邦环境保护法对于各州环境保护法的意义，一是在于为它们提供了方向上的引导；二是给它们设定了环境保护标准的底线，防止出现个别州为追求经济利益而忽略环境保护的情况；三是在全国环境保护法多样化的背景下，保持全国环境基准的统一性，为环境保护行政工作、环境问题纠纷司法处理工作、环境保护监督工作提供条件。尽管澳大利亚是一个普通法系的国家，但在环境保护领域，其相关法律大多是以成文法的形式出现的，因此对环境相关纠纷的审判，大多是根据成文法来进行，而非判例。

统观澳大利亚的环境保护法,其有3种实施方式:民事实施、行政实施和刑事实施。

在民事实施当中,受到环境侵权的主体可以向法院对侵权人提起诉讼,在诉讼主体的资格上,采取的是"无相关条件限制"原则,即不论该主体有没有现实地遭受环境损害,他都可以就环境污染问题向土地和环境法院提起诉讼,这种"无相关条件限制"原则首次被提出,是在澳大利亚新南威尔士州的环境保护法当中。

环境保护法的行政实施,又可具体分为环境标准制定、许可证制度、行政通知制度这3种。环境标准制定,是联邦环境保护法中才有的内容,旨在统一全国范围内的环境基准,例如,制定全国大气环境质量标准,要求在大气质量检测中,要将臭氧、二氧化硫、一氧化碳、二氧化碳、二氧化氮、铅的空气含量参考进去。许可证制度是澳大利亚比较具有特色的制度,尽管许可证制度并不来源于联邦环保法,但几乎每个州都制定了许可证制度。许可证制度,是政府为建设活动和商业活动所设的一个准入规则,只有符合相关环境保护标准的建设活动和商业活动才能取得许可证,继而开展其建设活动或商业活动,即使相关的建设活动或者商业活动已经取得了许可证,但如果它们在发展过程中被发现没有一如既往地遵守环境保护标准的话,那么它们的许可证将会被收回,它们的建设活动或者商业活动也必须立刻停下来。以南新威尔士州为例,澳大利亚环境保护法的行政通知制度包含了3种形式的行政通知:一是禁止通知,即环保署的官员在发现某一主体的建设活动或者商业活动极可能会造成环境污染或者已经造成环境污染时,可以禁止该主体继续进行其建设或商业活动。同时,由于禁止通知发布的自由裁量权在具体的环保署官员手中,因此,禁止通知发布的责任主体也是具体的环保署官员。二是预防通知,当环保署的官员认为有合理的理由认定该主体如果继续活动,有可能会带来环境污染问题时,可以向其发布预防通知,即要求在进行其活动之间采取能够有效避免环境污染问题的具体的预防措施。如果该主体认为环境署的预防通知是有误的,其活动不会造成环境污染,那么该主体也可以对该预防通知,向环境保护法庭提起诉讼。三是情理通知,即当环保署的官员认为某主体的活动已经现实地造成了环境污染时,可以要求该主体清理污染物。

澳大利亚的环境保护法的刑事实施与我国环境保护法的刑事实施有着很大的不同,不同之处主要体现在以下几点。

第一,澳大利亚环境保护刑事实施的法律渊源的形式与我国环境保护刑事实施法律渊源的形式不同。澳大利亚有关环境保护刑事实施的有关法律,往往是单行法,例如,澳大利亚南新威尔士州于1989年就颁布了《环境违法和处罚法》,而我国有关环境保护刑事实施的有关法律条文,散见在《刑法》《环境保护法》和相关的司法解释中。

第二,澳大利益环境保护法中对于“犯罪”和“环境污染”的理解,与我国的环境保护法是不同的。我国的刑法以及环境保护法认为,只有极为严重的环境污染行为,才为环境污染中的犯罪行为,而环境污染,则必须是改变了原生态环境的某些条件,并使之超过了国家有关的环境标准或者会对该生态环境中的生物造成损害,或者将影响生活在该生态环境中的人们的身体健康和生命安全。而澳大利亚环保法则认为,“损害或者可能损害”环境的行为,在满足法定条件的情况下,都会构成犯罪,而环境污染则被解释为“任何引起环境退化的、直接的、间接的环境改变,包括但不仅仅限于任何导致大气污染、水污染的作为和不作为”,甚至有澳大利亚的学者认为,澳大利亚环境保护刑事实施中对“污染行为”的定义应该是“改变空气、水等环境要素的物理、化学或者生态条件的所有行为”。

第三,入刑标准的高低不同。我国环境污染行为的入刑标准比较高,即只有对环境的极为严重的污染行为才会受到刑法的调整,而一般的环境违法或者环境侵权行为等只会受到民事法律或者行政法律的调整,但澳大利亚环境污染行为的入刑标准则相当低,因为它将环境方面的犯罪分为了轻微犯罪,即非故意的造成了轻微的环境污染,或者对他人的环境权益造成了一定程度的损害,而这种损害是可以修复的;犯罪,即故意或者过失地造成了环境污染,且这种环境污染已经较为明显地导致了生态环境的破坏,给人们的身体健康或者生命安全带来了威胁或者给人们的财产造成了较大的损失;严重犯罪,严重犯罪的情况在澳大利亚的法律中通常是明确列举出来的,例如,新威尔士州环境保护法中,将因故意或者过失,造成有臭氧层破坏能力的物质泄漏的行为,认定为严重的环境犯罪行为。

二、环境保护的主要措施

(一)构建了较为完善的环境保护法律体系,加强环境执法

澳大利亚的环境保护方面的立法在很早的时候就已经产生了。早在20世纪60年代,澳大利亚就已经颁布了有关环境保护方面的法律,仅仅比世界上第一个颁布环境保护相关法律的国家——英国,晚了几年而已。澳大利亚

环境保护法律体系的完善，体现在几个方面：一是既有成文法，也有普通法。成文法从制度上设计环境保护的方式和惩治环境污染行为的手段，而普通法则为特定情况下的环境纠纷案件提供了解决问题的办法，在案件的情况与普通法中的案例的类似程度相当高时，法官会采取普通法。可以说，环境保护成文法与普通法的结合，既解决了环境保护中的一般问题，也解决了环境保护中的一些特殊问题或复杂问题。二是既有联邦环保法，也有州环保法，联邦环保法的产生，在一定程度上对澳大利亚的环境保护事业起了统筹的作用，比如，统一澳大利亚全国的环境标准、设定最低环境保护底线、树立环境保护原则与理念，而州环境保护法，则是每个州根据自己所处的环境情况（澳大利亚境内包含了海洋环境、陆地环境，也包含了高原环境、平原环境、丘陵环境、山脉环境，也包含了沙漠环境、森林环境、雨林环境等），在不违背联邦环境保护法的前提下，制定与自身实际情况最为贴近的具体的环境保护法，可以说，联邦环境保护法与各自治州环境保护法的结合，使环境保护工作既有大方向上的引导，又能够很好适应澳大利亚各个地区的环境状况。三是环境保护法律制定和法律执行的专门化程度比较高，这是指澳大利亚的环境保护相关的法律，包括法律的实施手段，全部都是集中在环境保护相关法律里，不会散见于其他部门法，这既便于法官寻找法律依据，又有效地避免了法律之间的冲突，确定了环境保护法在环境保护方面的绝对权威。同时，澳大利亚为环境纠纷案件设立了专门的环境法院或者环境法庭，使环境司法的水平得到了很好的保障。

（二）鼓励社会公众自觉保护环境，追求环境保护的全社会参与

澳大利亚不仅有比较完善的环境保护法律体系，同时也有健全的环境公益事业保障体系，这些制度高度肯定了环境公益行为的意义，并为环境公益事业在政策、资金、保险等方面提供了大量帮助，使澳大利亚的环境保护公益行为既能够得到全社会的广泛关注和认可，同时也能现实地得到物质方面的充足支撑，这极大地保障了澳大利亚环境公益活动的积极性。同时，澳大利亚的各个州在制定城市规划时，都会在每个居民点周围设计城市园林或者绿地，一方面是秉承绿色城市建设的理念；另一方面鼓励城市居民，将自己居住地点周围的绿地积极地利用起来，种植树木或者蔬菜，这使澳大利亚的城市居民，习惯于生活在充满绿色植物的环境里，同时又将绿色植物融入自己的日常生活当中，比如，澳大利亚还提供了很多开放式的园林，供空闲的人们（主要是退休后的老人）来这里休闲娱乐，这使澳大利亚的很多老人在空闲时最喜欢干的一件事就是去做园林维护。

（三）重视环境保护教育

澳大利亚的环境保护教育有以下几个特色：一是全阶段的环境保护教育，澳大利亚的环境保护教育从幼儿教育课程一直延续到了高等教育课程，使学生在每一个阶段的成长过程中，都会有环保理念的输入；二是重视环境保护实践，在澳大利亚，几乎每一个学校都会利用自己周围的环境资源，使之能为学校提供专门进行环境保护实践的地方，同时在课程安排上，保证学生每周都会参与环境保护实践；三是有力地推动教育环保实践与其他社会领域相结合，学校能够利用到的社会资源毕竟是有限的，因此，在很多情况下，若要举行有质量、有新意的环保实践活动，往往需要借助社会其他机构的力量，如环保署、海洋署、旅游与环境管理局等。

（四）生态公共产品的有效推广

澳大利亚的生态公共产品的有效推广，离不开其他环境保护措施的支持。具体而言，澳大利亚的生态公共产品产业有以下几个特点：一是充足的资金支持，不论是澳大利亚联邦还是各自治州，在政策制定的时候，都会为环境保护工作划拨专项资金，专项资金的名录中就包括了生态公共产品的推广；二是生态公共产品发展的半商业化运作，各自治州会对本州内的生态公共产业的发展起主导作用，同时提供资金支持、保险保障、宣传优先、政府采购等优惠政策，吸引商事主体具体地承接生态公共产品的生产；三是给全州范围内的产品，设定环境标准，同时为社会上的部分主体，设定生态公共产品购买比例，这就使得由政府主导的半商业化生产的、环境保护水平更高的生态公共产品，较同类的其他商品而言，在成本和行政审核上更占优势，同时，对社会上的部分主体，如学校、警察署、环保署、海洋署等设定生态公共产品购买比例，这就使得生态公共产品的生产不需要有供需失衡的担忧。

三、存在的问题

（一）政府指导缺位

1. 政府重 GDP 增长，忽视政府环境责任

政府将官员的升迁考核与完成经济指标、促进 GDP 的增长相关联，促进 GDP 的增长作为官员政绩或者履历上的加分点，甚至在部分地区，促进 GDP 的增长是官员的唯一政绩考核标准。发生在湖南省岳阳市的水体污染事件就是一个很好的例证，该事件经过调查，因为该企业是地方经济支柱企业，在污染发生的前一年，湖南省岳阳市的市委市政府授予了该水体污染企业“重点

挂牌企业”称号，环境监督检查因此一路开绿灯，最终导致了悲剧的发生。徽县血铅超标事件的肇事企业是在当地政府的扶持下通过的相关环评监测，并由于其带来的巨大经济效益被当地评为“首批重点保护企业”，更让人匪夷所思的是当地政府竟然在相关文件中规定未经过政府的特别授权，不得到重点保护企业中进行检查，使企业可以随心所欲排污，而不用担心环境部门的监督检查，专心发展经济。

在我国的“十二五”规划中，大多数的经济指标、技术指标都已超额完成，但关于环境保护的相关指标大部分是未完成的，不仅仅是在“十二五”期间，在“十一五”“十五”计划中的环境指标也都处于未完成状态。[①] 有些地方政府，片面地理解“以经济发展为中心”，为给当地带来经济效益的企业充当“保护伞”。GDP 是官员们升迁的硬指标，是看起来最直观、最动人的，环境指标仅仅是升迁中的加分选项，并且环境污染的治理往往会持续十几年甚至几十年之久，治理需要数代政府官员的努力。因此，官员们重 GDP 增长、轻政府环境治理责任也不足为奇了。

2. 政府环境治理重权力轻义务

我国环境相关部门在提出制定或修改每一部环境法草案时初衷是强化政府的环境责任，但其强调的政府环境责任是政府环境权力和政府环境职权。[②] 其主要表现在现行的环境法律法规都在强调地方政府在环境管理方面享有的权利，而对其应履行的义务却很少提及。根据权力与义务对等的原则，地方政府在环境法规定享有的权力与履行的义务应当是对等、平衡、协调的，但在我国现行立法中，环境法对政府的权力设定多，规定的义务少，政府的环境义务往往被边缘化。这种边缘化又导致了政府以管制为重，强调在环境立法中政府的权力本位；规定了政府在环境监管中的权力，但对政府在环境治理中的义务却很少提及；在政府对环境权力运用的方面规定得十分详细，但在政府服务型环境立法制度上相对欠缺。

法律具有政策的导向性，在我国的环境立法上，环境立法部门重视政府环境权力，轻视环境治理的义务，环境职责或义务处于一种长期被边缘化、被忽视的状态，也难怪政府和政府官员不能明确自己在环境污染防治工作中应履行的具体职责，政府官员将环境监察的规定视为无物，保护环境成为一句空

① 参见蔡守秋：《论政府环境责任的缺陷与健全》，载《河北法学》（第 26 卷）2008 年第 3 期。

② 同上。

话，环境污染的治理更是天方夜谭，与此同时因为环境责任的不到位，政府追责也无从谈起。

3. 政府间的环境责任不明确

政府间环境责任不明确体现在两个方面：一是地方政府的环境责任过重，中央政府环境责任较轻；二是政府机关环境责任过重，其他国家机关的责任较轻。

其中，地方和中央的责任划分不清又表现在以下几个方面：在环境立法的层面上，地方政府的环境责任的规范往往十分具体，对于中央政府的责任的规定往往只是在思想理论层面，具体实际的责任较少，并且从总体来说，关于中央政府法律责任的条文总体数目过少；在环境污染治理的层面上讲，地方政府的环境责任能力，如环境决策权、环境执行权、环境财政能力，都是较弱的，中央虽有较大的环境责任能力，有较大的自主权，但是中央在环境污染治理中不能很好地行使其监察、统筹的优势，这也导致中央和地方环境问题上不相适应。

政府环境的管理部门责任重大，而其他部门责任较轻主要表现为：在环境相关法律的规定中，政府环境行政机关的环境责任规定的十分具体，但关于环境公益诉讼、环境行政诉讼等有关司法机关的责任的规定又甚少。但在欧美等发达国家里，重大的环境事故都是通过环境司法途径解决的，司法途径是有效制止环境违法行为并解决环境污染问题的最可靠也是最后的保障。但是在我国，因为环境司法方面的立法不够完善，在环境行政机关权力无法触及的地方，受害者往往面临着诉讼无门的境地。

（二）法律制度缺失

截至2015年，我国已经制定了以《环境保护法》为首的9部环境法律，8部环境行政法规，29部环境部门规章，900多项国家环境保护标准，地方政府规章、地方性环境保护法规更是多达上千部。到2016年1月1日，《大气污染防治法》《危险废物规范化管理指标体系》《第四阶段燃油标准》等一系列环境法律法规、政策标准都将付诸实施，从这一点来看，目前中国已经逐步形成了环境法体系。虽然我国环境法在数量上已经可以与欧美等发达国家相提并论，但我国所颁布的相关环境法律往往缺乏可操作性，立法往往仅规定一些抽象的原则，缺乏配套的、具体的、可实施的细则。就拿最新的、万众瞩目的《大气污染防治法》来说，该法第9条规定，“国务院环境保护主管部门或者省、自治区、直辖市人民政府制定大气污染物排放标准，应当以大气环境质量标准和国家经济、技术条件为依据”，此条仅规定了一个众所周知的协调原则，相关标准制定的细则却不见了踪影。怎么以国家经济、技术条件为依据，如何评判这个标准是否合适都没了下文,连标准是否合适都无法保证,那又如何保障之后的大气污染治理卓有成效呢?

与此同时我国的经济高速发展带来问题的速度远远高于环境立法的速度,往往旧的问题得不到解决,新的问题又会产生。例如,我们谈之色变的“雾霾”是在2011年产生的,虽在舆论的巨大压力之下,2015年8月《大气污染防治法(草案)》被提出,从问题被发现到相关立法的出台历经了4年之久,这已经在我国立法上算十分迅速的了。对此,国家环境保护部原副部长潘岳曾明确指出:“我国环境立法虽多,但管用的极少。在各部门中环境保护的法律是最多的,但是真正采用的极少。”由此,我国环境法律体系形成了一个怪圈:环境问题产生,现行的庞大环境法体系无法解决,开始制定新法,新法规定抽象呆板,又无法规制新的环境问题,又得立法。这犹如一个封闭的阿莫比斯之环一样,陷入走不出的困境。

(三)责任机制设置不完善

1. 环境信息公开制度不完善

环境状况和环境污染事故的公开,明确规定于2015年1月1日正式生效的《环境保护法》中,其规定的必须公开的信息还包括政府环境保护目标完成情况考核结果、建设项目的环境影响报告书全文、环境质量、监测、突发事件、环境行政许可、行政处罚以及排污费的征收和使用等。其他相关立法虽对环境信息的公开进行过部分的规定,但存在政府和企业环境信息公开范围过于单一、表达过于模糊、公开范围不够具体的问题。并且在相关法条中,我们只能了解到要公开的环境信息,但不知道在何种范围内公开、公开到何种程度、通过何种方式与渠道进行公开。地方政府的环境监测手段单一、成本高昂,并且地方政府面临着执法能力不足的问题。尤其是在系统性建设环境监测体系方面,地方政府的相关措施与全面、准确检测污染源不相适应。此外,地方政府在污染源监管信息公开方面手段落后,与社会发展不相适应,对于污染企业缺乏治污奖励激励机制。《环境保护法》规定的履行环境信息公开法律义务的主题仅限于国务院和省级政府的环保部门。环境相关法律规定的环境信息公开范围有限,即使是与民众息息相关的大气污染信息,仅涉及公众应获取环境信息的一部分。单行环境立法仍需扩大环境信息公开义务主体范围,扩宽公众环境信息的来源。

2. 公众参与环境管理难

公民获取环境信息只是一种基本的环境管理手段,其最终目的是使公民在享有并行使知情权的基础上,参与环境决策和管理。在我国,公众参与主要是参与对相关的项目在实施后可能对周围环境、人员的影响进行分析、预测、评估,从而确定有效的对策和措施,并进行长期的检测监督。环境信息的有效公开与公众参与环评是公众与项目建设单位、环评审批机构、政府有关部门进行双向沟通交流的渠道。而在我国现行立法中,对环境影响评价过程中信息公开的质量不高,难以保障公众参与机制的实现。

3. 政府环境执法与监管不力

在环境执法中,对造成环境事故的相关违法企业和直接责任人,我国环境法对其处罚方式单一、惩处力度不够、处罚金额也相对较小,有时违法成本甚至要高于守法成本。而对那些地方性的经济支柱企业,地方政府也缺乏强制性的惩处措施。在前文中已经提到了,与中央政府相比,地方政府的环境自主权较小,这因此也导致了地方政府的环境主管部门缺少对造成环境违法的企业实施停产、关停的权利。地方环境主管部门一方面,需要其他部门来协调对违法企业进行惩处;另一方面,环境主管部门在对地方经济支柱企业进行处罚时,容易受到地方政府及当地社会的舆论的压力,地方环境主管部门往往两面不讨好,执法困难。与此同时,环境执法过程中地方保护主义盛行,保护环境仅仅是地方政府众多工作指标的一环,在面临经济发展与保护环境不相兼容时,保护环境时常被地方政府视为"因噎废食"之举,在两难的境地面前,保护环境被抛之脑后。这使政府环境部门的环境权力在日益扩大的同时犹如屠龙之术,毫无用武之地。

4. 政府环境责任的追责机制不健全

问责是指对各级人民政府及其所管辖的行政公务人员承担的各种职责和义务的履行情况进行经常性、制度化的审查,对不履行或者不正确履行的,依据法定程序追究其责任,使其承担不利后果。行政问责制度可以被简单地概括为追究消极层面上的政府责任的一系列的制度总和。[①] 所谓环境问责制,就是依据一定的法定程序,对政府部门积极履行环保责任的情况进行绩效考核,对应负担环境责任的各级地方政府、政府部门主要负责人及其他的相关公职人员由于行政不作为等原因造成的违法失职行为,依法追究其行政责任的法律制度。按照问责主体的划分,可以分为立法问责、司法问责、行政问责,就

① 参见钱水苗:《政府环境责任与〈环境保护法〉的修改》,载《中国地质大学学报》2008 年第 2 期。

这3个方面来说,我国问责机制十分不健全。

立法问责的权力来源于我国《宪法》第3条的规定,国家行政机关、审判机关、检察机关都由全国人民代表大会产生,对它负责,受它监督。立法监督在问责机构中有较高的权威和较强的主动性,可以充分发挥问责效果,但在现实上,立法机关问责往往难以启动,问责机制形同虚设,立法问责的不健全表现在以下几方面:一是缺乏专门的环境机构进行问责,根据上文的《宪法》条文,全国人大和全国人大常委会有权对环境部门进行问责,但是全国人大每次会议持续时间较短,很难形成制度化、规范化的对环境责任进行监督的机制,并且全国人大常委的立法任务繁重,很难对环境部门进行系统性的问责。二是问责的手段较为单一,人大对于环境问责常采取的是运动式突击大检查,缺乏常态化、正常化的问责机制。在运动式的大检查中仅采取听证、审议、询问、质询等表面化的检查手段,未更加深入地挖掘,使问责仅流于表面、流于形式,立法问责难以有效履行其职能。

行政问责是政府机关内部的监督与检查,与蜻蜓点水般立法检查的相比,行政问责是一种常态化的监督,也是在问责中更加有效的一种。但行政问责也存在着一些不足之处:一是行政问责没有形成制度化、体系化的监督管理机制,问责部门的随意性较大。二是行政处罚的力度较小,我国只在2015年1月1日正式生效的《环境保护法》第六章法律责任中规定了可以追究民事、刑事与行政责任,但由于相关的民事、刑事、行政责任细则的缺乏,使在实际追责过程中可操作性较弱。虽规定了可以追究民事与刑事责任,但由于相关的民事、刑事细则的缺乏,使得在实际追责过程中无法可用。三是由于部门机关之间存在内部行政隶属的关系,上下级有着共同的利益,一荣俱荣,一损俱损,往往雷声大,雨点小,相关的恶意行政相对人难以得到处罚。

司法问责是问责的最后一道防线,可以持续、常态化地对环境部门进行问责,而且司法机关处于一个"旁观者"的位置,问责结果较为公正,但是与其他两种可以主动提起的问责相比,司法机关遵循着"不告不理"的原则,司法问责的启动十分被动。另外,司法问责的启动是依靠着行政诉讼的方式进行启动的,但我国行政诉讼种类主要包括撤销之诉、变更之诉、履行之诉、确认之诉、赔偿之诉五大类,可诉范围十分狭窄,公益诉讼、抽象行政行为更是被排除在行政之诉之外,司法问责更是难以启动。

第四章　反思下的中国发展路径选择

第一节　我国相关制度变革机制的价值目标

一、构建服务型政府

(一)服务型政府概述

在2003年10月党的十六届三中全会通过的《中共中央关于完善社会主义市场经济体制若干问题的决定》提出:“深化行政审批制度改革,切实把政府经济管理只能转到主要为市场主体服务和创造良好发展环境上来。”在此基础上,时任总理温家宝于2004年2月在讲话中首次提出了“服务型政府”的概念,[①]之后在党和国家的会议上,“努力建设服务型政府”被不断重申,其内容与含义也在不断地被扩充与丰富。其中,2011年“十二五”规划为“服务型政府”的建设提供了明确的方向和手段。[②]

---

① 参见刘建美:《服务型政府》,载中国共产党新闻网:http://dangshi. people. com. cn/GB/221024/221027/14907461. html,最后访问日期:2015年8月23日。

② 规划指出建设服务型政府就是要“发挥政府的主导作用,强化社会管理和公共服务职能,提高服务型管理能力。发挥人民团体、基层自治组织、各类社会组织和企业事业单位的协同作用,推进社会管理的规范化、专业化、社会化和法治化。广泛动员和组织群众依法有序参与社会管理,培养公民意识,履行公民义务,实现自我管理、自我服务、自我发展”。

服务型政府不可简单归结为西方社会适应工业化社会所产生的“有限政府”“民主政府”“责任政府”等概念,它诞生于中国的特殊国情中,是中国在改革开放、工业经济迅速发展与全球经济进入后工业化时代的背景下做出的及时应变。

作为一种面向后工业化现实的政府模式,服务型政府强调政府提供社会服务的这一职能,与之相对应的是管制型政府,强调以政府管制手段控制、管理社会为特点。服务型政府是在政府改革与角色重塑的过程中提出的概念,其定义亦呈现出动态发展的状态。有学者认为:“服务型政府是一种基于民主政治,适应于现代市场经济并能够服务社会和服务公众的政府模型。”有的学者认为:“服务型政府是在公民本位、社会本位理念指导下,在民主制度框架内,把服务作为社会治理价值体系核心和政府职能重心的一种政府模式或曰政府形式。”①

本书总结服务型政府的共同特征有以下几点。

1. 强调政府职能重心的转移

我国自改革开放以来以经济建设为中心,大力发展生产力,政府模式为经济型与管制型政府,如今经济增速逐渐放缓,政府已从内部开展深化改革,逐步转变为服务型政府。与之对相应的是政府职能从经济领域向公共服务领域的转移。其中,服务于民应当作为政府行政行为的一种基本理念与价值追求,作为规则、制度制定的主要依据。政府将自己定位为服务者,贯彻服务精神,调节资源配置时将其所掌握的大部分社会资源用于社会服务,满足公众对公共产品的需求。

2. 提倡民主,注重公民参与机制的构建

“服务”一词意为“主体满足客体利益与需求的事物、行为及过程”,②其中,服务主体为政府,客体为社会组织与个人。在这个意义上,本书认为建设服务型政府,不仅要认识到政府主体改革和有所作为的必要性,也不能忽略公民和社会组织的回应与反馈,并以此作为政府改革的指南针。因此,构建服务型政府应建立公众反馈机制,坚持公众参与原则,这包括三个方面的内容:第一,保护公众的知情权。第二,维护公众的决策参与权,即公众有参与政府决

① 廖晓明、黄毅峰:《论我国政府在公共服务供给保障中的主导地位》,载《南昌大学学报》2005年第1期。

② 同上。

策、表达自己的利益诉求的渠道和权利。第三,保障公众监督权,其中既包括公众监督政府及其工作人员行政行为的合法性,也包括公众利益受损时寻求行政或者司法救济的权利。

3. 信任与合作是服务型政府的要素

服务型政府的意义在于,政府与社会之间的关系不是自由放任,也不是干预管理,而是引导与被引导、服务与被服务的关系。例如,在准生态公共产品的供给中,政府没必要完全介入供给链条的各个环节,在生产阶段,与社会成员如企业合作共同提供生态公共产品,在维护和治理阶段亦可适当地将部分职能分解外包给其他市场主体,可以看出,政府的主要角色是引导者、服务者和监督者。在这一行为模式下,政府既高效地履行了社会服务职能,又将社会利益归还给社会成员,与社会成员形成平等互利的平行关系。

(二)服务型政府与生态公共产品供给的政府责任

亚当·斯密认为,政府职能包括了国防、建立和维护以保护私人产权为核心的法律体系以及提供公共产品与服务。除以上领域外的领域,无须政府干预,在自身利益驱使下的个人能够自发地参与交易,实现资源的最优配置。服务型政府的构建借鉴了亚当·斯密的理论,且政府职能侧重于公共产品与服务的提供与保障,其中就包括生态公共产品的提供。提供和生产生态公共产品是政府环境保护职责的重要组成部分,体现了政府从重视经济与社会管制向提供社会服务职能转型的所作出的路线调整与价值突破。同时,是否能够有效地向公众提供生态公共产品也成了检验服务型政府职能履行好坏的又一指标。

生态公共产品供给的政府责任机制应以构建服务型政府为根本目标与价值导向。

根据《环境保护法》的规定,我国现有的政府环境管理机制主要有:现场检查制度、环境保护目标责任制和考核评价制度、总量控制、排污权许可管理制度、“三同时”制度等。以上环境保护的方式多为行政管理手段,可见在环境保护领域,公权力特别是国家公权力通常以行政管理手段进行环境保护、监督。这是由于环境本身具有非竞争性与公共性特点,市场无法对这一公共资源进行有效配置,因而需要代表公共利益的政府来弥补这一缺陷。然而,这是建立在国家机器本身完美的假设之上的,政府干预不到位、政府干预错位、政府干预不起作用也挑战着公众对公权力权威的信任。并且,在现实层面,环境管理部门所采取的强制性行政干预措施诸如行政命令、直接干预、强制执行往往简单、粗暴,缺乏灵活性。由"管制型政府"导出的政府干预方式已不能满足公众对生态公共产品、环境保护的期待,在生态公共产品的供给中,政府常常出现供非所求、供不应求的情形。各级政府提供的生态公共产品质量参差不齐,部分作为形象工程和绩效工程存在,无法满足公共利益的需要,更有甚者从自身利益出发,建设豆腐渣工程,极大地浪费社会资源。

制度设计源于顶层的执政理念与原则。我国从20世纪70年代起所推行的管理型政府模式使政府在环境保护领域较多地采取行政强制手段,公权力干预、渗入,并以管控社会秩序、发展经济为目标,公共服务和产品供给让位于经济发展,由此造成生态公共产品供给迟缓、低效的现状。服务型政府理念的提出表明了经济建设、生态建设、社会建设被党和国家提至同一水平高度。这一价值理念指导并监督着政府的职能与工作方式的转变,在政府内部形成高效民主的职责运行模式,减少政府失灵的情况。并且,服务型政府理念敦促政府不断增加生态公共产品和公共服务供给以满足日益增加的公众环境需求。

服务型政府本身有着民主与平等的价值理念的内涵,这使政府与公民的纵向管理控制关系转变为横向沟通合作的模式,符合政府经济运行规律的市场经济规律作用于生态公共产品的供求关系,供求双方能够有所预见地进行交易以寻求目标实现。这一模式推动着政府转变单一、低效的生态公共产品供给模式,主动向社会提供高质量的生态公共产品以满足双方各自的利益需求。具体影响可显现为生态公共产品的供给主体呈现多元化、供给方式呈现多样化、供给过程的透明化以及之后的信息反馈及时性。

制度的保障是将构建服务型政府作为价值目标的生态公共产品政府责任机制必不可少的组成部分,构建具有法律约束力的公共服务供给关系应当首先明确政府在保障公共服务供给的法定职责。因此,在立法上加强生态公共产品供给的政府责任,包括民事、行政和刑事责任以及责任监督和追究机制,是生态公共产品政府责任机制构建的题中之义。

二、体现公权性

(一)公权与私权

公权亦被称为公共权力,与私权相对应。从法理学角度出发,公权与私权在法律上体现为由公法与私法进行调整,建立在传统公法与私法二元法律机构划分基础之上。[①] 公私法的划分最早由古罗马法学家乌尔比安提出,《查士丁尼法典》中的《法学总论——法学阶梯》写道:“公法涉及罗马帝国的整体,私法则涉及个人利益。”由此,在法律上,国家活动与私人活动之间划定了一条比较明确的关系。法律调整范围和调整关系的区分奠定了公权与私权的划分基础。

近代自然法学派以霍布斯、洛克、卢梭为代表的法学家提出的“自然状态”“社会契约”为公权与私权的区分提供了理论依据。在他们看来,先于国家而存在的个人生活在自然状态中,为了自我保存,人们争夺有限的资源而进入了战争状态,单个人对单个人的战争导致的死亡违背了自我保存的生命本能,因此人们开始寻求一种内在的力量以克服自然状态中的阻力——组建一种结合形式,将个人权利部分让渡给这个共同体,使这个共同体既能够维护每个共同体内人们的生存又不至于侵犯他们的自由。在这一过程中,人们所让渡的个人权利组成了公共权力,而这一共同体在现代社会形成了国家。

因此,不难看出公权是原子式的个体让渡权利的结果,在一定程度上来说,是一个个私权的集合,并由国家把控。国家的出现意味着公共权力的诞生。国家公权在以政治统治为治理中心的社会阶段被认为集中了社会上的一切公共权力。[②] 而国家作为一个抽象概念,需要有职能部门将权力实体化,因此,通常由法律授权的政府来行使公权力。

在这一语境之下,本书认为公权可以定义为,区别于公民个人权利的、主要由国家或国家通过法律授权的机关所行使的社会治理与国家管理的一切权力的总和。其主要特征有以下几个方面。

1. 以服务公共利益为目标

公权来源于公众,主要由政府机关行使。因此行使公权内在地蕴含着服务公众、满足社会需求、维护公共利益的要求,否则难以解释公权成立和行使的合法性。同时,能否服务公共利益也检验着政府机关能否作为合格的公众代理人,也解释着政府机关本身存在与权力行使的正当性。

2. 具有一定强制力

公权的强制执行力来自权利主体的机构设置、职能分布,主要诉诸专门的

---

① 参见张锐智:《罗马法学家关于公法私法划分的意义与启示》,载《辽宁大学学报》2013 年第 1 期。

② 参见王京:《论我国公证制度的公权性》,对外经济贸易大学法学院 2005 年硕士学位论文,第 19 页。

国家机构的强制实行。各国政府在利用公权力履行社会管理服务职责时，或多或少地通过所设置的机构如司法执行局、警局等，凭借公权以及机关自身的权威，使公民为或不为某种行为或者为其行为后果承担对应的责任。

3. 由法律明确规定

公权天然地具有扩张性，并且掺杂了政府机关工作人员本身的意志，因此，不排除公权侵害公民权利的潜在可能，又由于前述公权强制性特征，使其对个人权利的危害后果有可能加剧。因此对公权的存在与运行，有必要通过法律的明文规定加以约束，让权力在制度与法律的框架下运行。

（二）生态公共产品中的公权性

在实然层面上，在生态公共产品的生产、消费、维护、治理的阶段一般均有公权力介入，生态公共产品的供给链条被置于国家的宏观调控下。以青海三江源自然保护区为例，《关于请尽快考虑建立青海三江源自然保护区的函》于2000年2月2日下发青海省，青海省人民政府同时下发了相应的规划意见，并展开研讨会、实地考察。至2010年，长达10年的三江源生态保护和建设工程取得了良好的成果，其中的生态系统宏观结构局部得到改善，草地退化趋势得到初步遏制，草畜矛盾趋缓，湿地生态功能逐步提高，湖泊水域面积明显扩大，水土保持功能开始提升，提供了惠及西部乃至全国的生态公共产品。

而在应然层面上，本书主要从权力行使主体、权力来源、作用与职责3个方面，论证生态公共产品的供给天然地包含着公权性特征且应当以体现公权性作为价值目标。

1. 从权力行使主体来看

自然型生态公共产品如森林、矿产等所有权主体已在法律中有明确规定，由国家或集体所有。[①] 国家或集体对自然型生态公共产品享有占有、收益、处分的权利，这是在私法层面的权利，但由于自然型生态公共产品本身具有的生态效益与社会效益往往高于经济效益，并且国家所代表的是社会集体利益，因此国家在公法层面亦应当被授予维护、治理自然型公共产品的权力。同时，由于自然型生态公共产品如生态保护区建设、退耕还林等项目需要长期投资，具有短期难以得到回报等特点，企业或个人的供给意愿和能力较弱，因此自然型生态公共产品供给的责任往往由国家承担，并由政府进行有效供给。

类似地，对于制度型生态公共产品，因涉及立法权限、国家环境基本战略

① 参见我国《宪法》第9条。

与政策，它们的供给必须要依靠政治性决策或社会选择，必须要由政府肩负生产和提供的双重身份。① 而大多数的物质性生态公共产品具有非竞争性、外部性的特征，市场主体无法从中获得最大化利益，供给的积极性低，依托政府提供和生产也属常态。并且，由于生态公共产品往往涉及公共利益，故应当由公众委托人，即政府，监督其供给。从权力主体来看，公权的行使主体是国家或者法律授权的国家机构（在此我们统称为政府）。根据生态公共产品的种类，政府在其供给过程中充当了不同但至关重要的角色，而政府的主要力量来源——公共权力，也在权力主体行使权力时不断地渗入，成为生态公共产品政府责任机制的内核。

2. 从权力来源和目标来看

如前文所述，公权力来源于公民，目标是为公共利益服务。根据“权责统一原则”，拥有了公民的集体授权的政府在享受权力的同时，也应当承担与权力相一致的职责，向社会有效供给生态公共产品是其职责的重要组成部分。生态公共产品的供给是否有效，公共利益是否得到最大化的实现，是检验公权力存在的必要性与运行的合法性的重要标准。由于生态公共产品的受众往往为较大区域范围内的不特定多数人，它的有效提供也意味着公共利益的实现，体现了公权力的内在目标。

3. 从作用与职责来看

公权的核心价值是维护公民利益，预防和解决纠纷。部分生态公共产品供给涉及的利益集团众多、关系较为复杂，政府这一生态公共产品的主要供给主体也牵涉其中，现在往往是经济贫困地区竞相利用生态公共产品作为招商引资的筹码，以区域内的生态资源作为代价换取经济的短期与发展，损坏生态公共产品的供给。② 这一现实的矫正需依托公权维护公共利益的价值目标。这要求政府在提供和生产公共产品时考虑长期的区域利益和公民利益，平衡生态公共产品的经济效益与社会生态效益。

从经济学的角度来看，市场无法有效供给生态公共产品，而政府作为一个不以盈利为目的公共服务机构，能够以自身独特的国家利益视角和资源集中能力较好地解决供给问题，进而达到维护公共利益的最终目的。因此，从政府

① 参见崔旺来、李百齐：《政府在海洋公共产品供给中的角色定位》，载《经济社会体制比较》2009 年第 6 期。

② 参见杨筠：《生态公共产品价格构成及其实现机制》，载《经济体制改革》2005 年第 3 期。

的职责出发,生态公共产品的供给内在蕴含着公共权力,体现公权性。

以体现公权性作为产品供给的价值目标,意味着强化政府等公权力机关的生态公共产品供给能力和责任,并以公权力的强制性为公共利益的实现护航。

三、两大价值目标在现行框架内的可行性

(一)两大价值目标在现行框架内的政治可行性

构建服务型政府和体现公权性两大价值目标是在法治社会建设下,针对政府这一生态公共产品供给的主要责任主体提出的职责要求与权力限制,既符合建设中国特色社会主义生态文明的基本纲领,又体现"以人为本"①的指导思想。

建设生态文明,是关系人民福祉、关乎民族未来的长远大计。中国特色社会主义生态文明建设体现了和谐发展、全面发展、可持续发展和循环发展的思想。党的十八大提出的大力推进生态文明建设总体要求的核心和实质,"就是要建设以资源环境承载力为基础、以自然规律为准则、以可持续发展为目标的资源节约型、环境友好型社会"。② 根据公共信托理论,当代人将环境作为标的委托给政府,政府代表本代人行使权利,而环境权属不发生改变。因此,政府有介入生态公共产品供给链条的权力以保护委托人共同的环境利益,但这一公权力的行使是在委托人的授权之下完成的。根据"权责统一原则",政府还要尽善良管理人的义务,承担保护环境供给生态公共产品给环境所有权人的责任。建设中国特色社会主义生态文明对政府的要求是为当代人乃至下一代人提供良好的环境作为生态公共产品,并辅之以其他环境维护、治理的服务。

人民是国家的基本要素,有了人民才能形成一定的社会基本结构。同时,人民也是国家行使权利的对象,没有这一条件,国家就不可能形成和存在。服务型政府和公权性是"以人为本"的指导理念孕育出的价值目标。"以人为本"为两大价值目标贡献了牵制政府公权力、建设有限政府的关键——人民群众的根本与切身利益。构建服务型政府是为了向人民提供高效的公共服

① 胡锦涛同志指出"以人为本"的内涵和要求是"以实现人的全面发展为目标,从人民群众的根本利益出发谋发展、促发展,不断满足人民群众日益增长的物质文化需要,切实保障人民群众的经济、政治和文化权益,让发展的成果惠及全体人民"。

② 《十七大以来重要文献选编》(上),中央文献出版社2009年版,第109页。

务，与人民建立起合作、信任的平行平等关系，而体现公权性的目标是为了实现和维护公共利益，其中，公共利益的本质是人民根本利益的集合。因此，两大机制目标符合了我国的政治体制与治国理念，与我国的环境保护和谐社会理念以及“简政放权”的方针具有一致性。

（二）两大价值目标在现行框架内的制度可行性

宪法所规定保护环境的国策，环境法律制度和相应的行政法律制度的完善为两大价值目标的实现提供制度保障。

宪法是我国法律规范体系中处于最高位阶的法律。《宪法》第26条具有统领性地规定了“国家保护和改善生活环境和生态环境，防治污染和其他公害”，在宪法层面对国家施加了保护和改善环境的职责。国家作为一个抽象概念，需要存在执行机构完成具体职能，因此，这一为公众提供良好环境以及相关服务任务就转移至政府，这为政府转变职能提供了宪法上的法律依据。相应地，在授予国家公权力以履行职责的同时，又规定了民主集中制的原则以限制公权力的扩张，为体现公权性这一价值理念提供了合法性与界限。并且，结合我国宪法有关规定，①对于公民而言，他们在宪法层面上有权享受国家所提供的与环境保护有关的服务并享有知情权、参与权和监督权，与“服务型”政府理念中的公众参与要素不谋而合。

在中国的现有环境下，环境保护事业的主要推进主体是代表公共利益、行使公权力的政府。因此，环境基本法和单行法通常对政府和其机关课以更重的责任，成为以服务型政府和公权性为价值目标的政府责任法律体系的重要组成部分，同时也为其提供了现实制度的支撑。我国的环境保护法中规定了环境保护目标责任制和考核评价制，这要求地方各级政府采取有效措施，改善环境质量，环境目标开始成为对政府的重要考核内容之一。② 这两个制度将

① 《宪法》第41条指出：“中华人民共和国公民对于任何国家机关和国家工作人员，有提出批评和建议的权利；对于任何国家机关和国家工作人员的违法失职行为，有向有关国家机关提出申诉、控告或者检举的权利，但是不得捏造或者歪曲事实进行诬告陷害。对于公民的申诉、控告或者检举，有关国家机关必须查清事实，负责处理。任何人不得压制和打击报复。”

② 《环境保护法》第6条规定：“地方各级人民政府应当对本行政区域的环境质量负责。”地方各级政府应当根据环境保护目标和治理任务，采取有效措施，改善环境质量。未达到国家环境质量标准的重点区域、流域的有关政府应当制定限期达标规划，并采取措施按期达标。并且，我国实行环境保护目标责任制和考核评价制，规定县级以上人民政府应当将环境保护目标纳入本级政府负有环境保护监督管理职责的部门及其负责人和下级政府及其负责人的考核内容，考核结果也应当向社会公开。

环境保护任务与政府及其主要负责人的工作绩效挂钩,结合理性经济人的基本假设,大大提高了政府的工作效率。而作为环保工作的主要主体,环境保护部门的主要职责包括:(1)编制环境保护规划;(2)制定国家环境质量标准和污染物排放标准;(3)建立健全环境监测制度;(4)依法审批建设项目环境影响评价文件,依法实施排污许可管理制度;(5)环境保护的日常执法工作;(6)依法公开环境信息。

行政法是国家法律体系中一个重要的部门法,调整基于公共行政权力行使而产生的各种社会关系。行政法通过设置、控制和规范行政权的运行以让行政权这种公法权力服务于社会、服务于民。因此,"控权"和"服务"是构架行政法的两个基本价值观念,与两大价值观念的核心构成要素不谋而合。其中,控权是行政法的先天基因,服务是行政法的后天品质。① 行政权力应当根据法律规定并且按照法定程序行使是控权理念的核心,而服务是指政府不再仅仅以管理者的身份自居,而应当转变职能以服务者的身份为公民提供各种服务,以维护公共利益和公民的合法权益。控权作为达成服务目的的手段和基础,二者形成良性互动关系。② 不难发现,现代行政是一种民主行政、法治行政、服务行政、科学行政、责任行政,这种行政法观念是构建服务型政府价值目标的根基,也为体现公权性这一价值目标提供了方向和界限。

(三)两大价值目标在现行框架内的经济可行性

本书的第二章第三节已经探讨了生态公共产品有效供给的政府责任机制构建的法经济学基础,并提出了环境公共产品理论,本书对此就不再加以赘述。

简言之,具有公共性、外部性的环境公共产品难以由市场进行资源的有效配置,因此需要有政府担起提供公共服务(其中包括提供生态公共产品)的角色。

科斯第一定理的基础假设为,当交易费用为零时,市场会自动实现帕斯托最优,无须考虑产权的初步安排。其中,交易成本指当事人未达成交易而进行磋商等活动所花费的成本,又被科斯称为"运用价格机制所需的成本"。根据这一定理,达到帕斯托最优的前提条件是交易费用(成本)为零,而不需考虑是否已建立了明晰的产权制度以及外部性问题。在现实中,交易成本为零是不可能存在的,因此,我们在设计机制时倾向于压低交易成本以达到制度的经

---

① 参见王学辉:《行政法与行政诉讼法学》,法律出版社2011年版,第2页。

② 参见王学辉:《对行政法学基础理论的思考》,载《西南政法大学学报》2002年第3期。

济性。而构建服务型政府和体现公权性这两大价值目标所提倡的正是降低市场交易成本的一种治理模式:在提供公共服务领域方向,将个体产权人的环境权益集中至一者手中,由其代表产权人与市场主体建立交易关系,并借助这一代表人即政府所拥有的公权力对其加以监督,这将极大地降低单个产权人相互之间讨价还价而花费的交易成本,或者由代表人自己为公民生产公共服务,由公民加以监督。这一模式使资源配置更为简洁高效,在解决市场失灵的问题的同时,又提高了综合经济效益使之接近帕斯托最优状态。

四、两大价值目标在现行框架内的合法性

(一)合法性概念界定

合法性的狭义含义是指行为或状态符合法律法规的规定,又称为“合法律性”。在这一程度上,合法性是建立在法律实证主义理论的基础上的,以符合现实法律规定作为标准,为共同体中的公民提供行为规范,同时也为社会生活提供正当性的证明。从这一观点出发,政治学家们认为合法性是用于表示政府与法律的权威为民众所认可的程度,而一个制度的合法性取决于它是否获得被统治者们的普遍认同。但是,也有学者提出“合法性”一词具有规范和社会学的双重含义。一个机构在规范意义上的合法性体现为是合法的,这说明统治的权力被该机构所有,它具有包括了制定和颁布法规的权力,以强制力保障法规得到普遍遵守。而某机构在社会学意义上具有合法性的条件在于其被普遍认为拥有统治的权力。

狭义的合法性忽略了“恶法非法”的自然法学思想,广义的合法性则弥补了这一漏洞。它融合了道德哲学的观点,指出合法性是指行为或状态符合某种规则,不仅包括实体法律规定,还包括习惯、逻辑等社会规则,最终符合由普世的价值准则与道德标准,如公平、正义、理性等。

本书认为,广义的合法性基于现实的需要,是可以通过理论的延伸、逻辑的延展而不断地被论证、推翻的,但它必将中止于某个点,为人类社会提供具有现实确定性、稳定性、可操作性的规范。而对于狭义的合法性,它是作为一种未经批判和质疑的合法性,将自身作为衡量一切是非善恶的最终标准,可能导致“多数人的暴政”。因此,本书认为应当落脚于价值准则与原则,辅之以实体法规范,以力证“构建服务型政府”和“体现公权性”这两大价值目标在现行生态公共产品供给框架中的合法性。

（二）合法性论证

1. 两大价值目标符合现行框架下的宪法与宪法价值

宪法是国家的根本法和法律的“母法”，其中，宪法所体现和彰显的宪法价值乃是宪法的灵魂。宪法价值是指潜含着主体价值需要（或价值预期）的宪法在与主体相互作用过程中对主体发生的效应。① 以宪法的价值主体为分类依据，将宪法价值分为指向国家的价值、指向社会的价值、指向公民的价值。

指向国家的宪法价值，是指宪法为国家带来的效应。其核心是宪法所界定的国家权力与国家责任以及两者间的关系。宪法以规制公权力（职权）为核心，如公权力的分配、运作与界限等。在以法规明文限制公权力的同时，也赋予了国家行使公权力的正当性。构建服务型政府强调职能转移，由职能转移所带来的政府工作理念的变革是这一模式带来的最大成果，由此，政府部门内部权力与职责划分得更清晰，在拥有法律所授予的环境管理权的同时又应当负担起生态产品有效供给的职责，符合了宪法所有的指向国家的宪法价值。而针对体现公权性这一价值目标，其构成要件包含着由法律明文规定，可见它本身包含着合理授权和权力限制的要求。

指向社会的宪法价值，是指宪法给社会带来的效应，它的核心是宪法所体现显著的公共利益与个体自由以及两者间的关系。大陆法系一般认为宪法属于公法，这是由于宪法以国家的公共政策为重点内容之一，在不侵犯公民个人权利的基础上，以保障社会的公共利益为价值目标。如前文所述，服务型政府意味着政府职能重心的转移，由“命令—控制”型改革为“服务—引导”型政府，这一转型的内在导向为公共利益，亦与公权性的目标不谋而合，也切合了宪法所包含的指向社会的宪法价值。

指向公民的宪法价值，是指宪法给公民个人带来的效应，它的核心是公民权利与义务以及两者之间的关系。由于构建服务型政府与公权性两大价值目标所涉及的至少有一方具有公属性，包括了国家组织或机构之间的关系、中央与地方之间的关系、国家或政府与本国公民之间关系，与这一宪法价值联系并不紧密，因此本书在此便不再赘述。

---

① 参见吴家清：《论宪法价值的本质、特征与形态》，载《中国法学》1999 年第 2 期。

结合《宪法》第 27 条和第 26 条规定①可以看出，在生态环境保护领域，包括生态产品的供给中，宪法授予国家的公权力包含着“民主”“服务”“公共利益”的要求，这也正是两大价值目标共同倡导的。

2. 两大价值目标符合现行框架下的环境法基本原则

《环境保护法》是环境保护的基本法，其第 4 条规定：保护环境是国家的基本国策。构建服务型政府和体现公权性作为生态公共产品供给的价值目标，最终目标也是保护和改善环境、促进人与自然的和谐、使经济社会发展与环境保护相协调，实现可持续发展的战略目标，是基本国策在实践中的重要环节。

环境保护法律原则具有普遍性、指导性和高度概括性特征，包括了保护优先、预防为主、综合治理、损害担责、公众参与的原则。其中，环境保护优先原则以环境保护为优先考虑，协调经济发展和环境保护。公众参与原则则赋予了公众参与环境公共事务，监督环境管理部门、自然人等与环境有关的行为。

构建服务型政府要求政府将治理重心从发展经济转移至生产与提供社会服务，包括有利于环境的生态公共产品的供给责任，将保护和维护环境等社会公共职能确立为政府工作的重难点加以突破，与环境保护优先原则所传达出的理念相贴合。前文已提及服务型政府提倡民主，具体表现为注重公民参与机制的构建，在环境治理的过程中可体现为重视以听证会、论证会等形式听取公民的意见与需求。以生态公共产品的供给为例，在前期充分调研和讨论、供给过程中调动公共参与度、事后重视反馈提倡监督，充分实践了公众参与这一环境法基本原则。

国家是环境保护法律关系的一种特殊主体，也是主要的主体之一，也被称作公法人。在国内法律关系中，国家不以自己独立的身份参与，而是通过国家机关或授权的组织参与环境保护法律关系。国家作为主体参与法律关系的目的，也是公众参与原则所要实现的最终目标即保障和实现环境公共利益，与公权性的目标相一致。此外，国家为保护环境所设定的“三同时”制度、现场检查制度等具有法律的强制力，《环境保护法》第 25 条明文授予

---

① 《宪法》第 27 条规定一切国家机关实行精简的原则，实行工作责任制，实行工作人员的培训和考核制度，不断提高工作质量和工作效率，反对官僚主义。一切国家机关和国家工作人员必须依靠人民的支持，经常保持同人民的密切联系，倾听人民的意见和建议，接受人民的监督，努力为人民服务。第 26 条规定了国家保护和改善生活环境和生态环境，防治污染和其他公害。

了环保部门以行政强制权，允许在符合前提条件下，查封、扣押造成污染物排放的设施、设备，这些制度与规定的基础皆为国家的公权力，体现着公权性。

3. 两大价值目标符合现行框架下的行政法理念

如前文所述，行政法的存在，一是为了防止行政权肆意运行，使之在法律规范的框架之中按照行政程序行使，简言之控权；二是为了让行政法更好地服务于社会，服务于民，简称为服务。构建服务型政府的核心即为政府运用行政权力提供公共服务，在此过程中构建公民参与机制，在公民与政府之间形成责任关系，符合现代行政"民主行政、法治行政、服务行政、科学行政、责任行政"的价值理念。而体现公权性的价值目标强调的是国家为保护公共利益进行宏观调控，这一公权力的行使要件之一是有法律的明文规定，否则就不具有合法性，这既与行政法"控权"的价值理念相呼应，又与行政法所强调的行政合法性原则即公权性相重叠。在行政法律关系中具体表现为行政合法性的审查。

第二节　生态危机背景下主要发达国家的针对性法律制度

一、生态危机与国外环境法制改革

在生物学上，生态危机是建立在生态平衡概念上的。生态平衡是生态系统的一种相对稳定状态，具有相对稳定和动态性的特征。它的相对稳定性体现在系统内部高度适应的生物间和生态与环境间的关系、相对稳定的种群结构和数量比例以及相对平衡的系统能量和物质输入。而其动态性体现在能量流动和物质循环的输入与输出在不间断地进行。

如图 1 所示，生态系统不可避免地将受到外界干扰，但在生态阈限之内的干扰都是能通过系统的自我调节能力和负反馈机制解决并维持其稳定与平衡的。但一旦外界压力过大，系统的变化超出自我调节能力范围就会出现生态平衡失调，而生态危机则是生态系统严重失衡的一种形式。结合社会学，生态危机指的是人类赖以生存和发展的自然环境或生态系统结构由于人类不合理的开发和利用而严重退化，从而对人类的生态与发展构成严重威胁的局势。需要明确的是，生态危机并不是由一般的重大自然灾害引起的，而是因为人类处于生产和生活目的不合理改造自然所致，人类是生态危机的始作俑者。

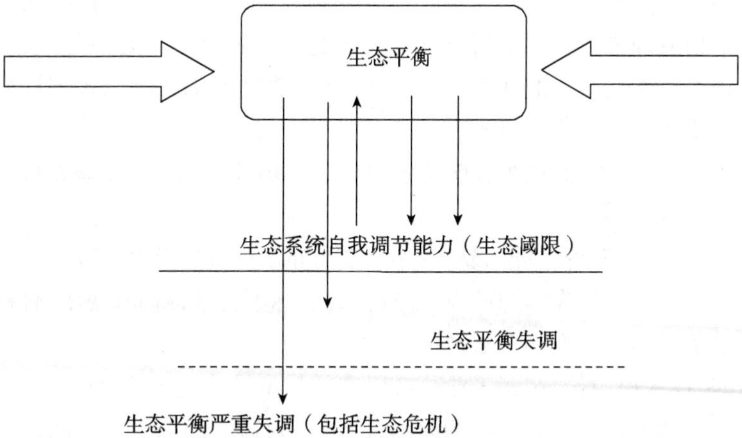

图1　生态状况说明

全球范围内的生态危机总爆发过两次，分别在20世纪50、60年代和20世纪70、80年代。其中，后者较之前者范围更广、影响更深、破坏力更强。在这一时期，发达国家和发展中国家都遭遇了各自的环境问题。主要表现为土壤污染、水污染、大气污染等污染问题，资源短缺、温室效应等全球环境问题。

从历史的角度而言，生态危机确与经济危机如影随形。1923年经济危机之后紧接着是第一次生态危机，而第二次生态危机与石油危机和1987年黑色星期一相伴相随。环境保护和生态危机治理的长期性、公益性与资本周转和资本逐利的逻辑相背离，[①]整体社会追逐经济利益致使环境问题边缘化，而当资本市场崩盘之后，被掩盖在经济增长背后的生态问题也随之暴露。生态危机的构成要件之一是危机结果威胁到人类生存，因此可以确认生态危机的作用对象是人类的生存环境和共同利益，即公民享有生命健康权这一基础权利，享有舒适和有安全保障生活的权利。

美国1969年通过的《国家环境政策法》第2条[②]整体概括了人类在环境领域所享有的基本权利，这与人类的人身权息息相关。

关于生态危机的理论研究包括以下几种。

---

① 参见曹顺先、王国聘：《论生态危机全球化》，载《生态经济》2009年第9期。

② 美国1969年《国家环境政策法》第2条规定："履行其每一代人都要做子孙后代的环境保管者的职责。保证为全体国民创造安全、健康、富有生命力并符合美学和文化上的优美的环境。"

第一,西方马克思主义,主张人是一种对象性的存在,必须依赖人类之外的客观事物来确定自身的价值或者通过改造自然物来实现自身价值,因此生态危机是人的作品和人的现实,它作为“人化”自然界的一种结果同样能够确证人的本质。①

第二,人口根源伦,认为膨胀的人口超出了环境容纳量和生态系统自我调节能力。

第三,经济根源伦。舒马赫在《小是美好的》一书中指出,经济效率、经济增长成为社会生产优先考虑的事,导致社会资源不合理地向其集中,任何与其无关的事情都不在人们的考虑范围之内。

第四,技术根源伦,主张工业革命以来的技术导致生态危机爆发。

以上学说分析了生态危机的原因,同时也为当时的国外环境法制改革提供了理论上的依据。

生态危机触动了公民的基本生存权与环境利益,威胁一国的生存与发展,为预防与应对生态危机,各国亦积极开展相关的制度改革,本书选取了较具代表性的当今发达国家,研究其环境法制改革历程,以期为中国的环保制度改革提供参考材料。

(一)英国

英国是第一个开始工业革命的国家,饱尝着生态危机的苦果。伦敦在20世纪50年代被称为“雾都”,其原因在于,由于工业的发展,当时,伦敦长年累月笼罩在烟雾、尘埃、废气之中。1952年12月,发生了环保史上具名的伦敦烟雾事件,两个月内死亡了1.2万多人之后,伦敦还发生过12次大的烟雾事件。泰晤士河水臭气冲天,鱼虾绝迹,像“糖浆”一样,迫使议会大厦挂起浸泡过消毒水的床单,由于水质太差,伦敦在1832~1886年的54年中,曾流行过四次霍乱,仅1849年就死亡1.4万人。

对此,英国政府于1863年颁布世界上最早制定的环境立法——《制碱业管理法》,规制对环境直接造成不利影响的企业和个人,并且成立了第一个环境监察机构,但由于该法中“环境法中规定的环境管理权比较分散且地方性较强,对环境问题的整体联系性和广泛性认识不够”,②因此,英国的环境法制改革应以1956年的《清洁空气法案》为起点。

---

① 参见曹孟勤、何裕华:《追问生态危机的实质》,载《河北大学学报》2004年第4期。

② 蔡守秋:《环境资源法教程》,高等教育出版社2004年版,第22页。

总的来讲,19 世纪的英国环保立法注重污染后的治理,法律规制的对象是实施环境侵权的企业或个人,而在 20 世纪 70 年代后,立法指导思想由末端治理转变为污染预防,主要方法有制定环境基本标准,确立了以下三个基本原则:可持续发展原则、污染预防原则和污染者付费原则。与之配套的是环境管理标准、综合污染控制和环境影响评价。①

在这一立法指导思想下形成了较为完善的环境治理体制与法律体系。就环境治理体制而言,英国于 1996 年将原本独立的环境保护管理机构合并成立了统一的环境管理机构——英国环境署,将分离的土地、空气和水资源的管制纳入了统一的轨道,简化了程序与手续。环境保护工作开始以全国为视角,针对全国、区域、流域的整体规划与布局更为合理,资源统筹利用效率提高。并且,英国十分重视第三方的力量,即公众参与,非政府组织在环境保护体系下也发挥着十分重要的作用,一般是由英国政府贸工部(Department of Trade and Industry,DTI)主导,将具体实施委托给有关社会团体、中介组织、咨询与认证机构来进行,包括了英国标准化协会(British Standards Institution,BSI)、Resource(英国技术交流与咨询公司)、第三方认证机构与联合王国认可机构。

而在环境立法方面,英国《有毒废物处置法》(1972 年)是世界上第一部针对控制危险废物的立法,后有《污染控制法》(1974 年)、《公共健康法》(1875 年)、《河流法》(1876 年)、《野生动物和乡村法案》(1981 年)、《环境保护法案》(1990 年)、《城乡规划法案》(1990 年)、《水资源法案》(1991 年)、《自来水工业法案》(1991 年)、《清洁大气法案》(1993 年)、《环境法案》(1995 年),《污染预防法》(2001 年)以及《废弃物管理法》(2001 年)等。这些法案构成了英国环境保护法规体系的框架。② 在这一法规体系下建立了环境影响评价机制以及英国的环境发展与综合决策机制,以案例为基础,重视编制可操作性的 SEA 评价导则等行政手段,并且,英国政府根据"谁污染、谁付费"的原则进行资源的配置与利用,运用环保补贴和政策性产业支持计划建立健全英国环保产业市场。

(二)日本

日本自明治维新后走上了工业化道路,但跟许多国家一样,经济实力积累

① 参见李蔚军:《美、日、英三国环境治理比较研究及其对中国的启示——体制、政策与行动》,复旦大学公共管理学院 2008 年硕士学位论文,第 49 页。

② 同上。

的同时其环境污染等问题也在积聚。到20世纪50年代出现了严重的环境问题,例如,日本富山县的镉中毒的骨痛病事件,熊本县水俣镇出现甲基汞中毒的水俣病事件以及三重县四日市出现因工厂排放废气所致的哮喘病事件,等等。

在强大的公众压力下,日本先后制定了《关于公用水域的水质保全的法律》(1958年)、《关于工厂排水等的限制的法律》(1958年)和《煤烟控制法》(1962年)等公害防治条例。然而,公害对策光靠这些个别的零星的对应是不够的,必须综合地加以推进,于是,在1970年年末的公害临时国会上基本确立了包括有关公害防治的14部法律,为应对全球环境问题,日本在废止《公害对策基本法》(1967年)的同时颁布了《环境基本法》(1993年)。并且,在政府责任承担方面,政府环境责任原先是为预防公害的发生对企业活动进行的一系列法律制约等,但在《环境基本法》的规定中,在明确国家、地方公共团体、企(事)业者以及国民的责任与义务之外,还规定了确保现在与未来的国民享有健康、文化的生活并且为造福人类做出贡献。基于此立法目的,政府应当承担更多的环境责任。在新理念的指导下,"国家拥有制定和实施有关环境保护的基本且综合性的政策和措施的职责"。

日本的环境治理体系构建的根据亦是环境立法,经历了由"公害防治推进体制"到"公害课"和"公害对策联络会"再到"产业公害特别委员会"的过程。首相直接领导的"中央公害对策本部"直指由环境厅升格至环境省,从日本现行《基本行政改革法》中可以看出,日本的环境管理体制是由短暂性政府环境应急体制逐步向常态化的环境管理体制转变,经历了从隶属首相府、环境卫生局、国会到一个独立政府部门的过程,其职责亦随职权的扩大而相应加重。整体而言,日本的环境管理体制呈现既统一又分工的特点,国土交通省、经济产业省、厚生劳动省、外务省、农林水产省等部门协同中央政府实施环境治理,地方政府实行地方主导与自主型的环境管理体制。

(三)美国

20世纪中期,美国暴露出了许多环境污染问题,包括了俄亥俄州Cuyahoga河严重化学污染事件(1969年)、洛杉矶市的光化学污染事件(1954~1955年)、宾夕法尼亚州多诺拉镇的烟雾事件(1948年)、美国最大的"沙尘暴"事件(1934年)等。这些环境公害现象与问题直接推动美国环境治理体制的建立。

美国作为一个联邦制的国家,在环境治理中,制定环境基本政策的主体是联邦政府,而实施主体则为州政府。联邦政府下设2个专门环保机构,分别为环境质量委员会和国家环保局。并且还在其他相关部门设置了环境保护机构。其中,环境质量委员会的主要职能是为总统提供政策建议和监督协调联邦各行政部门的环境活动,而国家环保局的职能主要为与各州的环境保护机构衔接,统筹全国有关环境保护工作,例如,国家环保局与各州签订工作协议,由环保局先确定项目目标,由各州提出自己的项目计划,经审批后国家环保局将具体执行交付给各州,若有违约情形国家环保局则收回项目实施权。联邦各部门设立相应的环保机构来负责其业务范围内的环境保护工作。

自19世纪末以来,环境立法在美国展开。20世纪70年代初,环境立法开始大规模展开并逐步涉及各个环境保护领域,形成了现有的较为完善的环境法律保护体系。美国环境保护法律体系是由多个立法主体制定的,主要包括:国会、行政部门(Executive branch)、法院(解释和判例)、行政管制机构(Administrative Agency)。其中,由国会通过立法明确原则性规定,相关行政管制机构(如环境保护管制机构)在此基础上制定具体的实施规则。此外,当面临相关法律在实施过程中出现的立法时难以预料的问题时,法院需要通过判例对其做出相应的解释、规范和实施要求。

《国家环境政策法》乃是美国现行环境法律保护体系中最根本的国家大法。它由国会于1969年年底颁布,对于美国生态公共产品的供给有着重大的意义。首先,该法公布了国家环境保护政策以及实现它的宏观方向。它是美国环境法体系中的重要组成部分,是针对美国基本环境政策的立法,对美国实现经济发展与生态环境相协调具有深远的意义。此外,美国国会与政府以污染媒介和污染物为主线,制定或修订了大量具体的法律法规,如《清洁空气法》《资源保护与恢复法》《水土保持法》《鱼类和野生动物法》《国有森林保护法》《环境质量改进法》等120多部环境法律法规,形成了一套涉及大气、水、噪声、固体废弃物、自然资源和野生动植物保护、有毒物品、危险生物和核材料的环境保护等方面的健全的资源和环境法律保护立法体系。

二、制度变革对生态公共产品有效供给的导向性绩效

(一)制度改革特点与成果

总结英国、日本、美国三国的环境法制改革共有以下几个特点。

1. 立法优先,由立法带动环境治理体制的构建和政策行动的执行

美国的《国家环境政策法》作为环境保护体系中的根本大法,全面统一了美国的环境保护立法,标志着由治理生态危机向预防环境污染发展。另外,为

更好地辅佐总统处理环境事务，该法创设了国家环境治理委员会，并为统一政府部门对环境问题的看法和实施相关政策提供了最高标准。日本与英国两国在遭受环境污染后先后相继出台了《公害对策基本法》（后被废止，代替以《环境基本法》）和《污染防治法》，在基本法的框架下制定环境法各论和单行法，使在环境领域适用解释法律更为高效，环境治理法律化、制度化。

2. 环境法制改革理念由“边污染、边治理”向“保护环境、预防污染”转变，由“末端治理”向“源头治理”转变

不难看出，3 个国家的环境法制改革都是从生态危机爆发之后采取的紧急措施开始的，后经不断调整国家产业结构和国家政策，最终将环境保护优先原则列为环境法的重要基本原则之一。此外，3 个国家环境法的规制对象和范围也从企业的排污行为扩大至可能造成环境污染的任何单位和个人所进行的行为，并规定了环境影响评价、环境监测等制度事前预防污染，引进排污权交易等市场经济手段，运用总量排放的规定从可能造成污染的源头企业从手。

3. 强化政府环境保护职责，扩大职权

1970 年后修订后的日本《公害对策基本法》第 10 条至第 27 条明确规定了政府应当承担的责任，有 8 项之多，①同时，为推进政府的环境保护工作，日本于 1971 年制定了《环保厅设置法》，1972 年的《自然环境保全法》明确了政府制定自然环境保全基本方针的职权。而英美两国在各自的环境基本法和单行法中都制定和强化了政府职责与职能。以美国为例，《国家环境政策法》在规定了立法目的后强调了为达此目的，联邦政府的环境责任，并且规定了联邦机构的其他法定义务。与此同时，美国有关环境的专门立法纷纷加以修订，进一步明确了政府在各个领域的职责。

4. 环保治理主体分工明确，统一协作，注重第三方力量

美国联邦政府综合划分划分管理权限，不仅包括联邦政府与各州政府的权限，还包括各部门之间的环境管理权限。具体而言，其设置了 CEQ 和 EPA 两个联邦级别的专门环境治理机构，各司其职，CEQ 负责综合决策，而 EPA 担负着组织协调各州之间关系的职责，并且，在联邦政府中，凡涉及环境保护的

---

① 包括了(1)确立政府制定各种环境标准的义务，以为行政措施的总目标，并作为改善“排放标准”、厘定“忍受限度”的指标。(2)确立政府为防治公害所必须推进的基本措施。(3)地方政府应鉴于各地区特殊情况，推展各地区各自然及社会条件的公害防治对策……(7)要求政府以财政措施协助公害防治措施的推展。(8)成立推展公害防治的特别行政机构。

部门都下设有一环境保护机构。美国每个州都在州一级设立专门的环境质量委员会和环保局,EPA 将被联邦法授权实施和执行法律的权力委托给经审查合格的州环保机构。不过,各州的环保局不隶属于国家环境保护局,而是依照州的法律独立履行职责。但如果有个别州不遵守国家环境保护局的基本规定,那么分管该州的区域环境办公室可以向 EPA 建议取消相应的许可资格,由该区域环境办公室制订联邦实施计划代替州政府自己制订的环境保护实施计划。另外,这三个国家的环境治理都引进了第三方力量,包括市场评估机构、法定咨询机构以及第三方认证机构等。

(二)我国现环境制度缺陷与制度变革对生态公共产品的导向性绩效

我国环境法律体系和环境法研究较发达国家相比较而言还尚显稚嫩,具体体现在我国的环境立法与环境治理制度上。

狭义的环境法体系由基本环境法与具体环境法组成。环境基本法是环境法制的基本框架与指导,是环境法的灵魂、精魄、骨骼之所在,而具体环境法是环境法的血肉,两者缺一不可。其中,根据徐祥民的理论,具体环境法又可分为事务法与手段法,在法制的中级阶段,优先构建事务法而非手段法。一国手段法的推进程度取决于该国法治的水平,包括其立法的水平、理性的制度、法治成熟的程度以及这些制度的实施力度,甚至取决于该国的经济发展水平,而手段法的运用效果又决定了环境法的作用和效率。首先,我国的环境立法已走过初级阶段的基本环境法,大量环境单行立法丰富了我国的环境法体系,包括了《大气污染防治法》《环境噪声污染防治法》《固体废物污染环境防治法》《水污染防治法》《循环经济促进法》《清洁生产促进法》《放射性污染防治法》等多部重要法律。其次,在我国的环境基本法《环境保护法》中明确了环境优先原则为环境法的第一基本原则,另外,在《最高人民法院关于审理环境民事公益诉讼案件适用法律若干问题的解释》中对环境公益诉讼的适用范围、主体和程序等的规定都是我国在环境法律体系完善过程中的重要成果。但我国的现行环境立法还稍显杂乱,关于自然资源保护、生态和生活环境保护的规定分散在环境保护、资源管理法规、国家环境标准以及几百项地方环境保护与资源法规之中,存在法律检索工作量大和难度高的问题。再次,在法律法规中对政府及环境保护部门的职权规定较为模糊,导致纵向中央与地方的、横向政府各部门与环境保护部门的职权职责不清。最后,环境治理主体单一,公众与非政府组织参与度不高,环境治理方式也较为单一,行政强制措施往往占据主导地位。

我国的这些环境法制上的缺陷可直接反映至生态公共产品的供给链条上,具体可表现为制度型生态公共产品质量参差不齐,产品之间存在矛盾规定;物质型生态公共产品供不应求,供非所求;自然型生态公共产品维护治理不力,出现大规模的环境污染、生态破坏的情况。

结合外国环境法制改革的成功先例,本书认为应当从以下四个方面入手以实现生态公共产品的有效供给。

第一,强化政府责任。生态公共产品的非排他性和非竞争性特征决定了由市场来主导提供是没有效率的,应当由掌握了公权力、代表公共利益的政府主导生态公共产品的供给。必须承认的是,政府并非完美的公益代表,完全将希望寄托于政府机器的运行亦不是明智之举。解决之道在于以责任规范政府,让生态公共产品的供给依赖的不再仅仅是政府高层人员的决策,而是也符合于公民需求的制度运行。对此,本书认为应当在基本法中明确规定政府的责任以及职权,即在《环境保护法》中集中细化规定政府的环境责任,特别是增加生态公共产品供给的政府责任条款,并规定相应的民事、行政、刑事责任,以降低政府的行政惰性,督促政府履职。

第二,建立和完善环境治理体系,包括中央政府层次上的环境和发展决策、合理划分环境治理权限、完善环境管理机构三个方面。环境治理体系的核心是环境治理权限的划分,中央政府的高层决策与环境管理机构完善是其内部组成部分。我国主要实行行政区域治理,地区的财政主导权和治理权集中于政府,而环境保护部门往往成为政府的附庸,对于政府扶持的排污量大的企业束手无策,执法力度小,难以产生威慑力。而中央干预地方或地方推辞于中央的情形亦屡见不鲜。对此,本书建议在法律法规中明确规定划分中央与地方、政府各部门之间的环境治理权限,比如,美国《国家环境政策法》明确规定了所有联邦政府与其他联邦机构的法定义务,日本在《公害对策基本法》的基础上也制定了《环保厅设置法》指明环境厅主管的事务。在合理划分了环境治理权限后就有必要就各机构的权限加以强化和完善,本书在此特别强调中央政府高层决策职责和环境管理机构内部的健全。本书认为前者可以借鉴美国在联邦层面划分 CEQ 和 EPA 的做法,由 CEQ 负责环境决策和法律制度的制定,由 EPA 负责具体的执行工作,这样区分了自然型生态公共产品、制度型生态公共产品和物质型生态公共产品的主要负责部门,为产品的质量、责任履行的监督以及追责提供方向。而在环境管理机构完善方面,本书认为有必要在环境保护部门内增设综合性、权威性的协调机构和专门的法定咨询机构,协调机构负责与中央环境保护机构以及地方政府的沟通工作,法定咨询机构则在行政执法的合法性和公民的行政救济、司法救济方面提供保障。

第三,逐步降低生态公共产品供给的市场准入门槛,激励多元主体参与供给。如前文所述,英国、美国、日本 3 国的环境治理已趋向于市场化,特别是英国的非政府组织在环境领域的参与积极性高,而美国的排污权交易制度也蓬勃发展,各类市场主体参与环境治理与生态公共产品治理中,使生态公共产品的供给呈现出一种持续化的状态,生态公共产品的经济效益发挥至最大。我国基于环境产业、市场经济、资信公开制度等制度环境还不成熟等原因,将生态公共产品的供给职责同时也是机会集中于政府主体的做法是可取的。但本书认为有必要探讨未来我国的制度环境成熟后,政府应当逐步放权,让市场起到资源配置的作用,比如,借鉴美国 EPA 的做法,与各州企业签订合同,将生态公共产品供给的盈利机会交予审查合格的企业。EPA 负责监督和检查,对于供给不合合同目的的企业,EPA 取缔其资格。

第四,实现生态公共产品本身的法治化和规范化。市场经济也是法治经济,经济的良好运行应当建立在良好的法治环境的基础上,只有在一个有健全完善的法律法规的市场环境中,交易的不确定性才会降低,成本也相应地减少,制度才能有效运行。因此,本书认为有必要通过强化政府责任、完善环境治理体系的方式健全我国的制度环境。但同时需要注意的是,生态公共产品本身的法治化也是生态公共产品供给的重要部分,即制定生态公共产品供给的法律法规,明确公共服务市场的准入门槛、监管机制和淘汰机制,通过行政立法、政策制定等方式规范市场行为,维护市场秩序。

第三节　建立符合政治经济运行规律的政府责任机制

一、政治经济运行规律的界定与辨析

政治经济运行规律是本书基于生态公共产品供给的背景,结合市场经济运行规律所提出的一个概念,指的是在生态公共产品供给过程中,各个供给主体以实现公共利益为目标,依照市场经济运行规律生产、消费、治理、维护生态公共产品的恒常规则。

政治经济运行规律是根据生态公共产品同时兼有的经济价值、社会价值和生态价值特性提出的。

生态公共产品价值实现有两种方式:一是用使用价值去实现价值或者用

价值去实现使用价值,这一方式同样是市场上产品的价值实现方式,体现了生态公共产品的经济价值。对于具有经济价值的生态公共产品,遵循市场运行规律,在理论上是最经济有效的交易模式。二是用一种价值去实现另一种价值。例如,树作为一种生态产品其本身具有制造氧气、净化空气、维护生物多样性等功能,这些功能体现了它所具有的自然价值。但如果人们砍伐了树,对它进行加工,再把它投入市场交易,它的自然价值就消失了。当由树所加工而成的商品成功地在市场上进行交换时,它的经济价值便得以实现。也就是说,砍伐树的人们用树的自然价值实现了树的经济价值。生态公共产品因生态性而具有了生态价值和社会价值,这些价值是无法用市场经济运行规律来衡量的。同时,由于生态公共产品的外部性特征,市场无法对其进行有效的资源分配,综上所述,生态公共产品的经济价值要求产品的供给遵循市场运行规律,而其生态价值与社会价值又使生态产品的供给不完全依赖于市场,而由政府主导,并以公共利益为导向。政治经济运行规律乃是本书在此语境下所设想的一种经济运行方式。

市场经济在《现代经济学辞典》的解释是"在这种制度下,以价值为基础决定资源配置和生产,由生产者、消费者、工人和生产要素所有者之间的资源交换产生价格。此类经济决策并非是中央集权式的决策,而是由独立的组织和个人所决定的分散决策"。[①] 市场以交换为基本特征,它的基本客体是商品的市场。市场的内在机制与规律是在市场经济条件下根据价值规律形成的。市场经济运行的 3 个规律分别是:第一,价值规律。价值规律指的是商品的社会必要劳动时间决定商品的价值量,商品实行等价交换。表现形式是市场供求影响商品价格,商品价格以价值为中心上下波动。第二,供求规律。供求变动导致价格变动,供求变动与价格变动显现泛化的趋势,二者相互作用,达到供求平衡,可以说价格变动是供求变动最为直观的外在表现。第三,竞争规律。竞争规律,是指在商品经济中各经济利益异同体,为获得其自身经济利益最大化而相互博弈,争抢最有利的投资项目和销售渠道,这是一种客观的必然。竞争规律和价值规律一样,也是商品经济中的固有规律。

价值规律在市场经济中起着主导作用。各个企业根据市场供求变化(价格变化)调整自己的生产经营模式,在获利的同时维持供求的平衡。不可否

① [英]戴维·皮尔斯:《现代经济学辞典》(中译本),宋承宪等译,上海译文出版社 1988 年版,第 375 页。

认的是，生态产品的非市场性使其供给直接从生产阶段跨入消费阶段，交换阶段从中被抽离出来。但这并不妨碍市场价值规律在生态公共产品的生产、消费、维护、治理阶段中的运行。并且，遵循供求关系提供公众所需的生态公共产品，通过生态公共产品经济价值的波动刺激市场主体参与供给是生态公共产品供给最为科学有效的运行方式。

为此，本书认为应当建立完善的生态公共产品产权制度，以“污染者付费、受益者补偿”为环境法基本原则，为市场经济运行规律发挥作用提供良好的制度环境。而在市场主体参与度不高、市场经济还不健全的环境下，完全将生态公共产品的生产交托给市场主体、政府仅起监督的作用显然不是明智之举。政府作为公共委托人，代表着公共利益，有主导生态公共产品供给的职责与优势。综上所述，在我国现实的国情下，生态公共产品供给的政府责任机制应当符合政治经济运行规律。

二、政府责任机制的界定与辨析

（一）责任的界定

在现代汉语中，“责任”一词有多种含义。有的学者将责任分为“积极责任”和“消极责任”。前者指分内应做的事，如“尽职尽责”“岗位责任”等责任。这种责任实际上是一种角色义务，在某种意义上使用“责任”，其中心意思为“义务”。后者指由于违反法定义务而承担的不利后果或强制性义务，如“违约责任”“侵权责任”等。张显文先生在《法学基本范畴研究》中补充了第三类责任，即助长特定事项结果发生的人所负有的责任，如“担保责任”“举证责任”等。从法律上讲，所谓的责任可以简单地称为义务，进一步分为第一性义务和第二性义务。第一性义务，是指社会主体所承担的与自己的角色相适应的应当为一定行为的义务，包括了法律直接规定的义务或由法律关系主体以自己的先行行为所创设的义务；而第二性义务，则指社会主体违背第一性义务而要承担的不利后果，一般具有惩罚性、强制性、制裁性。

责任有狭义与广义之分。狭义的责任仅指第二性义务，其注重具体、实在的规范规定及实际的后果，而广义的责任包括了第一性义务和第二性义务，具有抽象性和广泛性的特征。本书所研究所使用的是广义的责任，即政府在生态公共产品有效供给过程中承担的第一性义务和第二性义务。

从孤立的个人主义出发，人作为理性的动物，拥有自由意志与自由行动的权利，然而自由不是绝对的，个体享受自由和权利应当在某个限度之内以保障他人的自由与权利,这就是最原始状态的责任。而将人置于共同体中,置于人际关系、社会分工都更为复杂的社会中,责任不仅与个人的原因同时与社会各因素广泛相联系,因此责任开始具有了一种多层次、复杂、综合的性质,既反映了社会对个人的要求即义务(包括行为规范的基本要求,也包括社会成员的责任感),也反映了社会对其成员不为义务或者违反义务的态度和因此施加给成员的社会后果。

根据社会规范的不同层次与调整社会关系的范围、对象、手段的不同,责任可以分为政治责任、法律责任、道德责任等类型。

(二)生态公共产品有效供给的政府责任界定

政府责任包括了政府及其工作人员对行政行为的责任和未履行职责所导致的不利后果的责任。本书所采取的政府责任的概念,其范畴即为包含以上两层含义的广义的政府责任。其中,政府责任主体包括政府机关及其负责人、广大行政公务人员。

以上两种观点学界均有人主张,理由各不相同,而本书认为研究政府责任应当在具体的语境中加以识别,在生态公共产品有效供给的语境下,政府责任不仅要包括与违法行为相联系的消极责任即法律责任,还应包括具体法律和社会习惯要求政府及其公务员所承担的积极职责,包括了财政责任、制度责任、监管责任、社会责任。

1. 政府的法律责任

政府的法律责任包括民事责任、刑事责任和行政责任,是指在违背了立法中规定的政府职责后,政府所要承担的法律后果(包括了不利后果)。法律责任具有威慑作用,保障了政府积极履行生态公共产品供给的责任,对此本书将在本章第四节对其加以具体阐述。

2. 政府的财政责任

生态公共产品的投资主体不外乎政府、市场两者。政府以其公权力与资金优势作为生态公共产品的供给主体。而历史经验表明,不论是在发达国家还是在发展中国家,生态环境的治理手段是政府主导生态公共产品供给兑付的主要方式。生态公共产品的供给,如生态工程建设、排污系统建设等项目,通常是耗时长且收益增长缓慢的。并且,自然型生态公共产品具有范围广、边界模糊以及自我修复能力弱的特点,因此维护和治理的成本较为高昂,一般市场主体难以承受。更重要的是,如遇到环境侵权的情形,因污染具有极强的扩散性,污染范围、程度、成本与受害者范围、社会损失都难以估量,个体自我救济或者其他途径都难以支持如此大规模的治理、维护、赔偿费用,因此,政府更应承担起生态环境保护的职责。政府环境保护部门应当对环境的监测评估和环境的影响评价等负起职责,以国家财政承担费用支出,建设国家生态安全战略屏障,重点保护和管理生态功能区,提高该地区涵养水源的数量、质量以及生态功能区防风固沙等能力。

3. 政府的制度责任

制度责任指的是政府作为环境公共物品供给方所作的制度安排和应承担的责任。[①] 科斯等人认为,为降低信息成本以及交换过程中的不确定性而建立规制人与人之间交换关系的制度,最大限度地减少阻碍合作的因素,促进个人效益与社会效益的统一。执行制度成本的高低直接决定了制度设计者预期目的的实现效果。[②] 从以上数据可得知,由于企事业污染成本与违法成本低于其收益,铤而走险地排污也是情理之中。对此,政府应当承担起制度责任,制定有关标准和政策引导企事业主动改变发展模式,激励其参与生态公共产品的供给。具体而言,本书建议从以下几个方面入手:第一,对生态公共产品的生产实行税收优惠或者补贴,出台绿色资本市场、绿色保险等公共经济政策,如建立排污权交易制度,使企事业单位的环境污染成本内部化、社会成本企业化,进而降低社会治理污染的成本,形成持续有效的对环保企事业单位的激励,引导其参与生态公共产品的提供的过程,实现经济效益、生态效益和社会效益的最大化。第二,建立健全生态补偿制度。生态公共产品具有巨大的生态价值,生态产品的供给有效与否关系一国国民的基本权利能否得到保护。政府有必要加大对生态保护地区的财政转移支付力度,对因生态保护政策而发展受到限制的地区加以补偿。需要注意的是,我国《环境保护法》第 31 条已确立了两种生态保护补偿方式:一为国家对生态保护地区的财政转移支付;二为生态保护地区和受益地区人民政府按照市场规则或者通过协商进行生态保护补偿,即横向与纵向生态保护补偿,确定了生态保护补偿专项资金。这一规定在法律层面肯定了这一制度,但在实践层面应当注意相关行政规章的制定,将这一制度细化落实。第三,加强生产制度型生态公共产品。制度型生态

---

① 参见陈晓永、张云:《环境公共产品的政府责任主体地位和边界辨析》,载《河北经贸大学学报》2015 年第 3 期。

② 参见范仓海:《中国转型期水污染治理中的政府责任研究》,载《中国人口、资源与环境》2011 年第 2 期。

公共产品不仅包括制定生态公共产品供给的法律规定的责任，也包括制定相关的污染物排放标准、环境质量标准、环境保护目标责任制和考核评价制度的责任，如确立基本生态型公共产品的标准，包括空气质量、土壤质量、水质量等方面。生态公共产品供给法治化是大势所趋，强化生态公共产品的法治保障应从生态型公共产品相关法律法规的制定和完善开始，抓紧制定和完善环境保护税收制度、环境损害责任保险制度、生态补偿制度、资源有偿使用制度等。①

4. 政府的监管责任

政府的监管责任是指政府对环境质量的监督、管理和引领、整合责任。在环境法领域，法律规定的政府责任通常为监管责任，表现为监督和管理市场主体的交易行为、生产行为等以保护公共环境利益。不难预见，在中国生态公共产品供给市场经济逐步成熟后，未来生态公共产品供给将呈现多元供给主体、手段多样化的特点，政府的角色亦将由主导者变为监管者，主要承担生态监督和管理的一般行政职责。

5. 政府的政治责任

政府责任的法定化是健全和适应各类责任主体的政府责任体系的前提。生态公共产品有着潜在的巨大公共利益，如若出现供给上的问题那么往往将造成社会的重大损失或恶劣的社会影响，比如，生态环境维护不到位使周边环境恶化。对此，不仅要相关的责任人员负法律责任，对于那些在工作上出现重大违法、严重滥用职权、严重失误或失职的行政负责人员也应当被课以政治责任，如予以罢免、引咎辞职或责令辞职等。结合《公务员法》的规定，建立和完善政府的政治责任亦是政府责任机制构建的题中之义。

三、生态公共产品有效供给的政府责任机制

在本书的基本理论概述部分已指出，政府生态公共产品有效供给的政府责任机制构建就是要以国家的战略规划和实际国情为基础，以政府在生态公共产品有效供给的管理与运行中的职权与职责为内容，构建一套符合国家实际和可持续发展要求的、系统化的、能产生实效的机制。因此，本书有关生态公共产品有效供给的政府责任机制的讨论以政府职权和职责（即责任）为

---

① 参见樊继达：《提供生态型公共产品：政府转型的新旨向》，载《国家行政学院学报》2012年第6期。

中心。

政府责任制约了政府行政权的行使,使公民的个人权利和公共利益得以保障,并且为追究违法行政行为提供了法律上的强大依据。生态公共产品的供给需要法治化和规范化,以其为内容的政府责任亦应与其保持一致。建立一个有效的政府责任机制是建设政府责任的核心,亦是实现政府责任的重要手段之一。

政府责任机制是指实现政府责任的方式。构建政府责任机制的目的就在于强化和完成政府责任,为其提供具体、具有可行性的操作方法。有学者指出政府责任机制主要构成有四类:明确和健全责任、履行责任、监督责任、追究责任。① 相应地,本书认为,生态公共产品有效供给的政府责任机制应当包括责任确定机制、执行机制、监督机制和追究机制四个部分。

目前我国的政府责任机制并未健全,所导致的问题主要有以下几点:第一,中央与地方信息不对称,各级政府与政府部门之间职责和权限划分不清。在环境法领域实行的是分权的环境监管模式,根据我国《环境保护法》第10条②可知,这一规定仅原则性地规定了各级政府及其部门的职责,不够明确。因此,在现实中往往出现政府或者各部门之间相互推诿责任的情形。第二,生态公共产品供给的公众参与机制尚未建立。政府作为公众代理人具有市场信息优势,与公众之间信息不对称。而且,公众反馈信息的渠道不通畅,出现了社会监督缺乏和疲软的情况。第三,生态公共产品的责任追究机制还未形成。由于缺乏行政法规的明文规定和操作程序,对于政府违背财政责任、制度责任、监管责任等义务性责任的追究力度是有限的。第四,我国的行政问责还局限于行政机关内部的上下级之间内部同体问责,专门行政机关对行政人员的问责、异体问责等问责方式多元化以及及时、有效的问责不够。③

结合以上问题,本书将具体阐述组成生态公共产品供给政府责任机制的4大机制。

---

① 参见刘力云:《政府审计和政府责任机制》,载《审计与经济学研究》2005年第4期。

② 《环境保护法》第10条规定:国务院环境保护主管部门对全国环境保护工作实施统一监督管理;县级以上政府人民政府环境保护主管部门,对本行政区域环境保护工作实施统一监管。县级以上人民政府有关部门和军队环境保护部门亦有权实施监督管理。

③ 参见陈巍:《绩效评估与政府责任机制创新研究》,湘潭大学法学院2013年博十学位论文,第67页。

（一）责任确定机制

责任的明确是责任履行、责任监督和责任追究的前提要件。责任确定机制的作用在于以法律或规章的形式对政府责任的范围和内容加以界定，在生态公共产品供给中表现为健全和明确政府的财政责任、制度责任、监管责任、法律责任和政治责任，运用逻辑上的分析路径，探究政府责任的内在构成和各责任之间的区别和联系。当然，根据责任主体的不同，其所对应的责任形式也有所不同，生态公共产品的政府责任主体包括了4类：政府机关、部门或单位、行政领导和公务员。其中，政府机关、政府部门或单位一般承担的是前四种责任，亦可称为其职责的组成部分。行政领导和公务员则往往承担的是法律责任和政治责任。

（二）责任执行机制

在科学清晰地界定政府责任后，即为政府依法执行、履行法定职责的环节。这一环节是政府责任机制构建的核心，责任确定机制、责任监督机制和责任追究机制的建立目的都在于督促政府主体在各自的职权范围内履行政府责任。完善生态公共产品供给政府责任执行机制的首要任务是建立政府及其部门间的协调机制。在生态公共产品供给中，政府展示了通过纵向、横向的协调实现预期利益目标的整体治理模式。公共环境治理的本质特征是集体决策，系权利的分解而非集中。目前，我国在生态公共产品治理模式上主要以政府垄断生态公共产品的生产、供给和管理的整个过程和全部内容。[①] 单个政府责任主体显然无法承担这类投资多、耗时长的公共产品供给责任。因此，一个政府责任主体还需其他政府责任主体的帮助和支持。典型的例子乃是流域内水环境的治理，《水法》规定，国家对水资源管理实行流域管理和行政区域管理相结合的管理体制。[②] 据此规定，流域内水的治理主体一般有两个：一为流域内的政府；二为流域管理局，其中，政府内部还可以再分为环境保护部门和其他承担水资源治理和保护职能的部门。这类区域生态公共产品乃至全国、全球生态公共的供给主体涉及面广，利益纠纷多而复杂，因此建立协调机制或协调机构以捋顺各政府责任主体间的利害关系、确保政府责任的顺利执行是十分有必要的。此外，为使生态公共产品供给呈现稳定持续、经济的状态，本书认为政府在履行责任时，应当通过制定绿色公共经济政策以实现企业环境

---

① 参见曾林：《我国生态公共产品制度建设研究》，载《公共管理研究》2014年第1期。

② 参见我国《水法》第12条。

外部成本内部化，以激励和约束企业行为、引导市场主体参与生态公共产品的供给。① 或者借鉴英、美等国激励非政府机构参与，以美国为例，由 EPA 制定抽象环境目标、承担审查监督责任，以合同形式将这一供给职责交予有资质的组织，较大程度发挥生态公共产品的经济价值。

（三）责任监督机制

狭义的责任监督机制是由专门机构或人员对政府责任进行监督、检查和评价。② 广义的责任监督机制包括了公众监督、媒体监督等社会监督方式。首先，因与政府及其工作人员的直接利害关系，健全内部的责任监督机制是敦促政府履行责任最为经济的方式之一。具体为完善政府绩效评估体系，将本行政区域内的生态公共产品绩效作为政府考核的重要指标和行政公务人员任用、奖惩、辞退等的依据。应改变之前唯 GDP 的政府考核标准，将环境质量、污染排放情况、森林覆盖率等作为各行政领导的政绩考核指标之一，敦促政府及其工作人员在发展经济的同时注重生态的保护。其次，建立社会监督机制，包括公众参与渠道的扩展，这为政府职责的履行提供了一条更为长效持久的道路，不仅如此，公众监督机制可以作为政府回应社会公共诉求的一条渠道，在社会与政府的共同参与下实现公共利益。

（四）责任追究机制

责任追究机制是根据责任监督机制的运行情况，针对政府所存在的问题进行追责。这一制度具有一定强制力，是政府责任机制构建的最后一道屏障。结合我国生态公共产品供给情况，本书建议在监督问责方面，为最大限度地预防和打击公务人员的投机行为，在重视自上而下考核的同时强调自下而上的监督，丰富监督主体，如群众、社会组织等，从而实现有效的内外监督相结合、事前监督和事后追责相结合。③

本书前文已提及，生态公共产品的政府责任机制构建的目标，一是确定政府在生态公共产品供给中的职权和职责，使供给更加环保和高效；二是确立相应的责任追究机制，使在生态公共产品的供给活动中的政府权力不被滥用。政府责任确定机制践行着目标一，而责任监督与追究机制相结合使政府权

---

① 参见樊继达：《提供生态型公共产品：政府转型的新旨向》，载《国家行政学院学报》2012 年第 6 期。

② 参见刘力云：《政府审计和政府责任机制》，载《审计与经济学研究》2005 年第 4 期。

③ 参见樊继达：《提供生态型公共产品：政府转型的新旨向》，载《国家行政学院学报》2012 年第 6 期。

力在法治的框架下运行,这 3 种责任机制以责任执行机制为核心,共同形成了具有科学性、经济性和合目的性的生态公共产品有效供给的政府责任机制。

四、符合政治经济运行规律的政府责任机制特征与意义

结合以上分析,可以得出符合政治经济运行规律的生态公共产品有效供给的政府责任机制体系的内涵是,以将实现公共利益为目标的市场经济运行规律为指导,以生态公共产品的有效供给为中心,由政府责任确定机制、执行机制、监督机制和追究机制按照一定次序排列所形成的政府责任机制有机整体。符合政治经济运行规律的生态公共产品有效供给的政府责任机制体系具有以下特点。

第一,符合政治经济运行规律的生态公共产品有效供给的政府责任机制体系是一个完整的系统,其构成要素是 4 种具体的政府责任机制,分别为政府责任确定机制、执行机制、监督机制和追究机制。其中,构建责任机制是以生态公共产品的政府责任的明确与健全为基础的,包括法律责任、财政责任、制度责任、监管责任和政治责任。

第二,符合政治经济运行规律的生态公共产品有效供给的政府责任机制体系的目标是保护和实现公共利益。凡是政府职能所在,就是其目标所向,也是其责任所系。供给生态公共产品是政府公共服务职能的重要组成部分,因此,有效供给生态公共产品是政府的职责所系。从手段和目的的关系来看,生态公共产品有效供给的政府责任机制体系是保护公共利益的工具,而保护公共利益目标的实现程度、目标的性质因此可以作为政府责任机制体系构建的指导和评价手段,作为目标的公共利益因此成为政府生态公共产品供给责任的价值和行为标准。

第三,符合政治经济运行规律的生态公共产品有效供给的政府责任机制体系最突出的特征是其责任性。如前文所述,政府责任机制为实现政府责任的手段或方式,在此基础上的政府责任机制体系是政府责任机制按照一定规律所形成的有机整体。如此推导之后,不难发现政府责任乃是政府责任机制体系中最核心的要素。通说中法律责任被称为“第二性义务”(意味由于侵犯法定权利或者违反法定义务而引起的责任),而与“第一性义务”的法律义务相区别。借鉴此定义,本书认为政府责任亦可分为“第一性”的政府财政责任、政府制度责任和政府监管责任和“第二性”的法律责任和政治责任,前者

类似于法律义务,后者则为类似于违反“第一性”的政府责任而产生的不利后果。符合政治经济运行规律的生态公共产品有效供给的政府责任机制体系的责任性就体现在政府的法律责任与政治责任之中,即在违反了施加给责任主体的法定义务后,责任主体应当承担自己行为的法律后果。

第四,符合政治经济运行规律的生态公共产品有效供给的政府责任机制体系具有一定的强制力。符合政治经济运行规律的生态公共产品有效供给的政府责任机制体系是建立在国家有权机关依法定程序加以规定的政府责任的基础之上的,因此,责任机制体系中责任机制一般通过法律制裁等具有国家强制性的方式实现,且不以任何责任主体的个人意志为转移,具有一定强制力。

符合政治经济运行规律的生态公共产品有效供给的政府责任机制体系的内涵界定具有理论上的先导意义。首先,这一体系内涵有助于准确明确政府在生态公共产品供给过程中所要扮演的角色以及政府与其他社会主体之间的互动联系点,为之后的生态公共产品供给界定了研究对象和研究重点。其次,有助于规范生态公共产品供给政府责任机制的理论研究,提高这一理论体系的自洽性。生态公共产品的概念最早是由李克强总理在致电 2014 年生态文明贵阳国家论坛年会时提出的,它是在中国的法治土壤与生态环境中萌发的幼芽,学界对生态公共产品还未能够形成系统性、整体性的研究,多停留在生态公共产品的性质、价值构成、供给机制等研究层面。① 对于生态公共产品供给的政府责任机制研究更是少之甚少。对于任何理论而言,逻辑自洽都是首要事项。② 而作为一种以具有新兴性、综合性的生态公共产品政府责任机制为研究对象的理论,概念界定模糊、适用较为随意、生态公共产品与政府责任机制相互脱节,使这一理论在逻辑上多有不能自洽之处。本书创建性地提出了符合政治经济运行规律的生态公共产品有效供给的政府责任机制体系,将生态公共产品这一概念与政府责任机制相联系,探究了政府在生态公共产品有效供给中所应当承担的责任,并希望通过 4 个机制的构建使政府责任具体化、程序化、制度化和持续化。并且,在这一基础上,本书结合生态公共产品在

---

① 研究生态公共产品性质的文章如张平军:《西部生态环境是全国性的公共产品》,载《学习时报》2008 年 9 月 1 日,第 4 版;尹伟伦:《提高生态产品供给能力》,载《瞭望》2007 年第 11 期;杨筠:《生态公共产品的价格构成与实现机制》,载《经济体制改革》2005 年第 3 期。

② 参见徐祥民、巩固:《关于环境法体系的几点思考》,载《法学论坛》2009 年第 2 期。

生产消费阶段的产品特征与公益性,针对性地提出了政治经济规律的概念,以体系化的视角系统整合了以上概念,并以政府职权和职责为线索勾连了各部分,形成了一个由宏观到微观、环环相扣、层层递进、与具体实践密切结合的体系。最后,符合政治经济运行规律的生态公共产品有效供给的政府责任机制体系的内涵界定有助于深化公众对于政府责任的认识,监督政府依法行政,推进依法治国方略。符合政治经济规律的生态公共产品有效供给的政府责任机制体系的内在机制取向为限制和规范政府公权力,服务社会公共利益和公民个人权益,这与行政法的理念不谋而合,是政府在生态公共产品供给领域执行依法行政目标的基本遵循。主要体现在政治经济规律坚持以实现公共利益为目标、政府责任内容的法定性和层层把控的政府责任机制。依法治国应当与依法行政同步推进,依法治国方略实施的效果很大程度上取决于政府这一拥有公权力主体是否尊重和服从法律。

第四节 生态公共产品有效供给的政府责任机制建构的优化路径

一、以保护公共利益为价值目标

公共利益虽然在我国多部法律中都有所提及,但皆未对其有过具体的概念阐释和范围界定,学理上亦是仁者见仁,智者见智。应当承认由于公共利益本身界定的复杂性和划分标准不同,“提出一个客观的公共利益概念并能为人们所普遍接受几乎是不可能的,特别是无法用实质性的词句去形容它”。[①]在结合各学者所界定的公共利益的概念之后,本书认为,在本书的语境下,公共利益的基本范畴是指,公共利益客观存在于社会,由个体利益中抽象综合出来,被不特定多数人的公众占有、支配、处分;公共利益与政府利益或国家利益的意义不相同,它是不特定多数人的利益,具有非人格化的特征;在现代社会,政府是维护公共利益的责任主体,有责任实现公共利益及其基本条件。

美国公共行政学家登哈特曾总结公共利益定义的四种模式,本书认为规范模式最为切合本书的观点,即公共利益主要是作为一个规范而非实证的概念,公共利益不是用来描述实然状态而是用来描述应然状态以及行为的价值

---

① [美]詹姆斯·E.安德森:《公共决策》,谢明等译,华夏出版社1900年版,第2页。

原则。[①] 公共利益是一种不可替代的分析性概念,因此讨论公共利益的价值不仅在于明晰定义和范围,更重要的是,在不同的时代和背景中,理解适用公共利益并以之探索社会秩序与合作,平衡利益关系,建立一种合乎价值观的公共生活。

凡是政府职能所在,就是其目标所向,也是其责任所系。供给生态公共产品是政府公共服务职能的重要组成部分,因此有效供给生态公共产品是政府的职责所系。本书第一章第二节分析了生态公共产品有效供给的政府责任机制法律调整的必要性,指出政府是主导的生态公共产品供给的最佳角色。然而现实中政府存在多元化的目标追求,政府失灵现象亦常有所出现,表现在生态公共产品供给上为产品供不应求、供非所求等。此外,有部门利益的政府部门和个人私利的官员,与平常人一样有着利己的动机,遵循着"经济人"的基本理性规则行事。这可能与整个公共行政主体的价值观念产生矛盾。综上所述,本书认为由政府主导的生态公共产品供给应由责任机制加以规范,没有稳定而坚固的价值目标的责任机制存在着背弃立法与公众的期望的潜在风险。因此,本书在这里提出,生态公共产品有效供给政府责任机制应以保护公共利益为目标。

保护公共利益的目标决定了生态公共产品有效供给政府责任机制中政府及其公共行政人员的价值追求。第一,它指明了政府的治理运行方式与运行逻辑,即"以谈判为基础,强调行为者之间的对话和协作以便更好地提供公共物品和服务来促进公共利益更好地实现"。[②] 据此,政府有必要对社会公众有关于生态公共产品的需求给出积极的回应,公平有效地供给产品以满足公众对此的需求。并且,回应程度越高,反映到政府责任履行即表现出政府在生态公共产品供给过程中履职的充分性,公共利益得到保障的程度也越高。包括最能够直接反映公共行政理念的公共政策的制定也会因为政府责任目标的坚持而凸显保护公共利益的特点。第二,保护公共利益的目标规范了公共行政人员的行为,影响了他们的价值取向。正如前文所述,行政人员的私人身份与公职身份不可避免地发生重合,追逐私利的个人在利益驱动下,就不会为公共利益作出贡献,不能高效地为公众提高质量有保证的生态公共产品,甚至会借

① 参见韩志明:《公共利益与公共行政责任》,载《广东行政学院学报》2006 年第 1 期。

② [英]格里斯托克:《作为理论的治理:五个论点》,华夏风译,载《国际社会科学杂志》1999 年第 2 期。

此机会攫取私利，如建造豆腐渣生态工程赚取差价等。对此，本书认为应当通过制度安排和理念倡导两个方面解决这一问题。其中，制度安排以所倡导的理念作为支撑，即行政人员树立以保护公共利益为目标的理念，辅之以监督、问责、追责制度的构建。保护公共利益的价值目标不仅体现了行政人员的消极的、最低限度的义务——在法律规定的范围内，按照法定程序履行生态公共产品的有效供给责任，还包括了一种积极的伦理义务，由公务员自主判断公共利益的内涵与外延，主动回应公众需求成为公共价值的创造者。第三，保护公共利益的目标是社会和公众监督和评价政府责任履行的一个重要标准。以各国的实践来看，政府的行政权力和行政实践是公共需要和公共利益的产物。因此，政府的存在首先是满足公共需要和公共利益，即承担一定的职责。"在行政职权和职责对立统一的关系中，职权由职责来界定，是履行职责的手段和保证。换言之，职责是本体，职权为之所用，职责是本位，职权是其生发。"[①]以职责为本位的政府在行使职权时应同样以公共利益为目标，在行使公权力制定制度型生态公共产品、利用资源优势生产物质型生态公共产品时以保护公共利益为目标，并且以这一职权的行使服务于生态公共产品供给责任的实现和履行。社会在评价政府责任履行的好坏一般以利益是否得到有效实现为标准，在坚持保护公共利益的目标的同时，政府的正当性与合法性也得到了社会与公众的认可。第四，政府责任机制的任务和目标是保护公共利益目标的一个方面或其实现的一个阶段。生态公共产品有效供给政府责任机制的目标在本书理论概述部分已指出，即一是确定政府在生态公共产品供给中的职权和职责，使供给更加环保和高效；二是确立相应的责任追究机制，使在生态公共产品的供给活动中的政府权力不被滥用。可以看出，这两大目标的最终目的是在政府责任机制的框架下，利用公权力满足公众的生态公共产品的需求，保护公共利益。

从手段和目的的关系来看，生态公共产品有效供给的政府责任机制是保护公共利益的工具，而保护公共利益目标的实现程度、目标的性质因此可以作为政府责任机制构建的指导和评价手段，作为目标的公共利益因此成为政府生态公共产品供给责任的价值和行为标准。

首先，以保护公共利益为目标的政府责任机制要和在生态公共产品供给的领域建立一种公共利益共识为基础任务的表达机制以及公众参与机制一

① 文正邦：《职责本位初探——行政法理论基础试析》，载《法商研究》2001年第3期。

起，以畅通公众与政府生态公共产品的主要职能部门之间的沟通渠道，使政府内部成立高层议事听取建议后决策，提高产品供给的准确度。其次，建立协调机构，提供利益博弈平台并协调利益。最后，形成对政府行动进行公开评价的制度安排，即两大机制，包括社会监督和公众的监督权等。如此，将公共利益作为公共行政人员道德的行为规范，发挥政府在此之中的价值。①

二、坚持政府公权理论的指导

政府公权理论诞生于德国，经历了传统公权理论、经典公权理论、现代公权理论3个时期。公民在国家这一主体中并与之形成的关于明确其权利义务的问题是公权理论研究的主要内容。以法律是否赋予个人在裁判上主张自己利益的请求权为标准，将这种特殊利益分为公法权利和反射利益。公法权利是个人在公法领域的权利，是一种意志层面的权利，以意思表达方式要求国家对其利益给予保护，②亦被称为主观公法权利，获得这一行政请求权的前提是个人利益顺应公共利益、个人与国家处于垂直的法律关系之中；反射利益是指行政主体基于法规的公益性目的而有所作为或不作为，对个人利益的反射，通过这种反射，个人能够获得的事实层面的利益。③ 这一利益是事实上的可能与期待，个人未被授予以个人意志主张法律救济的权利。

公法权利理论联系了公法法规与行政诉讼等救济制度，在公法权利和反射利益这对概念的基础之上界定了公民能够依据公法得到的保护、救济范围，从而指导建立完善的行政诉讼制度。

权利是法律关系的内容，在探讨公法权利（利益）的含义后，本书认为应当明确这一行政法律关系的其他构成要素与本质属性。

行政法律关系的主体，是指在行政法律关系中，一切享受行政法上之权利、承担行政法上之义务的个人和组织，主要包括行政主体（国家行政机关和法律、法规规章授权的组织）和行政相对人（与作为管理者的行政主体相对应的，作为被管理者一方的当事人）。简言之，行政法律关系的主体为国家与个人；客体是行政法上权利义务所指向的对象或标的，一般包括物、行为、人身3个基本方面。

---

① 参见韩志明：《公共利益与公共行政责任》，载《广东行政学院学报》2006年第1期。
② 参见张雪城：《德国公法权利理论的梳理与分析》，载《研究生法学》2014年第1期。
③ 参见刘宗德：《行政不作为之国家赔偿责任》，载《政大法学评论》1987年第35期。

传统行政法学理论将行政法律关系界定为国家与个人的双边关系。德国学者哈特穆特·鲍尔以德国公法理论为起点,援用"私人间水平关系"与"行政与私人间垂直关系",重新解构行政法律关系。他认为,社会中无数的私人利益原本处于冲突状态,而公法的功能之一在于审查私人利益,提取多数社会成员普遍的、共同的私益使之成为公共利益,无数私人利益之间的水平关系转为行政与行政相对人之间的垂直关系,从而单纯化了冲突的形态,简洁化了利益调整方式,缓和了利益冲突和社会无序竞争,减轻了个人负担。将此作为行政任务交由行政主体全权负责,行政法律关系的实质是复合形态的私人间民事法律关系,而公益则是私益的集合化。①

通过对行政法律关系的解构,鲍尔进一步提出一个重要论断——普通公民对国家不享有一般的法律执行请求权,②这是因为水平关系上的私人利益需要被公益吸收,以获得成为垂直的行政与个人法律关系的主体资格。因此,国家公权力无法调控所有利益纠纷。这一论断所折射的即为反射利益的一部分,反射利益还包括了那些公益所难以吸收的第三人利益,对于这些利益,行政主体有必要予以重视。

经巴霍夫修正后的经典公权学说进步一阐明了反射利益和第三人利益,以法规是否至少兼有保护私人利益目的为判断标准,对第三人利益所享有的公权加以认可,并以行政法的视角加以调整。他认为,在私人水平关系上,判断行政直接相对人与第三人与行政主体之间的利害关系的标准外延模糊,不能草草以第三人与行政主体间的距离而将其利益置之不顾,两者的法律地位并无高下之分,应以相同态度待之。

公权的构成要件也是公权理论的重要内容,比勒提出了"公权三要件"说,他认为判断公权是否成立需要满足存在强行性法规、具有私益保护目的、援用可能性。③ 巴霍夫对"公权三要件"做出修正后不再以存在强行法规为必要条件,推翻了援用可能性构成要件,以遵循"存疑时推定有私益保护性"的原则缓和了保护私益目的的严格性。至此,公权的构成要件被极大放宽,以是否具有保护私人利益为判断标准。而在司法实践中,若行政法已经就某个事项的请求权明确授权于公民,则可直接将此评价为私人的公权利而不必再以

① 参见鲁鹏宇:《德国公权理论评介》,载《法学论坛》2010 年第 5 期。

② 同上。

③ 参见徐以祥:《耶利内克的公法权利思想》,载《比较法研究》2009 年第 6 期。

"公权三要件"说进行判断。公权理论的适用被限缩至法律规定不清晰的场合。

传统行政法理念保留着"公益本位""公权力优越""行政对个人的控制"等国家控制基础观念,行政法律关系是行政主体与行政相对人之间的双边法律关系。在此基础上的行政合法性原则的阐释是从行政直接相对人的角度进行的,因此权利保护的落脚点也是行政直接相对人。而多数利害关系人的正当利益诉求以及他们与国家之间的多数法律关系常常难以得到保障。

目前,人们普遍以为国家与社会处于一种互相融合的状态中,个人与国家不可分离,因而私人地位和利益易被国家地位和利益所埋没。在此现实背景和现行行政法理论指导下,坚持公权理论就是坚持将不论是行政直接相对人还是第三人的私人利益(相对应的为公共权利和反射利益)从传统行政法律体系中提炼出来,使之成为考量行政合法性、合理性的价值标准之一,亦作为生态公共产品供给政府责任机制的要素之一。

如前文对公权理论的介绍,它的构成要件之一是以保护私人利益为目标,坚持公权理论使政府重新审视责任机制的构建基础,关注公民的基本权利,如环境权、自由权等并以之限制政府公权力。我国最新修订的《行政诉讼法》也在其第1条①中首先体现出了兼顾保障公权力正常运转和保护公民、法人和其他组织的合法权益的价值目标。

私人利益在公权理论上体现为公共权利和反射利益,其核心为个人的行政请求权,行政法上为行政复议权与行政诉讼权。其中,最能够体现国家保护公民权利的为诉权。我国行政诉讼法借鉴了德国第三人公权的理论,将有权提起诉权的主体从行政直接相对人扩充至"行政行为相对人以及其他与行政行为有利害关系的公民、法人或者其他组织",《行政诉讼法》第29条②的规定进一步保障了第三人的行政诉讼权利。

以公权理论为指导的行政法律体在解决多边法律关系、不特定多数人的利益纠纷方面有其优势,例如,在处理环境利益纠纷时可用于判断私人利益的保护范围、保护程度以及采取何种方式加以救济,使政府在保护私人利益方面所需承担的责任大小、范围以及方式更为明晰,完善了政府责任机制。

---

① 《行政诉讼法》第1条规定:"为保证人民法院公正、及时审查行政案件,解决行政争议,保护公民、法人和其他组织的合法权益,监督行政机关依法行使职权,根据宪法,制定本法。"

② 《行政诉讼法》第29条规定:"公民、法人或者其他组织同被诉行政行为有利害关系但没有提起诉讼,或者同案件处理结果有利害关系的,可以作为第三人申请参加诉讼,或者由人民法院通知参与诉讼。"

三、构建适合中国国情的法律责任体系

(一)法律责任与法律责任体系

1. 法律责任

法律责任的常见定义有义务论、后果论和惩罚论。

一是义务论。法律责任是以违法行为作为连结点的必为义务。这一观点为以张显文为首的学者所坚持,并被称为“第二性义务论”。① 这一定义区分了法律责任与法律义务,是本书所采用的法律责任内涵。

二是后果论。这种观点认为法律责任就是责任主体必须承担的某种后果(包括了不利后果)。在这一意义上,法律责任是与违法行为紧密相连的,是只有实行某种违法行为的人才应当承担的法律后果。这一观点说明了法律责任的性质与原因。

三是惩罚说。这一观点是从法律责任的基本特征之一出发而下的定义,指追究法律责任就是要惩罚违法者,具有强制性与处罚性质。从某种意义上来说,责任主体应对其法律行为负责,也即意味着责任主体因其行为对其他主体造成的伤害在法律上应进行赔偿或应受处罚。

基于义务论,法律责任的特点有:第一,法律责任的法定性。法律责任是由国家运用法律形式事先予以明确规定的、要求必须实施的法律行为模式,法律责任承担的最终依据应当是法律。第二,法律责任的强制性。法律责任的承担由特定国家机关运用强制力量归结,以国家强制力为后盾保障实施,不以任何责任主体的个人意志为转移。第三,法律责任的当为性。即法律责任主体应当补救由于自己违反第一性义务所带来的对国家、社会、集体和他人所带来的伤害。

根据不同的部门法可将法律责任分为:民事责任、刑事责任、行政责任和违宪责任。

2. 法律责任体系

从法律责任的法定性来看,法律责任与法律规范体系密不可分。我国的全部现行法律规范以法律部门为标准排列组合成有机联系、统一的整体。由

① 参见张显文:《法学基本范畴研究》,中国政法大学出版社1993年版,第186页。其认为:“法律责任是由于侵犯法定权利或者违反法定义务而引起的,由专门国家机关认定并归结于法律关系的有责主体的、带有直接强制性的义务,亦即违反第一性法定义务而招致的第二性义务。”

于不同的部门法均有独特的调整对象和调整手段，在此基础上规定的法律责任亦可形成多层次、综合多种责任形式的一个内在统一的整体，即构成了法律责任体系。在法律责任体系中，法律责任形式、责任的程度、责任的功能以及惩罚的程度皆有所不同。尽管有以上的不同，但法律体系之中的法律责任不是孤立的，而是相互联系着的，各个组成部分在某个层次上发挥着制约和规范责任主体的行为，并且在总体上共同完成对社会关系和社会秩序的保护任务。例如，民事责任主要是保护平等主体之间的人身关系和财产关系，刑事责任以惩罚犯罪、保护人民为价值根据，行政责任作用于行政管理关系。在调整具体的法律关系时，各个法律责任也会相互协助、相互渗透，如刑事附带民事责任，进而丰富和发展责任方式，使法律责任体系灵活和完善。

我国的法律责任体系主要由民事责任、刑事责任、行政责任和违宪责任四个部分组成，本书将结合我国相关国情对其加以具体阐述。

（二）构建符合中国国情的法律责任体系

法律并不意味着强制，但是必要的强制力才能保证法律的顺利实施。所以优化生态公共产品有效供给的政府责任机制要注意对法律责任体系构建，这不仅是我国生态公共产品供给的现实需求，同时也是法律内容自身完善的科学性要求。当然法律责任体系构建应当是科学的、经济的、合理的，要结合一国的基本国情加以设计，否则就是无根之草，难以长久维持。

1987 年党的十三大确立了“三步走”的发展战略构想，以国民生产总值作为评价中国经济发展和社会发展的基本指标，全社会的力量因此被集中至经济建设上，至 21 世纪初，中国已成为世界第二大经济体。

然而经济的高速发展却是以生态、资源和环境作为代价的。诸如城乡发展畸形、资源分配不公、生态环境破坏等社会问题威胁了公民的基本生活和权利。中国此时正以有限的生态资源应对着世界上最多的人口与最高强度的发展需求。

与此同时，经济发展带动了公民的需求从基本的温饱向更高层次的公共服务转移，包括了诸如洁净的水、清洁的空气等生态公共产品的供给。生态公共产品隶属于环境公共服务，是政府公共服务职能的重要组成部分。一个地区的公民能否享受到基本的生态公共产品，进而实现人口、经济和环境的协调发展，考验着政府的治理能力和协调能力。自 2000 年以来，环境群体性事件爆发的数量一直持续着近 30% 的年增长率，成为社会稳定的重大隐患。由此可见，公众对于生态公共产品的需求量也已进入了爆发阶段，因政府不力所导致的生态公共产品供给不足可充分说明以牺牲环境利益而促进经济增长的发展方式不再可取。①

如前所述,生态公共产品有效供给应当由政府主导,在市场失灵的前提下,政府是生态公共产品有效供给的最优责任主体。但必须承认的是,政府作为一种制度安排,其自身的运行以及向公众提供着生态公共产品同样存在交易成本的问题,有着自身不可克服的缺陷。② 在中国的环境下,政府失灵是生态公共产品供给不足、不力的主要原因,结合中国的国情分析,导致政府失灵的原因主要有以下几点:第一,政府治理理念偏差。中国政府长期以“发展就是硬道理”作为治理理念。各级政府长期坚持经济增长主义,驱动政府以经济增长为导向,形成注重经济和管理的政府治理模式,政府生态公共产品的供给职能被弱化。在现实中,许多地方政府为取得较高水平的 GDP 增长水平,以当地的生态环境为代价容忍甚至纵容粗放式的经济模式,不顾环境承载力,使地区经济出现了畸形的发展,生态环境恶化,使当地民众的身心受到极大的伤害。第二,制度与理论疲软,难以提供支撑。首先,生态公共产品在中国的环境法领域是一个新兴概念,但究其本质会发现,生态公共产品并不是全新的、孤立于现行规范、制度存在的事实,相反,它隶属于环境公共服务,并已于各环境立法和行政规章中有所规定,但呈现碎片化和零散化的状态,学界与实务界对生态公共产品的供给主体、供给方式等具体问题都未能有一个统一和系统性的认识。其次,中国环境立法和行政立法规范政府的责任规定较少,以生态公共产品的有效供给为内容的政府责任又是少之又少,配套规范的滞后、监督机制的缺失与公众对生态公共产品日益增长的需求形成了鲜明的对比。尽管中央多次强调环境问责的力度,但由于无明文规定,政府所需承担的违法成本小,因此作为供给主要主体的政府铤而走险谋求个人收益的不在少数。第三,责任主体之间边界模糊。上下级政府之间、同级政府之间以及政府内各部门之间的法律规定模糊,导致权限划分不清,进而使责任边界与责任主体的界定模糊。地方政府间权责不清的典型例子为流域内水环境治理,上下游的流域之间的关系紧密本应作为一个有机整体治理,但由于行政区域划片,各地

① 参见樊继达:《提供生态型公共产品:政府转型的新旨向》,载《国家行政学院学报》2012年第6期。

② 参见陈晓永、张云:《环境公共产品的政府责任主体地位和边界辨析》,载《河北经贸大学学报》2015年第3期。

方政府的利益诉求不同，各自背离环境经济效益目标。

理论是行动的先导。建立一套行之有效的生态公共产品有效供给的政府责任机制，既需要外部责任机制的构建如在立法层面明确同级政府及其部门的权限，也需要学界对生态公共产品有效供给涉及的法律责任进行辨析和阐释。在这方面，符合我国国情的法律责任体系是一个先导性和关键性的理论问题。只有首先构建出符合我国国情的法律责任体制，对生态公共产品有效供给中涉及的责任主体、责任类型和各责任间的关系作出合理界定，才能从根本上优化我国的生态公共产品有效供给政府责任机制，为机制的实践和遵循提供制度上的保障。

如本书前文所述，在中国的国情下，生态公共产品有效供给应当由政府主导。生态公共产品有效供给的主要实施和推进主体为政府。根据权责相一致原则，本书认为政府是承担生态公共产品法律责任的适格主体也是主要主体。当然，不排除自然人、法人或者其他组织实施侵权等违法行为进而承担相应法律责任的可能性。其中，政府主要承担的是在生态公共产品的治理、维护阶段的行政责任和刑事责任，在生态公共产品的生产、消费过程中偶有作为普通民事主体参与民事法律关系并承担民事责任

1. 民事法律责任

民事法律责任，是民事法律关系中，义务人应当履行特定民事义务而未履行，导致相对人民事权利受到侵害，法律对此作出否定性评价并要求义务人承担的制裁性后果。

民事法律责任被称为民事责任，而与其他法律责任相区别主要有以下的特点：第一，民事法律责任主要是财产责任，而刑事与刑事责任主要表现为非财产责任；第二，民事责任有一定的任意性，权利主体可以减轻或放弃对责任主体的责任请求；第三，民事责任以补偿为目的，原则上不具有惩罚性。当然，必须指出的是包括我国在内的许多国家已在立法上有限地承认了惩罚性赔偿。民事责任使民事权利具有法律上之权力，保障了权利主体的利益实现。

由《民法通则》第 106 条之规定可知，民事责任产生的前提是对法律规定或合同约定的义务的不履行。为了使我国有追究相关主体民事责任的法律依据，本书建议国家加强相关立法工作，梳理生态公共产品供给的义务主体及其所要承担的义务并在各有关法律中加以明确，在此基础上构建责任体系和责任机制。只有在完善的法律体系之下，才能形成所谓的制度约束。

民事责任的形式是指违法行为人承担民事责任的具体方式。我国民法通

则规定了10种民事责任形式,分别为:停止侵害;排除妨碍;消除危险;返还财产;恢复原状;修理、重做、更换;赔偿损失;支付违约金;消除影响、恢复名誉;赔礼道歉。这些责任形式,可以单独适用,也可以合并适用。

生态公共产品供给分为生产、消费、治理、维护4个阶段。制度型生态公共产品包括基本的生态保护制度、环境法律法规等,其属于立法和司法层面的问题。而生态型公共产品虽一般无生产这一环节,但它和物质型生态公共产品类似,可采取市场主体参与、政府主导的供给模式,有民事主体介入的可能性,同时,在政府与市场混合供给的情况下,政府可作为特殊的民事主体实施民事行为,如与自然人、法人或其他组织签订合同、出让使用权等,并有资格在权利受到侵害时寻求法律救济,起诉相关市场主体。因此,在构建符合中国国情的法律体系时,不能忽视民事法律对市场主体侵权、违约等违法行为的规制,否则难以维持生态公共产品在公众之间持续、有效的供给。

2. 行政法律责任

根据不同的标准,对行政责任的种类可做不同的划分,如分为内部行政责任和外部行政责任等。

本书以行政法律关系主体为标准,将行政责任做如下划分:(1)行政主体的法律责任,是指行政主体违反行政法规范而应承担的法律责任。行政主体的法律责任根据行政违法行为侵害的利益性质不同分为向国家承担的责任和向行政相对人承担的责任。(2)行政公务人员的法律责任。这是行政公务人员的个人责任,主要是对国家(由行政机关代表)承担,主要源于两种违法情况:第一,违反行政机关内部管理秩序;第二,代表行政机关对外管理时,由于故意或者重大过失,致使行政机关对行政相对人做出违法的行政行为并造成对方合法利益的损害。(3)行政相对人的法律责任。这种责任也是个人责任,主要向国家承担,因为行政相对人的违法行为侵害了国家和社会的公共利益,破坏了国家的行政管理秩序。(4)监督主体的法律责任。这种责任是指法律监督者(行政机关内部监督主体)在监督活动中违反法律而应当承担的法律后果。

如前文所述,政府是承担生态公共产品供给的主要责任主体,而且中国生态公共产品供给不足、不力的主要原因是政府失灵。因此,本书关于行政责任的探讨主要集中在行政主体这一主体上。

现代法律责任是兼具道义性惩罚和功利性补偿的复合责任。[①] 针对不同的责任主体和违法事由，法律的价值取向亦是不同的。在生态公共产品供给法律责任中，行政主体的责任形式价值取向倾向于补偿，即为权益受到侵害的行政相对人提供补偿；而对行政公务人员和行政相对人则为惩罚和补偿并重，比如，行政机关向有重大过失的工作人员行使追偿权的责任形式。

行政主体的责任形式主要有停止侵害、恢复原状和补救型责任形式。其中，由于生态公共产品有巨大生态效益和社会效益，单纯地停止侵害难以弥补生态系统失衡造成的生态环境损失，因此恢复性责任形式和补救性责任形式是最常见也是运用频率最高的责任形式。

恢复性责任形式通过恢复应有状态使行政损害的外在表现萎缩为零，是最彻底的补救责任形式。适当的金钱赔偿在不能适用或不能完全适用恢复原状这一责任形式来实现预期目标时，可以达到和恢复原状相同的效果。生态公共产品的治理和维护过程中，行政主体的不当行政行为如决策不当、监管不当等将导致生态公共产品受损，会发生土地荒漠化、水土流失等危害公共安全和公共利益的情形。环境保护法及相关单行法如《大气污染防治法》《清洁生产促进法》《水污染防治法》等侧重于企事业单位和其他生产主体的法律责任，对于行政主体法律责任的规定则将矛头指向了直接负责的主管人员和其他责任人员，责任形式为给予记过、记大过或处分等形式。在惩罚了行政公务人员后，对行政主体恢复性责任形式和补偿性责任形式的规定几乎没有，使得已经遭受损害的生态公共产品供给难以为继。因此，本书建议完善生态公共产品的行政法律责任从在各环境立法中规定行政主体的恢复和补偿责任形式开始，促成环境立法和生态公共产品政府责任机制的构建。

3. 刑事法律责任

刑事法律责任是指犯罪的法律后果，即犯罪人因其犯罪行为而应承担的遭受国家定罪、处刑的负担或后果。我国《刑法》规定，故意犯罪，应当负刑事责任；过失犯罪，除法律有明文规定之外，不需要承担刑事责任。刑事责任，因其刑罚当罚性与民事责任、行政责任和道德责任相区别。

环境犯罪构成是指环境犯罪得以成立所必须具备的主观要件和客观要件的有机统一。我国目前通说承认犯罪构成的四要件模式，依次为犯罪客体要

---

① 参见王学辉：《行政法与行政诉讼法》，法律出版社2011年版，第198页。

件、犯罪客观方面、犯罪主体要件以及犯罪主观方面。[①]

在生态公共产品供给领域，犯罪主体可分为政府和其他主体。这就涉及单位刑事犯罪的问题。单位犯罪刑事责任具有双重性的特征，我国《刑法》第31条[②]规定的双罚制充分体现了这一点。在刑法分则中，共规定了123个双罚制的单位犯罪，其中涉及环境资源保护的为第338条至第345条，分别规定了污染环境罪、非法处置进口的固体废物罪、非法狩猎罪等，而这些犯罪主体也可以是非单位的其他主体。

在一一分析完这些罪名后，本书发现我国刑法所规定的破坏环境资源保护罪的前提是犯罪人实施了破坏环境这种积极主动的行为，是发生在生态公共产品供给的消费、维护、治理阶段中的某些部分的犯罪行为，而对于生态公共产品的生产环节中涉及的政府或者其他主体的刑事责任并无明确规定。刑法遵循罪刑法定原则，否定类推罪名，生态公共产品的性质亦不同于市场上流通的商品，既无法以破坏社会主义市场经济秩序罪加以处罚，亦无法在破坏环境资源保护罪中寻找依据，乃是刑法的立法漏洞，应加以填补。

我们应当着力研究如何利用刑法的强效规范作用来应对生态公共产品供给中可能出现的问题。以目前刑法关于环境犯罪的相关内容为基础，然后借鉴美国、日本等国家关于环境犯罪的经验规定更加严格、更为具体全面的刑事法律责任，只有这样，才能真正起到威慑作用，保障生态公共产品的有效供给。

---

① 参见高桂林、刘向宁、李姗姗：《环境法：原理与案例》，知识产权出版社2012年版，第144~146页。

② 《刑法》第31条规定：单位犯罪的，对单位判处罚金，并对其直接负责的主管人员和其他直接责任人员判处刑罚。本法分则和其他法律另有规定的。依照规定。

第五章　中国生态公共产品有效供给的政府责任机制设计

本书将生态公共产品定义为由自然或人提供的与生态密切相关的公共享用品。在现实生活中，有许许多多与之相似的产品，如有机食品、生态工业品、绿色农产品等。世界范围内对生态公共产品的研究日渐兴起。

美国、欧洲等国家和地区，非常重视环境保护，从20世纪初开始研究环境，试图创造更美好、更宜居的环境。这不仅是因为，在工业化的发展过程中，环境遭受了巨大破坏，生存环境受到了前所未有的挑战，而且是因为他们的经济发展水平已经很高，生产产品所需的边际成本已经降低，所以他们有能力将环境保护的成本通过市场纳入生产者的成本。同时，政府有足够的财政力量支持企业清洁生产。他们的环境保护意识早已不是停留在政府呼吁阶段，而是全民觉醒，自觉地保护环境。例如，法国对学生课本采用使用后回收的方式，学生都自觉不在学校发的课本上写字。

我国对环境的重视起步较晚，这不仅是因为我国一直以经济建设为中心，选择了先污染后治理的方式，而且在很大程度上与我们的观念也有关系。我国地大物博、物产丰富，以往的观念认为不需要考虑自己微小的行为带来的影响。如今，我国的经济发展模式带来了一系列不利的影响,危机到我们的生存环境,迫使我们开始反思,怎样治理污染,怎样发展低碳经济,怎样提高公民的环保意识,怎样生产对环境有利的生态公共产品。

通过对国外经济发展理论的学习,我们发现了很多值得借鉴的方式,比如,美国通过市场导向人们的行为,将环境引入生产者的成本;欧盟制定环境行动规划。但是,为了适应我国社会,我们必须在深入研究本国的国情基础上借鉴国外的做法,形成具有我国特色的环保之路。因此,本章将构建我国生态公共产品供给的机制。

第一节　我国生态公共产品有效供给的政府责任机制的理念、原则设计

在中国,环境问题被提上日程,保护环境、改善环境成为中国社会转型中政府的一项艰巨任务。环境作为一种公共产品理论引发的“公地悲剧”理论,以及环境外部性的经济学支撑引出政府作为生态公共产品最主要的供给者应承担的责任。

至于为什么着重依靠政府的力量,而不是其他组织或者公民本身,在此需要特别说明。

第一,经济基础决定上层建筑,我国的国库由中国人民银行控制,政府是最有经济实力推行大规模建设的主体。

根据《财政国库管理制度改革试点方案》的规定,除中国人民银行可以监督对国库账户和代理银行的管理,任何单位都不可以不经允许对国库账户体系的银行账户有所作为。财政部是持有和管理国库单一账户体系的职能部门,只有中国人民银行才能对国库账户和代理银行进行监督。

由政府将生态公共产品建立所需的资金纳入预算,向全国人民代表大会委员会报告,这样惠及全民以及子孙后代的方案,会得到大力的支持。

第二,我国公民的环境保护意识尚且不高,相关的环境保护组织的影响不足以达到敦促每位公民积极行动的程度。在公民的环保意识没有觉醒的情况下,需要政府这样强有力的主体才能推进环保改革。[①]

---

① 王进:《应用 PFI 方式进行公共产品生产的风险控制分析》,载《基建优化》2003 年第 5 期。

为了解决将来在供给生态公共产品中可能出现的问题，规避风险，需要设计一套不断完善的制度明确政府的责任，有效规范政府的行为。

一、生态公共产品理论

生态公共产品理论应该建立在我国国情基础上。我国政府公共服务职能尚在改进中，目前还没有完善的体系与平台，政府的政策是推动公共服务进步的主要因素，因此生态公共产品理论的构建需要由政府作为主力，并承担生态公共产品供给的主要责任。

理论的设计应当符合实际，要求政府在提供生态公共产品过程中，事无巨细，完全没有差错，是很难办到的。因此我们可以构建一个由私人主动融资、政府配合的方式。即由私营部门承担生态公共产品的设计、施工、运营任务，政府购买，并以政府名义推广的方式。以这样的承包方式，可以减轻政府巨大的生产、施工责任，又带动了私营企业的发展，促进各地区基础设施的完善、经济发展，一举多得。

在上述过程中，需要政府强有力的宏观调控和责任监管，并且此过程关乎国计民生，涉及千家万户，应绝对公开。

首先，政府应公开承包过程。

社会上"暗箱操作"现象广泛存在，使国家和人民损失惨重，政府不了解财政用在何处，纳税人也不清楚自己缴纳的税用在何处。如此产生的恶性循环，很可能激发社会矛盾，造成不必要的社会动乱。因此，政府在招投标或是使用其他方式，将生态公共产品的提供承包给私营企业时，应当举行听证会或者记者座谈会，在公众的监督之下，使决策过程阳光、透明，这既便于政府开展工作，也可加深人民群众对政府的理解，政府何乐而不为？况且，在我国越来越开放、越来越民主的背景下，我国公民的参政议政水平和权利意识不断提高，尤其是各高校的学生，都希望通过政府的行为，理解国家的方针政策，以此提高自己的政治修养，测试自己的政治敏感度。此外，科学技术的进步使人民获取信息的渠道更广泛，知晓信息更及时，广大人民有关心国事、天下事的热情。政府应始终做好将行政行为完全展现于"阳光"下的准备。如今民众参政议政的愿望强烈，参政议政的能力也得到加强，政府行为些许的不合理、不合法容易受到抨击，政府的行为应合理、合法，敢于接受人民的监督。

其次，私营企业应公开经营状况、财务收支状况。

一般企业的经营情况不会对外公开，因为涉及的企业商业秘密或者经营情况是一种潜在的竞争力，对外公开可能会使企业在市场上失去竞争优势。但是，正是因为对企业公开经营信息没有强制要求，使监管没有落到实处，容易出现企业生产不合格产品，甚至是有害人体健康的产品的情况。由于生态公共产品面向广大公民，受众面广，日后可能像食品一样不可或缺，因此在生产初期，必须要保证产品的安全性和环保性，生产让人民群众放心的生态公共产品。

只有企业尽到公开义务，才能便于群众了解生态公共产品的提供过程，便于政府监督所购的生态公共产品的生产过程。而且，给其他私营企业做出示范，使更多的企业加入生态公共产品提供的行列中，在这个领域形成良性竞争，使我国的生态公共产品提供带动相关产业的发展，形成一条坚固的产业链。这需要政府强制推行，或者将其作为招标时的一项条件。

在企业信息公开的过程中，可能会涉及企业商业秘密，这部分内容是不需要公开的。因此，对于商业秘密的界定应当在承包给企业之前就说明，否则日后的监管和公开都是空谈。

再次，政府要和企业共同要承担风险。

在生态公共产品提供初期，私营企业的规模和资金可能都不理想。如果完全由企业承担风险，会使企业丧失积极性，生态公共产品的提供之路会更加曲折。在此过程中，还会出现各种风险，如引进外资的风险、国际格局的变动、外交政策的变动、汇率变动、通货膨胀等，这些都会影响企业的资金链，进而影响生态公共产品的研发与生产。因此，政府应当在工程结束前主动负担一部分资金，由人民银行安排融资，使私营企业有经济基础，将风险控制在一定范围内，从而专心于研发、提供生态公共产品。

项目进行时，会出现技术难关、产品质量不好、市场需求不足、项目失败等风险，这些困难是所有企业参与市场经济中需要考虑的问题，因此这部分风险主要由私营企业承担。政府将此工程承包出去，就是需要企业攻克技术难关，提供高质量、高水平的生态公共产品，为政府向全国推广、提供生态公共产品创造更好的条件。这些问题主要由企业负责解决，应是企业在参与竞标之前的考虑。

在项目结束或是在运行中，可能会出现当地居民反对、政府财政不足拒付资金、环境政策的改变、财产立法的变更、合约的修改等风险，甚至水灾、火灾、台风、地震等自然灾害，这是企业在通常考量时不会涉及的问题，政府需要对这部分承担主要责任。生态公共产品的提供，应当是企业与政府互利共赢，最终服务于社会的过程。在企业遇到政策性、法律性、自然性的难题时,政府应出面解决,主动承担这些较大的风险,动用强大的公权力支持受灾企业。这会增加企业的信心,使生态公共产品的有效供给长期稳定地进行下去。同时,这也会给其他没有参与其中的企业一个好的信号,鼓励更多有潜力的企业参加这项事业。

最后,此过程各方均可以将项目在担保公司和保险公司投保。

保险公司的优势是赔付能力强、赔付范围广、迅速及时,是长期以来规避风险的很好选择,企业、政府将项目投保,可以有效地规避风险,减轻可能遇到的重大责任,稍稍减轻高投资、高风险的压力。并且,在实践中,保险公司愿意接受这样的投保。这是因为,与建筑工程合同保险类似,这样的保险标的遭受损失的风险不大,但是需要交纳的保费却不菲。更何况,政府作为一方当事人会在控制范围内,尽量降低风险,并且,政府具有高于普通民众和一般企业的防范风险的能力。即使因不可预见的风险,发生了保险事故,保险公司及时理赔,也能给保险公司树立一个良好的形象,形成其软实力。

向担保公司投保是新型投资方式,担保公司承担风险的能力很强,通过担保公司转移不容易控制的风险是一个智慧的选择。这样可以有效地改变生态公共产品投资面临的风险高、收益低的不利情况。在担保过程中,企业无须过多考虑技术风险,在改进技术、提高生产方面可以投入更多资金,为担保公司降低风险。担保公司也会积极寻求其他想要转移的风险,达到互利共赢、稳定国家经济发展的效果。

生态公共产品理论注重风险分散化,有企业、政府各自承担的风险,也有企业政府相互配合共同承担的风险,还有保险公司、担保公司可供转移风险。具备这样完整、配套的风险控制方式,生态公共产品的提供会顺利地进行。除此之外,政府市场化的行为会带动整个区域整体经济的发展,一举多得。

在这个过程中,可能出现的最大问题是各方协调配合的强度,因为不同主体都是为了各自利益,相互之间不易达到"默契"的程度。因此,需要作为公权力主体的政府,加强政府调控。

二、区别于行政性垄断

行政性垄断是指行政机关或者被授权的组织滥用行政权力,限制或者排除竞争,由此而形成的垄断。

在生态公共产品的理论中,很多行为与行政垄断相似。因此,我们需要严格分析行政垄断的定义，再评断政府提供生态公共产品过程中有没有违反我国《反垄断法》的规定。

行政垄断特征如下：第一，实施主体是政府及其授权的公共组织。地方政府、其所属部门以及国家行业管理部门，具有明显的保护本地区或者本部门的经济利益的目的，是实施行政垄断的主体。[①] 除此之外，政府授权具有行政管理职权的公共组织的行为也具有行政行为的性质，易做出限制竞争的不当行为。第二，行政垄断是对行政权力的滥用。政府的行政权力一般不受反垄断法的约束，因为在一般情况下，政府只是"守夜人"，并不直接干预市场经济的运行。但是，在行政权力被滥用的情况下，行政权力会使特定市场内的竞争受限制，这些行政行为就产生了异化，具有了经济行为的特质和特征。但是，在有些情况下，市场调节出现滞后或盲目的情形，政府的调节、干预尤为重要。这种调节行为是基于政府的市场监管职能，是正常的行政行为，并不属于行政权力的滥用。第三，行政垄断的本质是滥用行政权力排除、限制竞争。[②] 与市场垄断一样，行政垄断具有限制竞争、影响市场效率的危害。行政机关以行政主体的身份强制性地指定交易、强行干预市场主体的经营行为，与市场垄断中优势地位企业强制交易的行为如出一辙。而且，政府可以采取发布文件、制定政策、规定标准的方式影响市场，因此，对行政行为的纠正非常困难，普通公民不会轻易提起行政诉讼，企业基于长远利益的考虑，大多不会公然地反抗政府的文件。因此，行政垄断所产生的限制竞争的后果比市场垄断更严重。

行政垄断具有以下危害：第一，扭曲市场机制。行政垄断大多是为了本部门、本地区的利益，运用手中拥有的行政权力，干扰市场，扰乱市场秩序，市场调节的优势被掩盖，社会主义市场经济受到影响，其他资本主义国家也会因我国市场机制不完善而减少对我国的投资、贸易。第二，违反公平竞争原则。通过不正当手段行使行政权力，在市场上对部分企业进行特殊保护或强行干预企业的经营活动，制造不参与公平竞争的企业，抹杀市场竞争的精神，侵害企业利益。竞争是分配市场资源最好的方式，如果介入因素过多，扰乱了市场的正常秩序，合理的秩序就再难恢复，不利于经济的长期稳定发展。第三，削弱企业竞争力。在中标前的企业对研发新产品、降低生产成本具有积极性，一旦确定生态公共产品项目的合作者，其他竞标企业就失去生产积极性，中标企业

---

① 李昌麒：《经济法学》(第2版)，法律出版社2015年版，第267页。

② 同上书，第270页。

因失去竞争对手也容易失去竞争动力,影响科研水平,生态公共产品的更新换代也会受到影响。第四,违背 WTO 规则。WTO 要求“公开原则”“透明度原则”“国民待遇原则”,但是如果政府利用行政权力,实施地方保护,进行差别对待,那么是与这些原则完全背离的。我国政府应坚持这些原则、遵守这些义务,减少对经济活动的干预,自觉主动与全球统一的规则接轨,减少经济发展阻力。

行政垄断通常表现为地区垄断、部门垄断、强制交易、限制竞争协议。

行政地区垄断也被称为阻碍地区间商品流通的行为,主要是指政府通过行政权力设置贸易壁垒,达到人为地削弱地区外经营者竞争能力的目的的行为。例如,采取对外地商品设定歧视性收费项目、歧视性收费标准和措施,在道路上设置关卡等措施阻碍外地商品进入本地,阻碍本地商品出去。

行政部门垄断是行政主管部门利用自身的合法权利,如生产要素的分配、行政审批、行政许可等行为,限制企业的竞争行为。将行政职能与经济实体结合,无法律依据地授予企业形成行政性公司。行政性公司虽采取公司的形式,但是其具有行政权,官商不分,在市场竞争中处于绝对的优势地位,易控制市场竞争。

行政强制性交易是行政垄断的主体通过滥用行政权力而进行的强制行为。主要是限定他人与其指定的市场主体进行交易,或者使这些经济主体在同一市场中与其他经济体相比处于更加优越的特权地位,还包括通过行政命令要求对方对特定卖方优先供应商品或者优先签订合同。而这种指定、优先,没有法律依据,也不符合市场调节的规律。

行政性限制竞争协议,是政府与其他经营实体签订的控制价格、划分市场范围、限制其他经济实体进入市场或者将其他经济实体排除在外的任何协议形式的协议,或者政府部门通过行政强制手段逼迫经济实体签订限制竞争的协议。由于采用了行政手段,这种协议的更稳固,对市场竞争的危害更严重。

分析行政性垄断的表现和危害之后,我们发现行政垄断还可能出现在生态公共产品的供给中。

政府某些主管部门有对自然资源开发利用的行政许可权,该许可权被滥用会导致行政部门垄断。政府虽采用招投标的方式确定合作企业,但是在企业确定之后对该企业实施优惠政策,与企业共同商量生态公共产品的供给,这在无形之中形成了行业垄断,其他企业再想进入该市场就会遇到无形的阻碍。[1] 这等同于政府划定了进入壁垒。[2]

但是,我们认为这种行为不能用反垄断法来规制,至少在生态公共产品大规模推广之前不能适用反垄断法,原因如下。

第一,提供生态公共产品是一项为民服务。保护环境的工程,是为了国家长久利益。政府集中管理,有利于更好地集中相关的人力、物力、财力,特别是在生态公共产品的供给还没有形成大规模、相关市场主体还很少的情况下,利用公权力推行是最好的方法。

第二,在生态公共产品推行初期,需要大量的经济投入,但是回收成本以及赚取利益周期很长,很多企业为了自身发展,不会轻易涉足该项生产研发。在这种情况下,需要政府采取一定的激励方式,鼓励企业加入。也就是说,在根本无法形成竞争时,政府的行为看似垄断行为,但是并不会产生限制市场竞争、扰乱市场秩序的后果。

第三,政府提供生态公共产品更像是提供福利,经济因素并不多,因此与WTO的精神并不抵触。[3]

第四,因为生态公共产品由政府统一规划部署,并不是由某一地区的政府负责,所以不会产生地区之间的交流障碍。相反,在此过程中,需要各个地区之间相互配合,在资源、技术、人才方面相互交换,达到成本最小化。

因此,在生态公共产品中可能会遇到政府行政垄断的质疑,但是,为了国家的长远经济利益,这种行为即使违背了反垄断法,也应当被豁免。

三、衔接低碳生态城市

随着经济转型和产业结构调整,全球已有很多国家倡导“低碳”理念。在气候问题逐渐成为全球性的问题时,各个国家为了应对和处理这个问题,都积极寻找解决办法。从国家能源角度来看,大都采取了以“低碳”为核心的模式,开展了一系列探索。英国、德国、丹麦等国家在低碳城市的建设方面取得了显著成就。其中,丹麦作为典型代表,大力开发优质能源、可再生能源,改进能源消费模式,调整产业结构,创新建设了一系列新兴产业,在建设低碳城市

---

① 关海玲:《低碳生态城市发展的理论与实证研究》,经济科学出版社2012年版,第48页。

② 陈元良:《国家调节权:第四种权力形态》,载《现代法学》2007年第6期。

③ 戴龙文:《宏观控制下体育公共服务有效供给研究》,吉首大学2013年硕士学位论文,第27页。

中发挥了先锋作用。

英国早在2003年就提出“低碳经济”的理念，是最早提出“低碳”理念的国家。英国《能源白皮书》指出，低碳经济是一种经济形态，向低碳经济转型的过程就是低碳发展的过程。英国政府通过行政手段，制定了各行业的减排标准和目标，推出了征收气候变化税、实施政策性补贴、建立碳排放交易体系等行政措施。并且，英国政府还大力支持低碳建筑的设计，从建筑设计、建材选择以及建筑师和居民的意识上入手，推广全新的低碳居住理念。

德国的弗赖堡堪称低碳生态城市的典范，不仅制定了相关的法规，从制度上保证生态城市的顺利建设，还采用“自下而上”与“自上而下”相结合的方式，鼓励领导人与市民互动，实现生活生态化和低碳化。并且，弗赖堡大力发展绿色经济，使弗赖堡成为“绿色之都”。

随着经济发展水平的不断提高，人们的低碳认识也越来越强，低碳规划相继在美国、日本、法国、巴西等各个国家和地区展开。其中，美国虽然没有加入《京都议定书》，没有减排温室气体的义务，但美国没有放弃低碳发展的探索，制定了一系列的政策法规，出台了《低碳经济法案》、《抓住能源机遇，创建低碳经济》报告、《美国复兴和再投资计划》、《美国复苏与再投资法案》等。其中《美国复兴与再投资计划》，计划投入1500亿美元，以发展新能源作为投资重点，2012年将新能源发电占总能源发电的比例提高到10%。对于巴西来说，虽然没有像英国、德国、美国那样制定了明确的法律法规，但是作为能源技术水平一流的国家，巴西的银行计划为生物柴油企业提供融资，推出各种信贷优惠政策，巴西中央银行设立了专门的信贷基金，鼓励农庄种植大豆、甘蔗、向日葵等，用来满足生物柴油的需求。

中国低碳城市的发展也没有落后于世界其他国家和地区，我国是第一个将节能减排列为国家发展目标的发展中国家。我国正处于快速化城镇建设过程中，较发达国家，我国技术水平虽没有很高，但却最有条件发展低碳城市，并且也比发达国家更需要建设低碳生态城市。

我国在低碳城市建设中，取得了很好效果。厦门通过编制《低碳城市总体规划纲要》，重点从建筑、交通、生产三大领域节能减排。以“开源节流、平衡循环”为能源利用核心，以能源管理创新战略、能源高效利用战略、试点示范先行战略为技术支撑最终实现能源的低碳化利用。上海以筹备世博会为契机，着重关注可再生资源的提高和能效的提高，并在世博会期间使用了大量的新能源汽车和太阳能，实现了风力发电、光伏发电、新型储能、输变电、高效节能、电子自动化装备及软件这6大产业的集群式发展模式。

在以建设低碳生态型城市的背景下，生态公共产品将发挥更重要的作用。并且，由政府主导推动，与市场结合，会更大地发挥作用。生态公共产品在不断完善自身的同时，应考虑与低碳城市的配合，最大限度发挥作用，开拓市场。

政府已对生态低碳城市有所作为，并取得显著效果。这样的惠民工程，会使生态公共产品的可接受程度大大提高。同时，在生态公共产品的提供过程中要更加注重产品的质量和口碑，否则不仅生态公共产品没有市场，而且会阻碍已经进行的低碳生态城市的进一步发展。

四、加强政府调控

政府调控是政府运用一系列的经济手段对市场经济进行干预，是社会主义国家对经济管理的方式之一。政府主要运用政策、法规、计划等手段，优化资源配置，全面部署一国内现有以及可开采的资源、能源，最终实现市场商品供需平衡，保持经济持续、协调、稳定增长。

关于宏观调控是权利还是权力，不同专家学者有不同看法。有些学者认为，政府的宏观调控是行政行为，是一种公权力，有强制性、非营利性、可执行性。调控不当时，决策者还会承担引咎辞职、降职等责任。而有的学者则认为，调控是一种权利。在政府的调控过程中，政府是作为平等的民事主体参与经济活动中，特别是在生态公共产品的供给中体现得尤为明显。政府将一项生态公共产品供给承包给某一企业，双方是以签订合同的方式达成合意的，政府也负担必须履行合同义务的责任。政府通过直接购买商品刺激投资，拉动经济增长，以其自身的交易行为引导市场。比如，美国政府就经常采用扩大军火采购的方式来刺激经济发展。

本书认为，尽管政府宏观调控的行为有民事行为的特征，但是其属性仍然是公权力。政府的行政行为具有多样性，如行政许可、行政强制、行政指导、行政合同等。政府行使行政权力，并非都是强制性很明显的行政强制措施。特别是在我国法治社会建设日趋完善的当下，政府职能转变为以服务为主要任务，相较于管理型政府，则温和许多。此外，宏观调控调节的是市场失灵的领域，而不是私人领域。国家在市场机制资源配置失灵的领域、生产和消费无效率的领域中发挥着有限的调节作用。

因此，不能以在生态公共产品的供给中政府的强势地位不明显，就混淆了权利与权力的界限，认定政府调控是一种权利而非权力。

生态公共产品的公益性，需要政府对其调控。政府需要统筹规划生态公共产品的生产、运营、建设、修理。[①] 市场经济固有的缺陷和弱点使市场经济具有盲目性、滞后性、自发性。市场主要靠供需调节。当某一产品供不应求时，很多商家会自觉地大量生产供不应求的产品，以期获得利益。[②] 可是这样做往往适得其反，使市场上原本供不应求的商品变得供过于求，造成市场资源的浪费，人力、物力、财力得不偿失。而等到问题发生之后，要纠正这样的错误，可谓亡羊补牢，为时已晚。因此，需要政府及时调控，弥补市场调节的不足，克服市场调节的缺陷，促进经济健康有序的发展。

在生态公共产品的提供中，仅依靠市场调节会产生不利影响。在生态公共产品提供初期，市场上的生态公共产品有限，而且技术多不成熟，在供不应求的时期，会有大量商家为了牟利而研发生产，但是，到了产品供给中后期，会出现供过于求的现象，大量商家会撤出这个生产圈，导致生态公共产品供给市场的萎缩，使国家遭受重大的损失。[③]

此外，根据市场经济的一般规律，商家提供商品和服务要收取一定费用，谋取一定经济利益，因此，逐利性是市场经济主体行为的出发点和落脚点。[④] 在生态公共产品的供给领域，由于提供的生态公共产品属于公共性质的产品，在市场交易中，获利不多，这就使在生态公共产品提供的初期，一般的市场主体都不愿意提供生态公共产品，生态公共产品的发展空间有限。

因此，只有政府这个庞大的体系才能承担提供生态公共产品的任务，也必须承担调控生态公共产品供给的任务，同时还要协调生态公共产品提供过程中各方的关系。只有国家才能集中人力、物力、财力，完成这项关系国计民生、成本高昂、关系国民经济命脉的计划。

政府行使宏观调控的影响有双重性。一方面，调控合理，会让经济稳定增长、供需平衡、市场秩序稳定，不会出现因生态公共产品的存在而损害人民利益的问题；另一方面，调控失误，各方主体利益失衡，会造成国家经济秩序混乱。因此，政府调控是一个讲方法、讲策略的政府行事方式。[⑤]

---

① 许汝贞、魏鹏：《环境变迁与经济发展关系的研究》，山东人民出版社 2013 年版，第 55 页。

② 同上书，第 22 页。

③ 陈冬野、马清槐、周锦茹：《配第经济学著作选集》，商务印书馆 1981 年版，第 208 页。

④ 《黑格尔〈历史哲学〉》，王造时译，三联书店 1956 年版，第 261 页。

⑤ 郭玲玲：《发展伦理是人的一种生存方式》，载《沈阳师范大学学报》（社会科学版）2011 年第 1 期。

宏观调控是一个受主客观因素影响的过程。客观上,经济的发展态势决定着宏观调控的方向、方式、方法;主观上,决策者对于经济变化的分析是一个主观的认识过程,掌握市场信息的质量、数量,对数据的分析能力、决策水平都会影响决策者的理性判断。社会经济运行瞬息万变也为决策者的决策带来挑战,政府调控也不可避免会有一定滞后性。

政府调控是政府行使行政职权的方式,作为一个行政行为,应当受到法律的监督,作为调整经济的一种方式,更应当受到限制。

在世界经济的运行过程中,各国大都奉行市场经济,由市场自动调节经济,国家只会适当地干预、调节。在我国社会主义市场经济的背景下,同样应当尊重市场经济的主体地位。这是由我国的基本经济制度决定的。

由于政府调控是一项权力,而权力的最大弊端就是容易滥用。在生态公共产品的供给过程中,很多企业为了更简便地拿到政府的许可,缩减其经济成本,而向政府"寻租"。政府工作人员可能会为了牟利,而滥用手中的权力。所以,对于政府调控,需要一个监督的"笼子",对政府起到规范、约束、限制的作用。

这就决定政府调控需要有一定的制度保障。

第一,在调控的实施过程中必须对绩效进行考量分析,并根据结果不断地调整决策,使其适应经济的发展变化。只有对调控结果分析,才能发现调控过程中的问题,及时修改,让决策者感受到正确调控的重要性。只有对结果进行评论分析,决策者才会对决策尽到应尽的注意义务。生态公共产品的供给偏向于公共服务,而提供公共服务对于政府人员来说,直接现实的经济回报很少,这会影响办事人员的热情与积极度。因此,只有将其工作结果纳入考核标准,给予其一定的外部压力,才会激发其工作动力。[①] 只有在最开始的决策环节严把关,才能确保之后的供给过程走对方向。并且,在绩效考核的过程中,要做到客观公正,否则会造成决策久而不决的拖沓现象,影响经济生产的过程。

第二,要将法律的规范、制约、保障、导向、调节功能纳入调控过程。我国是一个依法治国的国家,政府行为只有符合法律法规的规定,才会充分发挥其效力和威力。在生态公共产品供给的调控过程中,政府的行为应当符合民法、

---

① 薛进军、赵忠秀:《中国低碳经济发展报告(2015)》,社会科学文献出版社2015年版,第22页。

刑法、行政法等法律规范。在政府与企业签订承揽合同时，应当遵守签约前保守商业秘密、协助合同履行等义务，否则政府应承担缔约过失责任，对于给企业造成的损失，应当赔偿。在合同履行过程中，应当遵守诚实信用原则，及时履行义务，如支付价款、按时收货、在合理期间内检查产品的数量、质量，不能以其国家行政机关的身份欺诈、胁迫企业。在政府行为失当、触犯刑法时，应对政府单位处以罚金，对其主管人员和直接负责的责任人员追究刑事责任。最直接的调控过程应当合法、合理、程序正当、诚实守信、高效便民、权责一致。调控要公开听取意见，保障行政相对人和利害关系人的知情权、参与权和救济权。行政机关违法或是不当行使权力，应当承担相应法律责任。如将某一生态公共产品供给承包给某企业，政府的承包过程需要对外公告，让相关居民清楚具体情况。政府也应当保护相关企业的利益、隐私。

第三，对政府的调控需要有监督机制。没有监督或自我监督，都是腐败滋生的原因。生态公共产品的供给，是关乎国计民生的大事，与每一公民都有利害关系，"暗箱操作"行为会损害公民合法权益。因此，由行政机关外部的机关监督是一个可供选择的方式。立法机关可以针对政府调控的方式制定法律，规范政府的调控，同时限制政府的权力。

人民代表大会是我国的立法机关，也是产生行政组织的权力机关。立法监督是最基本、最有效的监督方式，构建了政府权力行使的框架。行政机关的行为也必须对立法机关负责。政府行政最基本的要求就是依法行政。由法律规定、限制政府行使权力的范围、方式、程序，才能形成井然有序的政府组织。立法的监督是最有效的，但是立法滞后于市民生活。我们需要更加及时有效的司法监督。

司法机关可以审查政府调控中的违法行为，责令其改正并赔偿受害人的损失。[1] 司法监督是最后一道防线，也是最强有力的救济方式。虽然我国采取不告不理的诉讼原则，但是针对政府这样的权力机关，敢于挑战其权威的人少之又少，司法机关应该主动审查其行为，使其更加规范地行使权力。而司法机关的财政由政府掌控，故司法机关主动审查的积极性不高，这有待于我国公、检、法财政独立。

第四，为了保证政府的调控行为合法、合理，取得良好社会效果，被广大人

① 薛进军、赵忠秀：《中国低碳经济发展报告(2015)》，社会科学文献出版社2015年版，第22页。

民理解、接受,公民、企业、中国共产党、政协都应当监督政府的调控行为。

公民让渡权利,由政府代为行使,政府需接受公民的监督。公民可以通过市长信箱、新闻媒体、听证会等渠道行使监督权。个人的理性程度有限,特别是当自己的权利遭到侵犯时,很可能在情绪失控的情况下扰乱政府正常行为。所以,公民的监督权的行使要合理、合法、有序,不能滥用监督权。另外,公民的监督权也应有法律救济,否则将成为纸上的权利。

企业既可以作为合同的一方当事人对政府的违约行为提出不满,要求赔偿,也可以作为行政相对人,对政府的行政行为提起行政之诉。但是,不论是何种方法,企业在行使自己的监督权时也要注意方式方法。企业具有享受权利、承担义务的双重身份,在行使权利的同时,不能忘记身负义务。不能以权利受到侵害为理由,不履行自己的义务。

中国共产党是我国社会主义的领导核心,政府行为除受到法律的规制外,还要接受党的领导。在生态公共产品的供给过程中,政府的行为要接受共产党的领导。对于官员的违法乱纪行为,不仅要接受法律制裁,还要接受党纪处分。

政协组织作为参政议政的组织,承担着评议行政行为的任务,这也是政协的权利。对于国家的大政方针,我们需要政协组织出谋划策,当行政机关的行为出现不合理之处时,我们也需要政协组织适时地提出意见和建议。

只有构建了全要素、全过程、全方位的监督机制,政府行为才会更加规范、有序。

五、兼顾环境保护和经济发展平衡

(一)环境与经济之间的关系

环境是人类社会赖以生存的基础,经济活动是人类满足自身存在与发展的手段,是人类最基本的实践活动,人类的全部经济活动以既定的环境条件为基础,经济活动的方式和内容受环境制约。在不同的环境条件影响下,会出现不同的生产、生活方式和产品。经济活动的目的是获取人类生存和发展所必需的物质财富,而物质财富的取得是人类通过对自然环境中的自然物质加工而来的。这样,人类在获取物质财富的过程中,就不知不觉地改变已有的环境状态。由于人类的经济活动是连续的,所以经济活动对环境的影响也就是连续的。但是,无论环境在人类活动的影响下怎样变化,既定的环境对人类活动的制约是无法避免的。丰富的自然资源为经济发展提供了物质支持,但是自然资源却是有限的,于是,在环境变迁与经济发展之间产生了千丝万缕的关系。

环境变迁和经济发展关系,说到底就是“人地关系”,只不过对这里的“人”要作广义的理解,既包括有生命的自然人,还包括各种人类行为和整个人类社会。关于“人地关系”,无论是西方学者还是东方学者都在探索、解释。在古希腊时期,柏拉图和亚里士多德对其发表了看法。资本主义产生后,资产阶级提出了理论。马克思主义从历史唯物主义的角度也对其进行了解释。在中国历史早期,哲学家们也试图对其予以阐释。

古希腊思想家柏拉图、亚里士多德等学者是“地理环境决定论”的创始者。他们认为,地理位置、土壤、气候决定着一个民族和社会的发展,并在环境和经济问题上曾经提出:人类的发展与环境的承载力相适应,人口应当保持在相对适度的范围内。柏拉图在《对话》中记录了雅典土地发生过的变化:“先前肥沃的土地现在只剩下一副病怏怏的骨架,所有松软的土壤都被冲蚀殆尽,剩下的只有裸露的骨架。可耕作的土地变成了荒山,遍布沃土的平原现在变成了沼泽。一些现在已经荒芜的古神庙,就坐落在那曾经喷涌喷泉的地点,它们证实了我们关于土地的描绘真实性。”柏拉图以其敏锐的洞察力深刻地认识到,生态环境的破坏将会导致文明的衰落。

17 世纪,英国经济学家威廉·配第曾经提出:“土地为财富之母,而劳动则为财富之父和能动的要素。”基于这种认识,他认为:人口少,是真正的贫穷;人口的增加有利于财富的增加,而利用土地则是增加财富的方式。① 由此可见,他是从生产要素的角度注意人的劳动对经济发展的作用,而忽视土地资源对人口的限制。在他的认识中,资源是无限的,只要劳动就可以获得大量财富,显然这样的认识是不利于环境保护的。

19 世纪,德国哲学家黑格尔从历史哲学的角度概括了地理环境在人类社会发展中的作用,他从地理环境决定人类的经济生产方式,经济生产方式决定一个国家和民族的社会关系和政治制度的角度来说明地理环境对人类的影响。

由上可见,在马克思主义诞生以前的学者只看到了地理环境对人类社会的影响,没有说明人类活动,尤其是人类的经济活动对地理环境的影响。他们大都陷入“地理环境决定论”的片面中。不过,我们也不能否认他们的功绩,

---

① 任婵娟:《我国政府法律责任制度研究》,河北师范大学宪法学 2009 年硕士学位论文,第 28 页。

他们为后来的环境与经济关系的认识奠定了深厚基础。①

马克思主义不仅从宏观上科学地说明了自然环境与人类社会发展之间的关系,同时也从人类的具体经济活动对环境的破坏方面进行论述,从反面完善了人们对于人对自然环境的反作用的认识。“我们不能过分陶醉于我们对自然界的胜利。对于每一次这样的胜利,自然界都报复了我们。每一次的胜利,在第一步确实都取得了我们预期的结果,但是第二步和第三步都出现完全不同的结果,常常取消了第一个结果。希腊、小亚细亚、美索不达米亚等地的居民,为了耕地,把森林砍光,他们没有想到,没有森林的储水能力,得到的耕地如今都变成了荒芜之地。”

恩格斯不仅看到农业经济对自然环境的影响,在他的《英国工人阶级状况》中还谈到工业化给英国带来的巨大污染以及被污染的环境造成大量居民的健康问题。书中既充分肯定了工业革命带大的巨大的经济效益,给英国带来的翻天覆地的变革,也真实地记录了工业化初期的环境问题,真实地描写了在污烟笼罩、污水环绕下的居民们的生活。他以直接描写的方式告诫我们,经济发展导致的环境污染不能小觑。

我们的祖先也关注周围世界,探究着“天”与“人”的关系,司马迁的“究天人之际”表明了先人对“天”“人”关系的高度重视和不断探索,在生产发展的过程中,总结出人与自然环境的关系——天人合一。先民们看到,衣食之需、生产之用都源于山林泽薮。自然资源一旦丧失,我们便无以为生。我国先民对自然的畏惧不仅源自对自然的崇拜,还源于对自然的依赖。因此,在社会早期,在生产生活中保护自然环境是一种本能。另外,对自然资源的过度开采,引发了人们的忧患意识。古人告诫:“竭泽而渔,岂不获得?而明年无鱼;焚薮而田,岂不获得?而明年无兽。”

由先秦倡导的这种保护环境资源的意识,在后来中国历史的发展中被继承,对中国早期的农业经济的发展起到了很好作用。作为珍贵的文化遗产,人与自然和谐共生的思想是我们中华文明源远流长、绵延不绝的重要原因。这对于我们当今处理保护环境与经济发展的关系也有重要的借鉴意义。

(二)环境变化与经济发展失衡

然而,我们并没有很好地继承“天人合一”的理念,在经济发展的过程中,

① 许继芳:《建设环境友好型社会中的政府环境责任研究》,苏州大学2010年博士学位论文,第38页。

造成了一系列的环境问题。

在20世纪60、70年代,“人有多大胆,地有多大产”错误理念对环境的破坏,不言自明,我们也为此付出了惨痛的代价。

当前,我们的区域环境污染日趋严重。尽管在“十一五”以来,全国的氮氧化物、二氧化硫、氨氮排放量每年都在下降,但目前依然分别高达2227万吨、2044万吨、246万吨,大气污染的状况仍然在加剧。尤其是近些年来PM2.5攀升造成的雾霾天气令人担忧。2014年以来,雾霾天气没有好转,反而呈现更加严重的趋势,发生频率不断增加,持续时间不断延长,覆盖范围不断扩大,PM2.5“爆表”的报道越来越频繁,区域复合型污染特征越来越明显。严重的空气污染,不仅影响人们的心情、健康、出行、生活,也影响着国家的经济发展、人才引进等各个方面。

可叹的是,空气污染只是我国环境问题的冰山一角,我们的整个生态环境都面临着前所未有的挑战。2013年在地下水方面,在总数为4778个的监测点中,水质较差和水质极差的比例高达59.6%;在海洋方面,流入的污染物不断增加,红树林、珊瑚礁、沿海湿地面积与20世纪50年代相比,不断减少;在土壤方面,西北方土地沙漠化,东南方土地盐碱化,土壤的生产力水平不断下降。从全国范围来观察,环境污染正从城市向农村转移,从局部地区向区域扩散,从浅层污染向深层污染扩散,从经济发达区、人口稠密区向经济欠发达区、人口稀疏区转移,从常规性污染向非常规性污染、有毒污染转移。环境污染问题已成为“国之殇,民之痛,官之悲”。①

(三)平衡保护环境与经济发展

环境保护与经济发展平衡,是指在经济的发展过程中,不能走先发展、后治理的老路,不能以牺牲环境为代价发展经济,也不能只维护环境,不发展经济,而是要在保护环境与发展经济中找到一个平衡点。

如今,我国正面临能源转型升级的最佳机遇。

首先,能源革命正成为未来全球发展的重要方向,2011年,美国洛杉矶研究所出版的*Reinventing Fire*研究报告,阐述了美国21世纪前期的能源发展路线图。报告中认为,通过大幅度提高能源利用效率和开发利用新能源,采用市场化的面向工业、电力、交通和建筑的整体解决方案,美国完全可以构建起新

① 黄庶:《公共责任理论与我国公共责任机制的选择》,郑州大学2001年硕士学位论文,第40页。

型的国家能源供应体系。在2050年之前，完全可以不依赖石油、煤炭和核能，实现美国的能源体系的革命性发展。德国生态经济学家魏伯乐在其出版的《15倍级——缩减资源消耗，转型绿色经济》一书中认为，当今世界的技术和手段，可以提高5倍的资源生产率，减少80%的资源消耗，从而实现全球经济向绿色经济转型。美国经济学家杰里米·里夫金在所著的《第三次工业革命——新经济模式如何改变世界》一书中重新定义了工业革命，他认为第三次工业革命会以再生能源为主导，分布式的可再生资源与分布式的通信和信息互联网技术融合，从而创建出一个一体化、以合作分享为基础的互动能源生态体系，并通过这一能源系统的变革，实现整个社会经济发展模式的重大变革。

无论是美国洛杉矶研究所的“重塑能源”，魏伯乐的“5倍级”理论，还是杰里米·里夫金的第三次工业革命，都在说明高碳能源的时代没有市场，绿色、低碳能源将是未来的发展所需，这也会是支撑未来中国社会发展的基石。能源革命正在成为全球发展的重要方向，这也为中国未来的经济发展提供了新的发展路径。

其次，我国国内环境污染不堪重负，必须要推动能源向绿色低碳的模式转型。

由于我国长期坚持“以经济建设为中心”，忽视了对环境该有的重视，导致我们走上必然出现环境污染的工业化道路。

最后，“四个革命一合作”的能源发展战略的政策，是推动能源转型的保障。

在人口众多、幅员辽阔的社会主义的国家，国家政策为我们发展经济提供必不可少的支持。经济的转型升级，也必须要得到国家政策的充分保障。

2014年6月，国家主席习近平在中央财经领导小组第六次会议上提出：推动能源消费革命、推动能源供给革命、推动能源技术革命、推动能源体制革命和全方位加强国际合作为具体要求的“四个革命一个合作”的发展方式，为中国的经济转型升级提供了有力的政策保障。今后的经济发展更要注意保护环境的问题。

生态公共产品的供给是为了响应党的十八大关于“五位一体”的总布局，为了构建社会主义和谐社会，建设生态文明社会。其最初是为了我国经济的发展走一条生态友好的道路，而其作为经济活动，也必然会追求一定的经济目标，让生态公共产品的供给带动相关经济更好发展。因此，生态公共产品供给要兼顾环境保护和经济发展的平衡。

在生态公共产品的供给中同样会出现各种环境问题，其危害未必会小于重工业带来的危害，我们不能掉以轻心。

首先，生态公共产品的生产过程中，需要燃料、原料这些基本的动力与材料。以燃料为例，中国各地的燃料种类不同。在北方地区，以燃煤为主；在"西气东输"工程沿线，以天然气为主；在沿海，以风力、核能为主。燃煤，由于煤炭不完全燃烧，会产生大气污染问题。① 在煤炭的开采过程中，有坑道的植被被破坏，难以恢复，出现土地退化、沙化的问题。天然气使用过程中会发生泄露爆炸问题，以及由于其无色无味，泄露不易被察觉，而导致中毒问题。在核能的使用过程中，会有辐射、核泄漏等问题。风能虽然清洁，可是其利用范围、技术水平有限。以原料为例，各地的生产技术水平不同，同样的原材料，也会有好次之分，次品中很可能残留对人体有害的化学物质。

其次，由于生产技术水平的局限性，我国的生态公共产品的成品未必是对人体百害而无一利的清洁、新型产品。而且，我国幅员辽阔、人口众多的国情也决定，我们现阶段不可能生产出如此环保的生态公共产品。我们只能做到最基本的生态公共产品有效供给，并且这是一个不断发展的过程，需要一步一步地完善。

再次，在运输生态公共产品的过程中，交通工具的选择，也会对我们的环境有或大或小的影响。无论是运输量大、成本低的铁路运输、海洋运输，还是运输量有限、速度快的航空运输，在运输过程中，由于运输不当，都会产生环境污染问题。

最后，在当今信息化时代，很多生态公共产品会以电子产品的方式呈现，而电子产品天然就对人体有辐射，而这些电子产品对空气、土壤、水源的污染是无形的、不易被察觉的，甚至是难以监测、修复的。

新的产品伴随新的污染方式可能即将产生，因此，在生态公共产品的供给中，要特别重视对环境的保护。先发展、后治理的方式对于重工业的发展有补救的可能，但对于新型污染可能是亡羊补牢，为时已晚。

六、加强政府监管

政府监管，又称政府规制或者管制，是在市场经济条件下，政府对微观经

---

① 褚秋亭：《关于我国固体废弃物回收利用的立法思考》，中国海洋大学2006年硕士学位论文，第40页。

济主体进行规范与制约,最终实现公共政策目标。

政府监管是我国管理经济的一种方式,生态公共产品的供给是我国发展经济的一种方式,其理应接受政府监管。并且,由于生态公共产品的供给涉及的利益群体广泛,影响政府的公共政策,所以需要政府尤其重视,加强监管。

政府对于生态公共产品的供给的监管,应当贯穿生态公共产品提供始终。通过生态公共产品供给中主体资格的认证、交易权益保护的监管、交易行为和秩序规范等方式来维护市场秩序中的公平竞争,提高市场竞争的效率。

在生态公共产品供给中,政府监管可以分为国家职能部门的监管和平等主体的监管。

作为国家行政机关,政府应尽到最基本的监管权力和义务。例如,在与相关企业签订承揽合同时,政府应当依照法律、法规的规定,审查企业是否具备主体资格,此过程主要是形式审查,如审查其营业执照等法人资格条件是否具备。在招标过程中,维护竞标秩序,保证公平公正的竞争过程,以合理的价格选择最合适的企业。对于在竞争中出现的诈骗、"寻租"等行为要依法给予行政处分。在签订合同以后,企业的生产过程中,税收部门要注意监管企业的税收缴纳状况,对于逃税、骗税、抗税等行为要依法追究。安全监管部门要关注企业的生产作业是否符合国家的安全标准,工人的工作环境是否符合国家的标准。验收部门要仔细查看产品的质量、数量,对于不合格产品要求其返工,不可因时间紧迫等不正当理由而虚假验收。在此监管过程中,政府的着眼点应是企业行为不损害公共政策、不危及公共利益,国家经济活动有序进行,市场经济平稳健康发展。

作为与企业签订合同的相对方,政府在一定程度上具有平等民事主体的性质。其对于合同的履行还可以行使更具体的权利。例如,对于合同的标的即生态公共产品的种类、数量、质量、价格的选择,合同履行期限的约定,合同交付地的选择,合同争议处理方式的选择。政府具有对企业的不安抗辩权:约定政府先支付价款时,政府有确切证据表明企业履行提供生态公共产品的能力恶化时,在企业没有履行对待给付义务或者提出充分担保前,可以中止先为给付。政府具有后履行抗辩权,即先提供生态公共产品的企业,履行合同不符合约定,政府有权拒绝受领不合格产品。在此过程中,不能以评价行政机关的行政权力来评价政府的行为,作为民事合同的一方,政府的权利是正当的,并非是对市场经济主体的不正当干预、过分干预。

与宏观调控不同,政府监管不是约束、限制政府的权力,而是注重政府对经济主体的监管职责,敦促政府履行其对经济的管理职责,使经济活动在政府的监管下安全、有效、平稳地进行,使生态公共产品的供给有效、高效。

第二节　生态公共产品有效供给的政府责任法律保障机制

生态公共产品有效供给需要依靠政府的全程支持,为了政府行为的合法、合理、有效,需要设计生态公共产品政府有效供给责任理论,制定政府责任法律保障机制,明确政府的责任,约束政府的行为。

一、政府责任理论对政府责任法律保障机制的支撑作用

生态公共产品的有效供给是政府的责任,政府要以其财政作为支撑,保证生态公共产品的有效供给。

生态公共产品由社会公共享用。在使用过程中,其具有非市场性、非排他性、非营利性的性质。在社会主义市场经济的环境下,追逐经济利润是企业的目标,只有政府这样的国家机关才有财力、能力承担生态公共产品有效供给的任务。由于生态公共产品关乎国计民生,涉及千家万户,只有政府这样的主体才有权力保证生态公共产品有效供给,而且,也必须由政府对生态公共产品的有效供给承担责任。

政府是国家的行政机关,承担着对国家各项事物的管理职能,也是生态公共产品有效供给当然、合法的主体。

为了保障最广大人民的根本利益,为了人民有更好的生活环境、国家更好地发展,政府要切实保障生态公共产品的有效供给。生态公共产品的供给是一个不断提供、保证质量的过程,在提供过程中,生态公共产品不能有瑕疵、差错,否则政府要承担行政行为不当给行政相对人造成损失的责任,承担国家赔偿责任、补偿责任。

因此,我们要在生态公共产品政府有效供给责任理论的指导下,制定政府责任法律保障机制。

二、政府责任法律保障机制的构建

政府的责任需要法律保障,有其理论依据。其一,根据社会契约论的构想。政府的权力由公民让渡,政府行使的是公民让渡出来的权力。既然公民

的权利行使需要受到法律监督,那么政府的权力行使自然也要受法律监督。如果没有法律的监督,使政府容易扩大权力,使公民权利受到限制。其二,根据环境信托理论,阳光、空气、水这些人类生活中必不可少的生态公共产品,如今遭受了严重的破坏与污染,威胁到了人类的生存和健康。为了合理支配和保护这些“公共财产”,国家作为全体共有人的委托代理人管理这些财产,且不得滥用权力,须对共有人负责。其三,环境权理论也将“公共财产”委托给国家保存和管理,而国家作为受托人就负有为委托人保存和管理好共有财产的职责。

行政权天生有扩张性,政府责任的法律保障正是要解决一些政府机关“有其权而不负其责”的现象,要求政府对其行为负责。所以,生态公共产品有效供给的政府责任法律保障机制必不可少。

对政府责任的法律保障机制分为两类:外部机制和内部机制。

外部机制是指行政机关外部对政府责任的监督。[①] 具体有立法体系、司法体系、中国共产党的监督、人民群众的监督。全国人民代表大会及其常务委员会,作为立法机关应当制定完善的政府责任的法律保障机制,让政府的责任有法可依,不负责任的行为受到相应惩处。人民代表大会对政府承担生态公共产品有效供给责任的法律制定应当具体而科学,具有稳定性、实施上的可能性。例如,授予政府建立环境保护和资源开采的所有权制度和许可制度、建立资源的战略储备制度的权力,并对实施这些权力的过程作出具体的规范。司法机关对于政府在生态公共产品供给的过程中的程序合法性要主动审查,及时纠正。对于企业诉政府的案件要公平公正审理,不可以偏袒任何一方,尤其注意不能因为政府的权势而偏向政府。中国共产党作为中国各项事业的领导核心,对政府的行为负有领导责任,政府的行为要符合党的方针政策。人民群众可以通过信息公开制度、回避制度、舆论方式对政府的具体行政行为进行监督,以合法、合理的方式保护自身的合法权益。对企业或者政府的侵权行为要积极地运用法律武器,维护自己的正当权利。对于涉及公共利益的情况还可以请求检察机关提起公诉。

内部机制是指行政机关内部对行政行为的监督,有上级机关对下级机关的监督、监察部门的监督。[②] 在生态公共产品有效供给的过程中,政府和企业

① 王学辉:《行政法与行政诉讼法学》,法律出版社 2015 年版,第 151 页。

② 王晓雪:《建立我国矿产资源战略基地储备制度》,载《财政研究》2009 年第 10 期。

之间会发生多次交涉，政府之间也会发生多次交涉，在这些相互交往的过程中，政府的行为很可能会越权、失责，而作为外部机关，对具体的行政行为了解得不够清楚，这就需要政府内部规范自己的行为。上级机关发现其管理的机关出现问题，应当及时责令其纠正。政府监察机关也要时刻关注政府的行政行为，避免政府错误的行政行为导致危害扩大。当行政机关发现自己不合理、不合法的行为并及时纠正以后，我们不能扰乱行政机关的正常工作秩序。

生态公共产品的有效提供，对外会牵扯千家万户，对内也会由各行政部门集体负责。在一个区域内的行政机关之间发生矛盾，其解决的效率是可以保证的，但是，如果是区域间的合作，政府之间的权责不明，很可能出现监管漏洞。这不仅需要监督，更需要政府机关自身规范其行为。各政府机关，应当审慎使用权力，严格规范权力，有错必改，违法必究。

构建政府的责任机制，需要有体系化的设计。因为政府的责任重大，改正错误的成本远远大于预防错误的成本，因此政府的责任机制需要科学设计、具体设计。

第三节　构建科学的生态公共产品有效供给的政府责任机制

生态公共产品的有效供给需要依靠政府科学的决策机制，没有科学的统筹兼顾的政府责任机制，生态公共产品的供给就会成为“拆了东墙补西墙”的表面工程。

根据科学发展观的要求，生态公共产品的供给，要坚持以人为本，全面、协调、可持续。供给生态公共产品是为了广大人民群众的利益而不是为了企业或政府私利，更不能因此损害广大人民群众的利益。生态公共产品的供给应当在全国范围内建立整体规划、合理布局的管理网络。因此，在政府内部要成立高层议事协调机构，统筹协调各部门的工作，加大环境保护和资源管理力度。

一、成立高层议事协调机构

生态公共产品的有效供给需要由政府作为公共利益的代表出面进行有效的协调和控制，成立的高层议事协调机构负责制定生态公共产品有效供给的政府责任机制相关政策，统筹协调各部门的工作，加大环境保护和资源管理力度。

我国行政机关实行垂直管理体制,政府各部门受其上级机关直接管理,上级机关对下级机关有着不容置疑的监督、指挥、协调、控制,下级机关必须绝对地服从上级机关,这种命令服从式关系使上级机关对下级机关的控制强度很大。[①] 因此成立高层议事协调机构可以大大增强政府管理的权威性,也会使各部门的合作更加顺利。[②]

我们知道,环境问题是由企业生产的私人性与环境资源、生态系统公共性的矛盾冲突导致的。完全依靠企业改进技术或者加强自我约束的能力,无法避免"公地悲剧"的发生,只有政治"绿化"才能根本解决这个问题。[③] 只有借助公权力的力量,才能推动企业生产的社会成本和环境成本的内部化和最小化,最终彻底解决企业唯利是图的本性,解决企业内部经济效益和外部社会效用的脱离甚至对立的问题。只有政府成为生态环境的"道德代理人",才能避免环境监管主体缺失的尴尬,于是高层议事机构应运而生。[④]

高层议事协调机构不是为了政府的权威、政府的利益而工作,而是为了公共利益而出面协调和控制生态公共产品的有效供给。为了让人民信服,高层议事协调机构的组成人员应当多样。既需要政府的高级官员、法律工作者、环境专家,也需要企业精英、风险评估专家,还需要公益组织的工作人员。只有社会各界人员联合起来议事,才能综合考虑各个方面的问题,有效地协调各方冲突,从而为生态公共产品的有效供给创造良好环境。只有政府行政水平提高、行政能力加强,才能有保障生态文明发展的坚实基础,形成社会—市场—政治相互制约的有效的环境治理结构。[⑤]

二、高层议事协调机构的任务

高层议事机构主要起统筹规划的作用,其主要任务有以下 3 项。

第一,制定生态公共产品有效供给的政府责任机制相关政策。

人民代表大会是我国立法机关,制定法律程序严格,需要很长时间,而生

---

① 王晓雪:《建立我国矿产资源战略基地储备制度》,载《财政研究》2009 年第 10 期。

② 王青斌:《论执法保障与行政执法能力提高》,载《行政法学研究》2012 年第 1 期。

③ 王晓雪:《建立我国矿产资源战略基地储备制度》,载《财政研究》2009 年第 10 期。

④ 姜明安:《论行政执法》,载《行政法学研究》2003 年第 4 期。

⑤ 佚名:《行政的目标与目的》,载新浪博客:http://blog. sina. com. cn/s1blog - 4doe75250100ml21. html,最后访问日期:2015 年 11 月 29 日。

态公共产品的供给是一个已经启动并将长期进行的工作,其适用的法律应当具有长时期的持续性和可预测性的特点。并且,人民代表大会制定的法律以具有普遍适用性的法律为主,这样具有专门针对性的法律,可以先行由具有专业知识的专家起草。而且,人民代表大会一年召开一次,审议事项繁多,如果审议稿没有被通过,将继续等待修改。所以,等待人民代表大会制定法律,势必会影响此段时间内政府权力的行使。并且,行政机关最了解政府行为,由行政机关内部制定相应政策才会对政府更有适用性。所以,由高层议事机构针对生态公共产品的有效供给制定相关政策,会有更直接、更具体的约束力和执行力。高层议事机构制定政策时要综合考虑公众对生态公共产品需求的确认、政策优先次序的科学排列、生态公共产品项目的合理设置、生态公共产品的有效配置、保证生态公共产品的供给最大限度满足公众需求。不仅如此,还要针对项目进行过程中出现的各种问题提出解决办法。

第二,统筹协调各部门的工作。

从"申报创办企业需要上交各种材料、跑多个部门"的情况来看,政府各部门之间的协调有待于进一步加强,虽然现在有了"一个窗口对外"的便民措施,但是在很多情况下,各部门的合作还是不尽如人意。因此,需要一个更加集中统一的对外部门,专门负责生态公共产品事宜——高层议事机构。

高层议事机构应当是一个兼具责任性、权威性、亲和力的机构。这是高层议事机构能够很好地协调各部门的一项软实力。高层议事机构应当合理分配各部门之间的权利、义务、责任,尽量避免出现权利的重合和义务的漏洞,出现问题,及时协调,不能久拖不决,更不能放任不管,让各部门自行协调,否则,就丧失了其存在的基础。例如,在生态公共产品的供给中,高层议事机构要合理地分配生态公共产品的种类、数量、范围,各部门之间的任务量应当相当,不能出现忙闲差异大的现象。高层议事机构的意义就在于,集中所有人的智慧,向同一目标,一起建设生态公共产品供给体系。

第三,加大环境保护和资源管理力度。

生态公共产品的供给主要是为了改善我们的生存环境,避免生态环境被进一步破坏,所以在其有效供给的过程中,高层议事机构要高度重视环境保护和资源管理,不能以牺牲环境为代价换取经济利益,不能牺牲长远利益谋取眼前利益。

高层议事机构监管时发现政府或是与政府签订合同的企业在供给生态公共产品的过程中有浪费资源、破坏环境的做法,应提议解除合同,并根据《环境保护法》查封、扣押造成污染排放的设备、设施;造成严重后果的,可以责令其修复并处以罚款,或者限制其生产,责令停业关闭。

高层议事机构可以制定企业必须遵守的行为准则,限定优先使用清洁能源,规范污染物排放量、排放标准。虽然这些标准有国家的统一标准,但是在生产公共产品的过程中,应当提高标准,做到自身的"生态化",减少污染物的产生。除此之外,还要对环境质量对于公众健康的影响进行研究,评估环境与健康的关系,采取措施控制相关疾病。对于完全符合环境友好型要求的企业,给予一定奖励,如资金奖励、与之建立长期合作的关系,将其作为生态公共产品生产的坚实后备力量。对于不符合要求的,往后都不考虑与之签订生态公共产品生产的承包合同。

只有在这种经济发展的初期阶段提出严格的要求,才能保证以后的进程中不会出现大的问题。才能以此树立高层议事机构的威信,便于今后工作地有序开展。

三、高层议事机构的自我管理

自我管理能力是人们一直以来推崇的优良品质,不论是自然人主体还是法人、非法人组织,对自己事务的管理都是重要而且必要的。作为政府的高层议事机构,自我管理的能力更是必不可少。

高层议事机构作为一个相对独立的组织,应该有一个核心的领导人。该领导人不仅应该具备较强的行政能力,而且还应该具备比较好的人格魅力,是组织内部通过民主推选出来的领导人,并由产生高层议事机构的组织批准。

同时,应该需要有一个供大家交流讨论的平台——高层议事机构会议,在会议上集中行使权力。但是,该会议不能变成规避风险的形式。在经过会议充分讨论以后,并不由会议直接形成决策,而由相关的直接负责人决策、其他人如果有异议,可以在规定的时间段内向会议、领导人或者直接负责人提出。既要充分保证民主,也要避免无人负责的现象。这就对这个高层议事机构提出了很高要求。

高层议事机构可以模仿公司,制定"公司章程"来规范各个成员的权利义务。高层议事机构的规则应当具体,并且有衡量标准,可以部分参考《公务员法》的规定,采用定期考核与平时考核相结合的方式,规定职务升降的标准,规范奖励与惩戒的方式,集中培训职务技能等。具体而言,针对考核,不应当仅由领导人考核评估,最好由全体成员评议,由领导人宣布,而且评议方式除了开座谈会，还可以采用新型的方式，如利用网络匿名交流的方式，畅所欲言并且有利于表达内心真实想法。针对职务升降，应该严格遵守其他法律和行政法规，不应该有特殊对待①。奖励、评选标准应当严格，并且更加具体化，具有可操作性，此外，要物质奖励与精神奖励并重。在生态公共产品的供给过程中，为了有效防止成员牟取私利，增强其责任感和荣誉感，可以采取高薪养廉。对于惩戒，也应当比对一般的公务员更严苛、更具体，让成员不敢去触碰规则底线。针对培训，机构应当给予成员充分时间。除了对基本的业务进行培训外，还应该丰富培训的项目，增强对个人素质、道德修养、团队意识这种软实力的培养。

高层议事机构还应设定相应的退出机制。对于想要进入议事机构的公务员或者体制外的公民进行公开、公正、公平的选拔，吸收各界精英和优秀人才，对于不能胜任这项工作的成员应允许其退出。

四、成立回收与修复检测机构

在生态公共产品供给之初，需要由高层议事机构完成策划、部署供给任务，需要完成与企业签订合同等各种事项。而在生态公共产品供给后期，由于技术的水平和物质的自然损耗，可能会出现各种各样的问题，如果没有及时处理或者处置不当会造成严重后果。这就需要一个检测机构，既针对正在供给的生态公共产品进行监测，也需要对高层议事机构没有顾及的方面及时补救。②

我国目前处理废弃物的立法有《固体废弃物污染环境防治法（修订）》，其中关于废物的回收只有原则化的规定，没有实际的可操作性。③ 而在域外国家或地区，针对垃圾处理作出了全方位的立法和配套措施。例如，德国的《废弃物处理法》《废物分类包装条例》《循环经济与废弃物处理法》《可再生能源法》，对于废弃物利用的办法在不断完善。德国的循环经济起源于垃圾处理，然后才向生产和销售领域转变。可见，德国的政府对垃圾的价值的重视程度之高。并且，德国完善的垃圾分类行为也影响了欧盟各个国家，欧洲的民众都

① 陈真亮：《环境保护的国家义务研究》，法律出版社 2015 年版，第 23 页。

② 胡中华：《环境保护普遍义务论》，法律出版社 2014 年版，第 67 页。

③ 褚秋亭：《关于我国固体废弃物回收利用的立法思考》，中国海洋大学法学院 2006 年硕士学位论文，第 12 页。

很重视垃圾的分类处理。

德国专门设立了机构监督企业发展循环经济和处理垃圾的情况。企业必须证明其具备回收能力才能生产产品,并且须向监督部门报告回收情况和处理情况。生产有害垃圾多的企业还要事先提交垃圾处理方案,以便监督机构监督。德国政府是废物回收的坚决的捍卫者。

我国同样需要这样的机构,统一管理我国的生态公共产品的回收。如果运作良好,以后可以再扩大到其他领域。以小区里的健身器材为例,在提供之初,需要人员试验,不能等到全部开放使用后,民众受到伤害再去补救。在器材的使用过程中,也要不定期地抽查、维修,让“造福于民”真正的落实到实处。

该机构与高层议事机构同样需要独立的经费和人员、大量的技术人员和普通群众。技术人员负责检查、检测生态公共产品的运行状况,普通群众负责广泛收集生态公共产品明显暴露的问题,然后集中到回收与检测机构,由相关的技术人员讨论决定维修方法。还应该建立专项基金,以鼓励主动回收产品的企业。例如,美国设立了“总统绿色化学挑战奖”,支持化工界降低资源消耗的新工艺新方法的研发。在我国,可以降低对企业的征税以鼓励企业积极回收产品。或者,加大对再利用产品的政府购买,刺激企业回收的积极性。还可以与银行合作,给予企业融资优惠。

生态公共产品的回收与废纸的回收一样,有着必要性与远大前景。丢弃废旧物品不仅是对资源的浪费,而且也污染了环境,可以将其变废为宝。在生态公共产品的供给中,这种经济效益不容小觑。第一,生态公共产品是为了保护环境而研发的生态友好型产品,材料是绿色、环保的,生产价值高,回收价值高。第二,生态公共产品的背后蕴藏着前沿的科学技术,即便使用功能大打折扣,其潜在价值还是巨大的,而回收再利用节约了大量的研发成本。至于回收这些废旧的产品,会不会造成侵犯知识产权,本书认为不会出现这样的后果。政府回收,并非自己进行改造,再生产,而是由生产的企业维修、改造,投放使用。换句话说,就是政府号召一部分群众帮助企业回收产品,企业支付相应报酬,政府只是起着一种纽带作用。使用产品的核心主体仍然是相关企业。

因此,回收与监测机构,应该发挥与人民群众结合的优势,设立专门的回收小组负责生态公共产品的事项,鼓励广大人民群众回收生态公共产品,由回收小组集中处理,为生态公共产品的循环利用做出充足准备。此外,要重视利用舆论传媒唤醒民众的回收意识,就像“光盘行动”那样,使回收也变成一种好的生活习惯。可以将这种习惯融入对学生的教学中,尤其是对幼儿园和中小学生的教育中。例如,美国将每年的11月15日定为“回收利用日”,让循环消费成为他们生活的一部分。对政府来说,用回收而来的产品作为再生产的原料,大大减少了供给生态公共产品的成本,在一定程度上减轻了政府的财政压力。

此外,在一定程度上,回收与监测机构还应承担着监督高层议事机构的任务。虽然两家机构的侧重点不同、权限不同,但是,回收与监测机构专门负责对生态公共产品的回收利用,对高层议事机构的工作比其他的机构或个人更加了解,监督起来也更加方便。

第四节　构建具体的生态公共产品有效供给的政府责任机制

生态公共产品有效供给的政府责任机制不应当仅停留在制度层面,还应运用到具体实践中。为此,我们要结合生态公共产品有效供给理论和生态公共产品理念构建环境保护和资源开采的所有权制度和许可制度、资源的战略储备制度、行政执法和领导责任问责制度。

一、环境保护和资源开采的所有权制度和许可制度

环境保护和资源开采的归属是解决自然资源利用不当的根本方法。如果自然资源是无主物,归属于先占者,那么对自然资源的保护就无法实现。因为所有者对物具有占有、使用、收益、处分的权利,任何人不得干涉,所以所有权人从自己的角度出发,按照自己的方式行使权利。而“国家所有”与“全民所有”具有内在的一致性,因此我国宪法和法律将环境保护和资源开采的所有权归属于国家,国家是自然资源的所有者。这既符合马克思主义的人与自然和谐相处、生态文明建设的科学理念,也为我国开发利用资源的基础提供了理论和现实依据。

自然资源的财产性表明了它是民法中的“物”,将对它的权利定义为物权是合理的,国家可以充分完整地拥有占有、使用、收益、处分的权能。

既然环境保护和资源开采的所有权归于国家,国家理所应当地对自然资源的合理使用负担责任。国家既不能为了保护而不开发资源,使其无法发挥最大的效用,也不能不科学开发,将其随便承包给某企业。国家应在其享有完

整的所有权的基础上，建立环境保护和资源开采的许可制度。

对许可可以从两个方面理解：一是在法律对某一行为禁止的情况下，相对人向行政机关提出申请，行政机关经审查以后许可其从事该项被禁止的活动。二是行政许可是对一般禁止行为的解禁，特定活动在被设定许可前，是任何人都可以作为的活动，许可只是恢复自由的行为。

建立环境保护和资源开采的许可制度是为了保障有限资源的合理利用，保障生态公共产品的有效供给。企业必须拥有政府的许可，才能开发、利用生态资源。这既是对生态公共产品供给来源的一定限制，也是为了充分保障生态公共产品供给的质量。高准入条件是高质量结果的保障。

根据行政许可的学理分类，环境保护和资源开采的许可属于特别许可、非排他性许可、附文件许可、附义务许可。环境保护和资源开采的许可是针对自然资源利用的许可，由于自然资源的开发利用涉及公共安全、公民健康等事项的管理活动，对其许可的条件应更严格。但这种许可的数量并非有限，它应当颁发给技术水平高、资源利用率高的企业。环境保护和资源开采的许可，需要附加文件对被许可的活动范围、内容、方式进行说明，否则即使建立了环境保护和资源开采的许可制度，没有相应地对企业行为进行约束，企业拥有许可证之后就可以任意开发资源，这样对生态资源的保护没有益处。① 环境保护和资源开采的许可是附义务的许可，取得此许可的企业负有保护环境、合理使用、适度开发资源的义务，否则不仅会被吊销许可证，也会受到法律追究。

根据《行政许可法》的制度设计，环境保护和资源开采的许可属于特许，需要行政机关核准并登记。根据《行政许可法》第12条第2款的规定，特许是指对涉及公共利益的公共资源的开发利用行为的特殊规定，需要赋予特定权利的事项所设定的许可。特许的功能在于分配有限的资源。根据《行政许可法》第53条的规定，除法律、行政法规另有规定外，行政机关应通过招标、拍卖等公平竞争的方式决定是否准予特许，且获得行政许可的相对人往往要支付一定费用。环境保护和资源开采的许可与一般的特许有不同之处，如没有数量的限制。环境保护和资源开采的技术是不断发展进步的，环境保护和资源开采的许可应当授予不断改进技术的相对人，不能因为数量的限制，而使更有优势的企业不能进入生态公共产品供给领域。在颁发环境保护和资源开采的许可前，要对相对人的设备进行细致检验，预防发生社会危险，保障安全。此

① 胡中华：《环境保护普遍义务论》，法律出版社2014年版，第186页。

外,为了便于企业或者其他组织的管理,通过许可确立申请人的市场主体资格,行政主体审查相对人的申请材料之后,对符合法律规定的予以登记。[①]

拥有环境保护和资源开采的许可制度后,应规范生态公共产品有效供给的企业。这样生态公共产品供给的稳定性、持续性、高质量才有一定程度的保障。并且,政府已经事先对这些企业有了一定了解和记录,方便日后深入了解与对比。

建立许可制度,是为了方便企业和政府利用和管理资源,但是,作为资源的所有者,对资源一定要有所保留,这样环境保护与经济才能协调发展,因此还要建立资源的战略储备制度。

二、资源的战略储备制度

之所以要建立资源的战略储备制度,是出于一个长远的考虑。在我国,人口基数大,对资源的消耗量大,而资源的储备量的增速没有消耗量的增速大。资源的供应缺口日益增大,保障程度和供需形势日趋严峻。

资源的战略储备,就是将重要的、能够蕴藏的自然资源储藏起来,或者将已探明的资源所在地作为战略保留基地,不允许对其进行商业性开发,仅供国家非常时期使用。具体而言,就是将这些区域从资源开发的范围内剔除出去,或者进行专门的规定,在战略储备基地内,由国家投资普查,经特别许可,不向相关企业颁发环境保护和资源开采许可证。

此外,对这些资源的释放,也要做严格管理。只有在紧急情况下,才能有计划的释放。

制定关于资源的战略储备的法律是实施储备制定的依据和保障。[②] 立法模式有行业储备立法、综合储备立法、战略资源单独立法,也可以兼具三种立法模式。本书认为,对于资源的战略储备,采用综合储备立法的模式相对较好。生态资源是一个外延广阔的概念,既包括大自然的水、空气,也包括绿色的技术,甚至绿色的理念。而为了生态公共产品的有效供给、资源的战略储备,不能将此资源仅限于自然中存在的自然资源,还应该包括对于资源保护有辅助作用的材料。综合立法可以联合各个制度设计、联合各个工作部门、结合各项资源,共同实施保护,将资源储备的立法置于国家立法的地位,给予权威

① 参见王学辉:《行政法与行政诉讼法学》,法律出版社2015年版,第151页。

② 参见王晓雪:《建立我国矿产资源战略基地储备制度》,载《财政研究》2009年第10期。

性,使其具有可操作性,将来适用法律、维护权利时,更加方便。

资源的战略储备立法,可以参照我国《矿产资源法》建立一套对生态资源的管理制度。

在对生态资源的开发使用中,禁止任何组织或者个人用任何手段侵占、破坏生态资源。由国务院统一行使所有权,并且地表或者地下的资源所有权不因土地的所有权或者使用权的改变而改变。依法取得的开采许可也不可以转让或以此牟利。

资源的战略储备,需要最基本的立法保障,还需要设计储备方式。在世界战略性矿产资源的储备方式中,主要有美国选择的国家储备;日本选择的以民间储备为主,加上政府储备。本书认为,资源的战略储备方式,可以借鉴矿产资源的储备方式设计。在我国地大物博、人口众多,以国家为储备主体会更加合适。我国国家政府有高度集权的能力,有充分的人力、物力、财力去管理被储备的资源,也可以充分地利用这些资源,合理分配这些资源。但是,作为为了国民利益而做出的资源的战略储备,引进民间储备也是一个很好的选择。因为我国国土面积分布广阔、资源分布广泛、资源的战略储备选址也很分散,而大部分战略储备基地在地广人稀的偏远地区,如果将这些基地交由政府管理可能会出现管理不到位的局面。而交由民间组织管理,民间组织出于公益性或是营利目的不会让资源有所损害,或能发现问题、及时纠正,避免损失扩大。也可以此方式,激发公民的强烈的责任心,培养对资源的合理使用的习惯。由国家储备为主,引入民间储备,会是我国资源战略储备比较有效的方式。

资源的战略储备要考虑资金来源。为了有长期稳定的资金保障,我们可以将国有公司的盈利、道路通行费、社会抚养费等资金作为提供战略储备基地建设的来源。在我国,这些税费的来源是广泛的,它们也本该用于社会公益性的活动支出。用于资源战略储备基地的建设,就是对这些资金最好的利用。此外,国家还可以动用一定的外汇储备进行资源的战略储备。资源的价值总体趋势很大,价格逐步提高,动用外汇进行储备,实际上能起到一种保值升值的效果。将一部分储备资金参与商业活动的过程中,还能起到质保期的作用,间接地增加国家财政收入。但这类资金的使用比例不宜过大,因为商业活动极具不稳定性,各参与主体都没有办法保证绝对的盈利,所以风险极大。在资源的储备过程中,稳定是核心,不能过于冒险。

资源的战略储备需要有专门的机构负责资源储备的管理,让市场也参与其中，起到降低成本的作用，这就需要高层议事机构合理安排管理机构，既要给管理机构充分的权力，同时也要在高层议事机构的掌控范围内监督资金的管理方式、使用方式。高层议事机构发挥组织引导作用，制定管理规则，集中管理资金，分配基地。资源战略储备基地的管理机构负责战略基地的具体实施活动。首先对资源的供需进行分析，制作接下来一段时间的分配安排。在总体把握资源的市场供需后，制订详细的分配计划，同时可以根据需要，在储备基地的管理情况下，设储备公司。由公司针对获准的资源开发情况进行实地勘察、保护。环境保护和资源开采所有权归国家，由国家颁发使用许可证。该公司实际上只是一家听命于政府的专业机构。

三、行政执法和领导责任问责制度

依法行政的中心在于执法，国家的执行机关、行政机关必须严格执法，不得随意变通，否则制定的法律形同虚设，失去应有作用。① 行政执法的实质是行政主体的行政行为要有法律依据，受到法律的规范与制约。②

还有许多尚待解决的问题存在于我国的行政执法中。

第一，执法逐利。贯彻落实法律应该是行政执法的唯一目的，为人民服务应当是行政执法的唯一追求。可是现实社会中，行政机关追逐经济利益的情况很普遍。在生态公共产品供给的过程中，涉及很多经济利益的方面，从上层议事机构的设置、资源的战略储备基地建设，到资源的战略储备管理机构的设立，引进民间投资的设计，都会涉及经济利益。

有的官员不顾党规党纪，不顾职责使命，顶风作案，仅仅为了获得物质利益上短暂的满足。无论在资源的储备过程中，还是生态公共产品的提供过程中，都少不了行政机关与民间组织合作。在这样的官民合作中，如果过程没有达到足够的透明程度，很可能发生“索贿”“行贿”“寻租”这样的不法行为。

第二，暴力执法。时常出现在生态公共产品供给过程中，政府如果利用职权任意解除合同、任意撤销许可，也是一种暴力执法形式。

第三，滥用执法权。部分执法人员为了显示自己的权力、权威，滥用行政裁量权，随意地对行政相对人处罚。还有行政部门实行地方保护主义，对外地企业的进入和发展进行限制，实施不平等待遇，对国家的经济发展产生不良

① 参见王青斌：《论执法保障与行政执法能力提高》，载《行政法学研究》2012 年第 1 期。

② 参见姜明安：《论行政执法》，载《行政法学研究》2003 年第 4 期。

影响。

第四，程序违法。虽然我国制定了各种针对执法人员不规范执法的行政管理法规，但仍存在执法人员不规范执法的情形。例如，不表明身份、不说明理由或者延期做出行政行为。我国长期“重实体、轻程序”，在理论和实践中往往因为追求实体事实的公正而忽略了程序价值。有些人甚至认为，程序正义对实体正义的实现是一种阻碍，严格按照程序行使权力是低效率、低质量的表现，不能有效打击违法行为。

第五，放弃或者拖延履行法定职责。行政职责与行政权力同时产生，是法定的义务，不得放弃。无论是放弃还是故意拖延，都不是正确、合法、合理的行政。

行政执法中出现如此多的问题，其背后有着更加复杂的原因。

第一，执法经费不足。根据马克思主义理论，经济基础决定上层建筑，执法经费决定了行政执法的能力和水平。特别是经济欠发达的情况决定了“逐利性执法”的现象。《行政处罚法》第 53 条第 2 款规定，任何行政机关或者个人不得以任何形式截留、私分罚款，依法没收所得均需上缴国库。对这些财物，不得以任何形式返还被处罚的单位，这样规定的目的在于打击“逐利性执法”。但在面临经费不足的情况下，仍然有很多机关选择了“顶风作案”。在生态公共产品的供给中，如果没有充足的经费保障，所有的制度设计都将是一纸空文。生态公共产品的供给，需要长期性、稳定性的环境，需要充足的资金支持。

第二，执法人员素质待于提高。执法是一种综合性的活动，涉及对抽象法律法规及对法律背后的目的的理解，以及运用比例原则。行政行为将这些抽象的思维活动外化，这需要执法人员不仅具备深厚的法律素养，更需要具备高情商，能够合理地处理现实问题。执法队伍“扩招”带来了很多问题。有些执法人员从未受相关专业及相关法律知识的训练，法律意识淡薄，难以秉公执法。例如，将生态公共产品的供给承包给与自己有亲属或者朋友关系的人。

此外，在编制内的公务员的素质水平也未能达到较高水平。公务员在录用时，以笔试成绩为主，面试时的短暂时间也没有办法让面试单位发现即将被录用的公务员的德、能、勤、绩、廉的水平。后期的平时考核和定期考核，主要由公务员自评，本机关的负责人或者授权的考核机构审核评议，个人的主观性很强。

第三，比例原则未被遵守。在执法过程中，需要遵守比例原则，即执法手段与追求的结果相匹配。执法人员不得因为追求一个合法的结果而采取十分严厉的手段,让行政相对人的合法权利受到侵害。在行政执法的过程中,行政执法人员要衡量处罚手段与违法行为是否匹配,处罚是否得当。① 只有遵循这3项原则,才能保障行政执法与职责匹配。执法行为既不超出职责范围,也没有怠于履行职责。而在现实社会中,执法机关为了追求执法行为的实施,容易超过职责或是怠于行使职责。

为了规范我国的行政执法行为,为了我国法制建设更好发展,我们需要针对原因,加强行政执法。

首先,我们要保障充足的执法经费和执法人员。执法经费的缺乏会逼迫行政执法机关"自谋出路",以"逐利性"执法获取执法经费。

国家需要保证充足的资金储备,但是不能以牺牲执法人员的工资为代价。我们在苛责公务人员的思想境界水平不高时,忽视了"仓廪实而知礼节"。如果不能保障执法人员基本的生活水平,却要求他们像圣人一样无欲无求,这是不切实际的。

其次,我们要保障执法工作人员的人身、财产安全。人类是趋利避害的动物,任何一个普通人都不会在无法保证自己生命存在的情况下,去完成被外在苛求的责任。只有执法工作人员自身的合法权益的到充足的保障,执法人员才能无后顾之忧地秉公执法,追求法治建设的更加完善。

最后,我们要提高执法人员的素质,对其进行必要的法律培训。执法人员的素质,在很大程度上影响依法行政的质量。这需要完善执法人员的录用机制。执法工作人员需要有较好的法律知识储备,需要有吃苦耐劳、不怕危险的优秀品质,因此要以公平、择优的方式录用最合适的执法人员,同时建立与这些工作人员工作相适应的考核、奖惩制度,在系统内部不断完善执法队伍。增强执法人员的法治理念培训、思想政治教育,从思想层面抵制行政执法人员的落后的、腐败的思想。

加强行政执法需要可行的制度设计,更需要有负责任的主体。领导问责机制是加强行政执法的一道防线。由各部门的直接领导人,负责对本部门的人员的监督,效果会显著。民主集中制的集体决议、集体负责,最终可能导致没人负责。在生态公共产品的供给中,也会出现这样的问题。故有必要对各

① 风尘小吏:《行政的目标与目的》,载新浪博客:http://blog. sina. com. cn/s/blog_4d0e75250100ml21. html,最后访问日期:2017年11月29日。

部门的最高领导人建立个人的绩效评估。确需专业性、技术性很强的部下负责的情况,需要领导签订全权委托书,如果将来出现问题可以从轻、减轻对领导的处罚。

在行政系统内部也有相应的处分措施,如警告、记过、记大过、降级、撤职、开除。本书认为,在生态公共产品的供给中,以这种非常正式、常规化的方式对强化负责人责任意识的效果不明显。原则规定之外,还需要予以特殊对待。

在政府严格执法、有强大财政支持、企业诚信经营的情况下,生态公共产品能保持长期有效地供给。但一旦企业或者政府违反了"游戏规则",生态公共产品有效供给的链条就会中断。

四、生态公共产品有效供给的法律追责机制

人作为自然的产物,不得不依赖于身边的自然环境。以我们对水的需求为例,我们每个人需要一个相对固定的对水最低数量的需求。我们为了保证基本的生活需求,如洗漱、做饭、饮用,每天至少需要 100 公升的水。同样的,我们需要一定的能量维持自身的健康,但是我们无法像植物那样进行光合作用,需要从外在的环境中吸收能量。我们所依赖的食物、水、空气,都来自外部环境。如果环境遭受严重污染,我们的生存就会受到威胁。公元前 7000 年晚期,在美索不达米亚平原,森林与草原相间,环境优美,气候宜人,古国文明源远流长,但是随着气候的变化、环境退化,美索不达米亚文明终结了。①

人类进入 20 世纪,随着科学技术的发展,环境问题鱼贯而入。"八大公害"事件让我们更加清楚地认识到,环境的毁坏就是人类的灭亡。这"八大公害"事件是比利时马斯河谷烟雾事件、美国洛杉矶烟雾事件、美国多诺拉事件、英国伦敦烟雾事件、日本水俣病事件、日本四日市哮喘病事件、日本爱知县米糠油事件和日本富士山痛痛病事件。这些环境污染事件都造成大范围的财产甚至生命损失。到了 20 世纪后半期,科技技术更进一步发展,环境污染的问题更是波及全球,他国的环境污染会漂洋过海拜访我们。例如,日本的核泄漏不仅给当地人民带来巨大的财产损失,而且也在我国引起了恐慌。因此,我们一定要对我国的环境问题高度重视,这不仅是为了我国居民的健康生活,也是为了减少对其他国家带来不必要的麻烦,更是为了人类更好的生存。

既然环境对我们如此重要,那我们该如何保护?

---

① 参见胡中华:《环境保护普遍义务论》,法律出版社 2014 年版,第 67 页。

有的学者提出了“环境权”的概念，主张将环境纳入宪法性权利，每个人都享有这样的权利不能被侵犯，并且每个人对他人环境权不得损害，否则应承担侵权责任。①

但是，有的学者认为环境权的理论研究和法律实践面临种种问题。

第一，权利主体范围的不确定性。国际法文献中经常出现的“人类环境权”“人民环境权”“未来人环境权”，是一种道德宣誓和社会理想，无法落实到各国法律。如果将环境权赋予每一位地球公民呢？那么将会打开诉讼的闸门，造成国家法律的混乱，也会给经济带来巨大损失。可见，学界无法达成一个体系化的理论。

第二，权利内容的模糊性和冲突性。环境的内容一般会被表述为人人享有在健康适宜的环境中生活以及合理利用自然资源权利。但是，具体什么样的标准可以被称为“健康适宜”，这在不同的经济发展水平地区是不同的。而且，环境权利是实体性的权利还是程序性的权利也很不清楚。以侵害环境权提起诉讼，会因为和其他的权利的界限模糊而引起冲突。再者，学界对环境权是经济性的权利还是生态性权利也没有达成共识。

第三，权利客体的不确定性。权利内容的模糊性导致权利客体不明，包括了环境要素、生态利益、福利、尊严、健康、安全等。这种混乱也导致了研究路径的偏失。

第四，环境概念的不确定性。环境法所使用的概念是环境科学意义上的概念还是生态学上的概念，抑或是宗教学上的概念？概念的不确定，让我们无法跟进对其的救济。

第五，环境权难以入宪、难以司法化。在法治国家，宪法是母法，是权利的宣言书，但是，是不是将环境权纳入宪法就是对环境权的最好保护呢？是不是纳入了宪法就能够对环境权进行保护呢？是不是一定要从权利的角度保护环境呢？在我国，法院不能援引宪法作为裁判依据，若想将保护环境上升到法律保护层面，还需要制定具体法律。但是，以法律来规定环境权，是对权利的保护，还是对自由的限制呢？

因此，学界似乎有一个共识：传统基本权利无法满足现代环境保护的需要。

但是，为了我们的生存基础，我们又不得不设计一套完整的体系去保护我

---

① 参见陈真亮：《环境保护的国家义务研究》，法律出版社2015年版，第23页。

们的环境。陈真亮老师提出了“环境保护的国家义务”理论。环境公共权力是国家和政府进行环境决策、执行环境法律法规、管理环境公共实务的专门权力。在整个公共环境的领域内,我们虽然强调权力,但是权力的最初来源并不是环境权本身,而是对环境保护负有义务。并且,这个环境保护义务是公民权利赋予的。所以,国家对环境的保护权,实际上是公民让渡出来委托国家实行的权利。

英国哲学家约翰·洛克认为,“政府是一种信托,其目的是保证公民人身和财产安全,当统治者失于职守时,国民有权撤销对他的信任”。① 公共信托是指政府接受人民的委托,义务性地管理海洋、湖泊、湿地、森林等资源,维护特定的公共信托意图,因而不能如私人财产所有者那样任意地处分这些资源。公共信托义务实际上是对政府权力的限制。其本质是通过法律拟制,在公民和政府之间就如何管理和保护环境确立一项信托契约。其目的在于,社会公众获得了对特定自然资源和环境资源的公共信托权利——姑且称之为“环境权”。按照契约的约定,如果政府怠于履行自己的职责,公民即可以向法院提起诉讼,要求其履行信托义务。是希望通过“权利设定—权利主张—权利救济”的模式来达到保护环境与资源的目的。

但是本书认为,将环境责任完全由政府来承担是不理性的做法。政府的权力确实来源于人民的赋予,其应该承担绝大部分的责任,但是,如果将政府作为义务主体,完全由政府其负责环境保护的任务,不仅政府做不到,而且其他责任主体也会逃避责任,使政府成为牺牲品,让公民失去对政府的信任感。在我国,民告官的案件少之又少。更何况,由政府直接导致的环境责任非常少,多是经济组织为了生产而造成的。如果在这种情况下,让政府负责,是对政府的一种苛责。

在生态公共产品的供给过程中,企业和政府按照合同约定、法律规定履行职责,是我们的最终追求。但是,我们仍然要制定相关措施,追究在各种生活生产中的违法行为,加大对破坏环境、掠夺性开采自然资源行为的惩罚力度。

为了方便管理,我们将违法主体分为政府、非政府组织、企业、个人,分别针对不同的主体可能的违法行为,制定一系列的预防措施。

(一)政府对环境质量负责

政府要对本行政区域内环境质量负责,在环境保护方面的任务是,加强监

① 丁一凡:《大家西学:权力二十讲》,天津人民出版社2008年版,第97页。

管，预防污染，惩治排放污染的主体。根据《环境保护法》第67条的规定，环境保护主管部门对其工作人员的工作进行监督，上级部门监督下级部门，提出违法人员的处分建议。若有关机关包庇工作人员，没有及时地给予相应处分，上级机关可以直接作出处罚决定。根据第68条的规定，监管部门有以下行为的，对直接负责人记过、记大过或者降级；造成严重后果，应当引咎辞职。第一，许可不符合行政许可标准的企业。第二，包庇环境违法行为。第三，未给予应当被停产、停业的企业相应惩罚。第四，接到举报不及时处理超标排污、逃避监管排污、造成环境事故、进行生态破坏等行为。第五，违法查封、扣押企业的生产设备。第六，故意制造监测数据不实。第七，未公开需要公开的环境信息。第八，挪用征收的费用。第九，违反法律法规的其他规定。针对政府的职能，国家实行环境保护目标责任制和考核评价制度。各级政府需要将环境保护的完成情况纳入本级监管的部门或下级政府的考核标准，并向人民代表大会及其常务委员会汇报，向社会公众公开。如果相关工作人员的行为达到了贪污罪、受贿罪、渎职罪的标准，要追究他们的刑事责任。如果因此造成相关行政相对人的经济损失，政府还要承担赔偿责任、补偿责任。

为了更好地约束政府工作人员的行为，提高环境保护能力，更需要党的领导。对于领导职务公务员的渎职行为，不仅要记过处分，还需要接受党纪处分，这样可以更好得严肃保护环境的职责。

（二）非政府组织有序活动

非政府组织，是志愿性、非营利性的民间组织。世界银行将其分为运作型非政府组织和倡导型非政府组织。运作型非政府组织主要是设计和实现与发展相关的项目。倡导型非政府组织主要是通过游说、宣传等积极作为的活动召唤更多的人加入行动中，促成某一目标。

我国将非政府组织分为事业单位、社区管理型组织、社会团体、民办非企业单位。我国的非政府组织主要在环境保护领域和扶贫开发领域发挥重要作用。就环境保护领域的活动而言，非政府组织积极宣传、教育、普及环境意识，推动和促进公众参与环境保护的活动，资助环境产品的研究，推广环保产品，援助污染受害者，与国际环境保护机构进行交流等。虽然这些非政府组织是以保护环境为目的，但是，这些活动的进行如果缺少法律的规范，也会出现棘手的问题。首先，我们要充分保障这类组织的言论自由，尽可能地让他们靠自己的力量宣传环保理念，同时，我们也要规范他们的宣传活动，避免大规模的活动带来的无秩序。其次，我们鼓励、支持他们的环保活动，为他们的活动提供便利，但是，我们必须监控他们的活动，严格控制活动的秩序，避免出现借保护环境为名，行非法之事。此外，我们还应该鼓励有专业技术和知识的人员参加这些组织，为技术的研究和开发做贡献，与国际组织接轨。最后，政府不能将责任完全转交给非政府组织承担，政府要考虑政府组织的良性发展，在环境保护中积极承担责任。

在非政府组织的大型活动组织过程中，如果组织者违反安全管理规定，发生重大安全事故，要根据我国《刑法》第135条规定的大型群众性活动重大安全事故罪，依法追究直接负责的主管人员的刑事责任。如果出现非政府组织人员违反组织规定，与政府人员勾结，情节严重的，将根据《刑法》第八章，追究国家机关工作人员和非政府组织人员相应的刑事责任。此外，该组织还要对直接受伤害人员承担侵权责任。

此类非政府组织是为了保护环境而成立的，如果他们的行为反而破坏了环境或者造成了其他伤害，那么这类组织应该承担更严重的责任，才能让他们的责任心和使命感得到更有力的加强。

（三）企业清洁生产

无论是与政府合作生产生态公共产品的企业还是其他企业，在经济结构转型升级的大背景下，都负有清洁生产的义务，应当优先使用清洁能源，采用污染排放量少、资源利用率高的材料，积极改进技术，使污染物无害坏处理。根据我国《环境保护法》第22条的规定，对于符合排污标准并进一步减排的企业，政府可以提供财政税收方面的奖励，表彰这种行为。对于违反规定，超标准排放的企业进行处罚。以这样严格的奖惩制度，更好地规范企业生产。根据第42条的规定，对于排放污染物的企业事业单位，指定具体的负责人员，明确责任，建立检测设备，实时知悉相关企业的排污情况，防范通过渗井、暗管等方式伪造监督设备，制造假数据逃避合法的监管。此外，企业还需要制定突发环境事件的应急方案，及时通报可能受到危害的居民和单位，并向政府的环境保护部门报告。

20世纪70年代美国的拉夫运河事件就给了我们很大的警示。拉夫运河位于尼亚加拉瀑布附近，是1894年为修建水电站而挖成的一条人工河。当时那里气候宜人，景色优美，聚集了大量的工薪阶层。后来，因为干涸而被废弃。1942年，美国胡克化工公司购买了这段人工运河来储存工业废弃物。后来，胡克化工公司又以1美元的价格将这块土地卖给了当地的教育委员会。当地政府在该土地上建立了小学。20世纪70年代时，原来被封存的工业废弃物开始泄漏,不仅导致当地出现了怪病,甚至引发了火灾。从这件事中我们发现,胡克化工公司的行为并没有违法,其是在购买了土地后在自己的领域处分自己的财产,行使权利的方式是正当的,但是却给当地居民带来了巨大损害。而灾难发生之后,并没有理由让胡克化工公司承担修复责任,只能由当地政府紧急出台《超级基金法》,从超级基金中列支,清理、治理当地的污染。

我国土地公有,可能不会出现工厂购买土地用于排污的问题,但是可能会出现更大的问题——将污染排放到公共用地中,造成"公地悲剧"。造成的损失,与胡克化工公司造成的危害相比,有过之而无不及。所以,在我国不仅要防范企业违反法律的风险,还要防范企业违反道德的风险。在企业的排污问题上,在没有确定我国的环境对某种污染的环境容纳量和自净能力时,我们不能像美国那样建立排污权交易制度。

对于企业生产造成环境污染的行为,检察机关可以依法提起环境公益诉讼,要求其承担治理的责任,并追究相关责任人的刑事责任,而不能像美国政府那样,为企业的行为埋单。公民个人也可以因为受到环境污染而向法院提起侵权之诉,追究企业的民事责任,要求其承担损害赔偿责任。如果一个企业资不抵债,无法承担巨大的赔偿责任,那么政府可以从该企业以前的税收中划拨一部分用于治理该企业造成的污染,在该企业重新走上正轨时,再令其补缴相应罚款。

(四)公众保护环境

我国环境保护法明文规定,所有公民都有保护环境的义务。我国有些环境法学者提出利用现有的《环境保护法》第 6 条作为提起公益诉讼的法律依据。其理由是"一切单位与个人"都属于环境公益诉讼的原告范围。这种观点没有被广泛采纳,因为我国法律已经规定,提起公益诉讼的主体除了与公益直接相关的个人,只能是人民检察院和非营利性的组织。另外有学者认为,我国《环境保护法》是对公民和其他主体履行义务的规定,"检举和控告"是单位和个人积极履行其环境保护义务的方式。

公民享有环境公益诉讼的资格是公民履行环境保护义务的一种方式,但是普通公民无法承担提起环境公益诉讼的成本。虽然法律规定"公众有获取环境信息、参与和监督环境保护的权利",但却没有相应救济。并且,因为作为权利可以放弃,所以这种权利化的方式对保护环境的力度有限。在环境领域,如果把某一环境的利用授予给了某个具体人,那么这个人就拥有了行使权利或者不行使权利(放弃权利)的选择权。当有人侵犯环境,权利人可以积极维护自己的权利赶走侵权人,也可以不行使自己的权利任由侵权人侵害。甚至在一些情况下,权利人将自己的权利让渡出去。支持"环境权"的人们,一厢情愿地认为,在自己权利遭受侵害时,其一定会积极主动地维权,甚至当我们看到别人的环境权受到侵犯,还会积极主动地替别人维权。但是,我们忘了,人是一种喜欢"搭便车"的动物,当我们希望权利人通过行使自己的权利去阻止他人对环境的污染、破坏时,我们应该知道,权利人的这种维权行动带来的利益不同于其他完全只有个人利益的场合。在维护个人利益的场合,权利人最后得到的利益是充分的,由权利人自己完全享有,没有任何人可以和权利人分享或分割维权后的利益,当然维权的成本也只有权利人个人承担。而在维护环境利益的场合,因为环境利益具有非排他性,所以权利人维护的是一种全体人类共享的利益,至少也是特定部分人的权利。但是,权利人维权的成本却仍然是由权利人个人承担。这种行为违背了一个自利之人的行为准则。这种"搭便车"的行为造成的结果就是没有人主动维权,任由权利被不断侵犯,任由环境遭受更大破坏。人类历史上发生的"公地悲剧"一再地证明了"搭便车"的恶果。①

所以,为了防止这种悲剧发生,各国环境保护法在规定公民享有某些环境权利的同时,还赋予他们承担保护环境的普遍义务。以公民必须履行义务迫使公民不得放弃这些权利。例如,美国的《国家环境政策法》规定每个公民都有保护环境的责任。一些国际宣言也规定了个人对于环境保护的责任,例如,《人类环境宣言》将保护环境和改善人类环境确定为人类的紧迫目标,要求所有公民平等的共同努力。由此看出,国际社会已明白,保护环境需要全社会的共同努力,不能把保护环境只当作企业或是政府的义务。如果是这样,我们的环境无法得到有效保护,我们的地球会承受更大压力。

因此,在我国的环境保护制度的设计中,不仅要将环境保护的任务分配给政府、非政府组织、企业,还要把这项任务分配给每一位公民。只有民众有了责任感,我们的预防、控制与治理才会连贯。

此外,义务的履行需要有与之相匹配的履行方式与履行程序,否则,义务永远没有办法被履行,义务主体将永远违法。我国现行的环境法规定了公民应当增强环境保护意识,应当采取低碳、节俭的生活方式,自觉履行环境保护义务。

---

① 参见胡中华:《环境保护普遍义务论》,法律出版社2014年版,第186页。

总体来说,对于个人的环境保护方面的责任,应当以引导教育为主,严厉惩罚为辅。让每个公民以保护环境为己任,这是我们的最终追求。

综上所述,生态公共产品的有效供给,主要是政府以承揽合同等方式承包给企业。在此过程中,双方负有履行合同的义务。由于政府是生态公共产品有效供给的主体,要承担提供公共服务的职责,所以对政府的监督机制要完善且赋予其执行力。对于企业,为了公共服务的更好发展,既要给予其充分的民事主体的自由,也需要规范其行为。对于违反合同,破坏环境的行为,法律应严格追究其责任。通过各方合作,共同维护我国的生态环境。

第六章　尾　论

悉心研究，就会发现，我们周边的环境每一天都在变化，可惜的是，它在一天天地恶化，影响着我们的身体健康，也影响着我们子孙后代的未来。因此，国家提出了可持续发展的理念，在经济发展的同时，着力维护环境的健康。这就引发了生态公共产品的需要。生态公共产品产品是连接政府与企业的纽带，共同致力于我国经济的可持续发展。

从 1968 年英国学者哈丁提出“公地悲剧”一词时起，自然资源的重要性日渐被人们重视。我们已经从资源丰富、任意开采的时代中走出来了，现有的资源必须有计划地利用，否则绿色的环境越来越少，只能依赖于人工的再生资源。这提醒我们，政府在提供生态公共产品时，不仅需要保证数量、质量，还要注意降低负外部性，规约使用人群的行为。对于随意糟蹋公共产品的民众，虽不能限制他们的行为，但可以用罚款这样的强制性做法引导他们的行为。

在对比观察了美国、欧盟、日本、澳大利亚等国家的生态公共产品的提供机制后，我们发现大家的共同点就是制定完善的法律法规，并且都有专门的环境保护机构来维持环境保护的日常工作，逐渐地取得环境改善的效果。这启示我们也要更加重视保护生态环境，更加体现政府的服务功能。首先，我们要学习发达国家的环境立法，明确划定环境保护的对象和范围，采取科学的环保方式，确保环境保护有法可依，并且是科学的法。立法并非是最根本的方法,但却是最直接有效的方法,立法不能够是学者的理论构建和假设,而应该是在总结了实践经验之后发现的模式,学者分析理论上成立的可能,再由立法者根据实际的情况选择怎样立法。其次,要明确执法主体,明确执法人员的队伍,加强对他们的培训,做到专人专用,既能培养专门型人才,也有利于工作的开展。只是,如此强调执法人员的专门性会打击工作人员的综合发展的潜力,所以,可以在发展的初期,大约8年之内,打造专门的执法队伍,待到环境执法已经形成固有的模式后,可以放开对工作人员的约束。最后,严格打击违反法律的对象,既起到惩罚作用,也要起到警示、教育的作用。一部好的法律最后还应表现在执行上,而要保证执行的质量,就不得不依靠奖惩制度,尤其是处罚的力度和强度,像道路交通法严格处罚违反交通规则的人那样,处罚不严格遵守环境法的居民,才会起到法律所追求的社会效果。

在保护环境的过程中,也不能使经济发展停滞不前,要力求在经济发展与环境保护之间找到兼顾二者的平衡点。如果一个国家已经资源匮乏,不能满足人民的基本生活需求,这时候经济基础虽然重要,但想要从根本上解决问题,仍然需要恢复环境,让自然重新拥有生长的能力。只有让自然恢复正常了,我们才能继续谈经济基础的问题。当然,理性的我们是不会放任自然到没有生产能力时才想着保护环境。所以,在我们经济发展的过程中,就需要企业承担起社会责任,清洁生产。虽然污染并非仅仅由生产环节中的企业造成,但大部分都是在生产加工过程中造成的,所以一个国家企业的污染处理水平很大程度地影响着国家的环境,这就要求企业作为经济领域最活跃的主体,在维持自身营利的基础上,还要遵守法律法规,承担保护环境的责任。

在我国,生态公共产品的提供需要社会各界的努力,如此才能在中国有长足的发展,带来经济、社会、生态乃至政治、文化各方面的进步。可喜的是,本课题组在研究过程中已经发现,越来越多的专家学者和政府工作人员开始关注环境的修复和保护,着手提供生态公共产品。希望在我们的共同努力下,有朝一日,我们的进步成为别国学习的榜样。

主要参考文献

一、论文类

[1]樊继达:《提供生态型公共产品:政府转型的新旨向》,载《国家行政学院学报》2012 年第 6 期。

[2]张平军:《西部生态环境是全国性的公共产品》,载《学习时报》2008 年 9 月 1 日,第 4 版。

[3]石鸥:《在“理论脱离实践”的背后——关于教育理论与实践的关系的反思》,载《高等师范教育研究》1995 年第 3 期。

[4]薄燕:《美国国会对环境问题的治理》,载《中共天津市委党校学报》2011 年第 1 期。

[5]尹志军:《美国环境法史论》,中国政法大学法学院 2005 年博士学位论文。

[6]李蔚军:《美、日、英三国环境治理比较研究及其对中国的启示——体制、政策与行动》,复旦大学 2008 年硕士学位论文。

[7]《美国城镇的污水处理与回用》,载《中国建设报》2001 年第 10 期。

[8]吴健、熊英:《美国污水处理业监管经验》,载《环境保护》2013 年第 12 期。

[9]龚益慧:《完善我国环境管理体制若干问题研究——以美国环境管理体制》,华东政法大学环境法学 2008 年硕士学位论文。

[10]崔卓兰、朱虹:《从美国环境执法看非强制行

政》,载《行政法学研究》2004 年第 2 期。

[11]牛文元:《中国可持续发展的理论与实践》,载《中国科学院院刊》(第 27 卷)2012 年第 3 期。

[12]李天星:《国内外可持续发展指标体系研究进展》,载《生态环境学报》2013 年第 6 期。

[13]尹志军:《美国环境法史论》,中国政法大学法建史学 2005 年博士学位论文。

[14]蔡守秋:《论政府环境责任的缺陷与健全》,载《河北法学》(第 26 卷)2008 年 3 月第 3 期。

[15]蔡守秋:《欧盟环境法的特点及启示》,载《福建政法管理干部学院学报》2001 年第 3 期。

[16]常杪、杨亮、小柳秀明:《日本污水处理设施建设运营资金机制的启示》,载《环境经济交流》2010 年第 73 期、第 74 期。

[17]钱水苗:《政府环境责任与〈环境保护法〉的修改》,载《中国地质大学学报》2008 年第 2 期。

[18]廖晓明、黄毅峰:《论我国政府在公共服务供给保障中的主导地位》,载《南昌大学学报》2005 年第 1 期。

[19]袁曙宏、宋功德:《通过公法变革优化公共服务》,载《国家行政学院学报》2004 年第 5 期。

[20]张锐智:《罗马法学家关于公法私法划分的意义与启示》,载《辽宁大学学报》2013 年第 1 期。

[21]王京:《论我国公证制度的公权性》,对外经贸大学法学院 2005 年硕士学位论文。

[22]崔旺来、李百齐:《政府在海洋公共产品供给中的角色定位》,载《经济社会体制比较》2009 年第 6 期。

[23]杨筠:《生态公共产品价格构成及其实现机制》,载《经济体制改革》2005 年第 3 期。

[24]吴家清:《论宪法价值的本质、特征与形态》,载《中国法学》1999 年第 2 期。

[25]陈晓永、张云:《环境公共产品的政府责任主体地位和边界辨析》,载《河北经贸大学学报》2015 年第 3 期。

[26]范仓海:《中国转型期水污染治理中的政府责任研究》,载《中国人

口、资源与环境》2011 年第 2 期。

[27]樊继达:《提供生态型公共产品:政府转型的新旨向》,载《国家行政学院学报》2012 年第 6 期。

[28]刘力云:《政府审计和政府责任机制》,载《审计与经济学研究》2005 年第 4 期。

[29]陈巍:《绩效评估与政府责任机制创新研究》,湘潭大学公共管理学院 2013 年博士学位论文。

[30]陈晓永、张云:《环境公共产品的政府责任主体地位和边界辨析》,《河北经贸大学学报》2015 年第 3 期。

[31]曾林:《我国生态公共产品制度建设研究》,载《公共管理研究》2014 年第 1 期。

[32]徐祥民、巩固:《关于环境法体系的几点思考》,载《法学论坛》2009 年第 2 期。

[33]韩志明:《公共利益与公共行政责任》,载《广东行政学院学报》2006 年第 1 期。

[34]文正邦:《职责本位初探——行政法理论基础试析》,载《法商研究》2001 年第 3 期。

[35]韩志明:《公共利益与公共行政责任》,载《广东行政学院学报》2006 年第 1 期。

[36]刘宗德:《行政不作为之国家赔偿责任》,载《政大法学评论》1987 年第 35 期。

[37]张雪城:《德国公法权利理论的梳理与分析》,载《研究生法学》2014 年第 1 期。

[38]鲁鹏宇:《德国公权理论评介》,载《法学论坛》2010 年第 5 期。

[39]徐以祥:《耶利内克的公法权利思想》,载《比较法研究》2009 年第 6 期。

[40]王进:《应用 PFI 方式进行公共产品生产的风险控制分析》,载《基建优化》2003 年第 5 期。

[41]姜明安:《论行政执法》,载《行政法学研究》2003 年第 4 期。

[42]王青斌:《论执法保障与行政执法能力提高》,载《行政法学研究》2012 年第 1 期。

[43]陈云良:《国家调节权:第四种权力形态》,载《现代法学》2007 年第

6 期。

[44]戴龙文:《宏观调控法视角下的体育公共服务有效供给研究》,吉首大学法学理论 2013 年硕士学位论文。

[45]许继芳:《建设环境友好型社会中的政府环境责任研究》,苏州大学政治学理论 2010 年博士学位论文。

[46]任婵娟:《我国政府法律责任制度研究》,河北师范大学宪法学 2009 年硕士学位论文。

[47]黄庶:《公共责任理论与我国公共责任机制的选择》,郑州大学行政管理学 2001 年硕士学位论文。

[48]褚秋亭:《关于我国固体废弃物回收利用的立法思考》,中国海洋大学国际法学 2006 年硕士学位论文。

[49]王晓雪:《建立我国矿产资源战略基地储备制度》,载《财政研究》2009 年第 10 期。

[50]王青斌:《论执法保障与行政执法能力提高》,载《行政法学研究》2012 年第 1 期。

[51]姜明安:《论行政执法》,载《行政法学研究》2003 年第 4 期。

[52]王学辉:《对行政法学基础理论的思考》,载《西南政法大学学报》2002 年第 3 期。

[53]应松年:《控权—服务论——当代行政法的一种认知模式》,载《当代行政法的源流》2006 年第 1 期。

[54][英]格里斯托克:《作为理论的治理:五个论点》,载《国际社会科学杂志》1999 年第 2 期。

[55]曹孟勤、何裕华:《追问生态危机的实质》,载《河北大学学报》2004 年第 4 期。

[56]曹顺先、王国聘:《论生态危机全球化》,载《生态经济》2009 年第 9 期。

二、专著类

[1]金瑞林主编:《环境法学》(第 3 版),北京大学出版社 2013 年版。

[2]王学辉:《行政法与行政诉讼法学》,法律出版社 2011 年版。

[3]王学辉:《行政法与行政诉讼法学》,法律出版社 2015 年版。

[4]蔡守秋:《环境资源法教程》,高等教育出版社 2004 年版。

[5]吕忠梅:《环境法》,法律出版社 1997 年版。

[6]黄霞、常纪文:《环境法学》,机械工业出版社 2002 年版。

[7]高桂林、刘向宁、李姗姗:《环境法:原理与案例》,知识产权出版社 2012 年版。

[8]张显文:《法学基本范畴研究》,中国政法大学出版社 1993 年版。

[9]薛进军、赵忠秀:《中国低碳经济发展报告(2015)》,社会科学文献出版社 2015 年版。

[10]陈真亮:《环境保护的国家义务研究》,法律出版社 2015 年版。

[11]王曦:《美国环境法概论》,武汉大学出版社 1992 年版。

[12]徐衣显:《转型期中国政府经济职能研究》,中国财政经济出版社 2007 年版。

[13]关海玲:《低碳生态城市发展的理论与实证研究》,经济科学出版社 2012 年版。

[14][德]卡尔·马克思:《马克思恩格斯全集》,中共中央编译局译,人民出版社 1972 年版。

[15][美]丹尼斯·米都斯等:《增长的极限》,李宝恒译,吉林人民出版社 1997 年版。

[16][美]赫尔曼·E. 戴利、肯尼思·N. 汤森:《珍惜地球——经济学、生态学、伦理学》,马杰等译,商务印书馆 2001 年版。

[17]陈冬野、马清槐、周锦茹:《配第·配第经济学著作选集》,商务印书馆 1981 年版。

[18][日]原田尚彦:《环境法》,于敏译,法律出版社 1999 年版。

[19][美]詹姆斯·E. 安德森:《公共决策》,唐亮译,华夏出版社 1900 年版。

[20][德]黑格尔:《历史哲学》,王造时译,三联书店 1956 年版。

[21][英]约翰·洛克:《政府论两篇》,赵伯英译,载丁一凡编:《大家西学:权力二十讲》,天津人民出版社 2008 年版。

[22]陈真亮:《环境保护的国家义务研究》,法律出版社 2015 年版。

三、其他类

[1]百度:www. baidu. com。

[2]新浪:www. sina. com. cn。

[3]中国共产党新闻网:dangshi. people. com. cn。
[4]《中华人民共和国宪法》。
[5]《十七大以来重要文献选编》。
[6]美国 1969 年《国家环境政策法》。
[7][英]戴维·皮尔斯《现代经济学辞典》(中译本)。

图书在版编目(CIP)数据

生态公共产品供给保障的政府责任机制研究 / 郭冬梅著. -- 北京 : 法律出版社, 2017
ISBN 978-7-5197-1489-5

Ⅰ. ①生… Ⅱ. ①郭… Ⅲ. ①公共物品-供给制-研究-中国②社会保障-研究-中国 Ⅳ. ①F20②D632.1

中国版本图书馆 CIP 数据核字(2017)第 253819 号

生态公共产品供给保障的政府责任机制研究
SHENGTAI GONGGONG CHANPIN GONGJI BAOZHANG DE ZHENGFU ZEREN JIZHI YANJIU

郭冬梅 著

策划编辑 沈小英
责任编辑 陈 妮
装帧设计 李 瞻

出版 法律出版社
总发行 中国法律图书有限公司
经销 新华书店
印刷 北京京华虎彩印刷有限公司
责任校对 王晓萍
责任印制 吕亚莉

编辑统筹 财经出版分社
开本 720 毫米×960 毫米 1/16
印张 12.75
字数 220 千
版本 2017 年 12 月第 1 版
印次 2017 年 12 月第 1 次印刷

法律出版社/北京市丰台区莲花池西里 7 号(100073)
网址/www.lawpress.com.cn
投稿邮箱/info@lawpress.com.cn
举报维权邮箱/jbwq@lawpress.com.cn
销售热线/010-63939792
咨询电话/010-63939796

中国法律图书有限公司/北京市丰台区莲花池西里 7 号(100073)
全国各地中法图分、子公司销售电话:
统一销售客服/400-660-6393
第一法律书店/010-63939781/9782
西安分公司/029-85330678
重庆分公司/023-67453036
上海分公司/021-62071639/1636
深圳分公司/0755-83072995

书号:ISBN 978-7-5197-1489-5
定价:50.00 元